How to Raise Successful People
Simple Lessons for Radical Results

硅谷超级家长课

教出硅谷三女杰的 TRICK 教养法

[美] **埃丝特·沃西基**（Esther Wojcicki）/ 著
姜帆 / 译

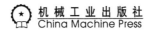

机械工业出版社
China Machine Press

图书在版编目（CIP）数据

硅谷超级家长课：教出硅谷三女杰的TRICK教养法 /（美）埃丝特·沃西基（Esther Wojcicki）著；姜帆译 . -- 北京：机械工业出版社，2020.10（2022.6重印）

书名原文：How to Raise Successful People: Simple Lessons for Radical Results

ISBN 978-7-111-66562-5

Ⅰ. ①硅… Ⅱ. ①埃… ②姜… Ⅲ. ①儿童教育 - 家庭教育 Ⅳ. ① G782

中国版本图书馆CIP数据核字（2020）第232168号

北京市版权局著作权合同登记　图字：01-2020-3400号。

Esther Wojcicki. How to Raise Successful People: Simple Lessons for Radical Results.

Copyright © 2019 by Esther Wojcicki.

Simplified Chinese Translation Copyright © 2021 by China Machine Press.

This edition arranged with Houghton Mifflin Harcourt through BIG APPLE AGENCY. This edition is authorized for sale in the Chinese mainland (excluding Hong Kong SAR, Macao SAR and Taiwan).

No part of this book may be reproduced or transmitted in any form or by any means, electronic or mechanical, including photocopying, recording or any information storage and retrieval system, without permission, in writing, from the publisher.

All rights reserved.

本书中文简体字版由Houghton Mifflin Harcourt通过BIG APPLE AGENCY授权机械工业出版社在中国大陆地区（不包括香港、澳门特别行政区及台湾地区）独家出版发行。未经出版者书面许可，不得以任何方式抄袭、复制或节录本书中的任何部分。

硅谷超级家长课：教出硅谷三女杰的TRICK教养法

出版发行：	机械工业出版社（北京市西城区百万庄大街22号	邮政编码：100037）	
责任编辑：	邵啊敏	责任校对：李秋荣	
印　刷：	三河市国英印务有限公司	版　次：2022年6月第1版第6次印刷	
开　本：	170mm×230mm　1/16	印　张：17	
书　号：	ISBN 978-7-111-66562-5	定　价：79.00元	

客服电话：（010）88361066　88379833　68326294　　投稿热线：（010）88379007
华章网站：www.hzbook.com　　读者信箱：hzjg@hzbook.com

版权所有·侵权必究
封底无防伪标均为盗版

TRICK　谨以此书献给我的丈夫（斯坦）、我的女儿（苏珊、珍妮特和安妮）、我的外孙和外孙女以及其他家人，祝愿你们的生活乃至整个世界都充满"TRICK"。

ABOUT THE AUTHOR
—————— 走近"硅谷教母"

如何将孩子培养成CEO？对于这个问题，被称为"硅谷教母"的埃丝特·沃西基（Esther Wojcicki）最有发言权——她的三个女儿被称为"硅谷三女杰"，其中两个CEO，一个教授。埃丝特的回答是："在孩子们漫长的

从左至右分别是安妮·沃西基、珍妮特·沃西基、埃丝特·沃西基、苏珊·沃西基

生活和学习中，他们就是自己的 CEO，家长要努力让他们学会独立、担当、分享与爱。让他们拥有健全的人格是比成为 CEO 更重要的事情。"

家长才是孩子的第一起跑线，三姐妹如此惊人的成就，离不开埃丝特独特的教养方法。

埃丝特主张把孩子当成年人来对待，给他们充分的信任、尊重。埃丝特将自己的教养理念总结为 TRICK 教养法，所谓 TRICK，就是信任（trust）、尊重（respect）、独立（independence）、合作（collaboration）、善意（kindness）。TRICK 教养法的最终目的是在一个自我负责的世界里培养出自我负责的人。

不同于虎妈式教养法，埃丝特主张自由、快乐、独立，拒绝高压，让家长和孩子都远离焦虑，让养育孩子变成一件幸福、快乐的事。

她把这一教养理念用在了自己的女儿身上，结果是：学生时代，三姐妹就成为超级明星学生；童年时期，姐妹花因向邻居售卖水果和工艺品，获得了"柠檬姑娘"的称号；成年后，她们带着自己的激情和思考，在由男性主导的领域大杀四方，不断突破。

埃丝特没有自己的女儿幸运，她的童年并不完美，父母忙于生计，无暇关心她的成长。女儿出生后，埃丝特决心用和父母不一样的方法养育孩子。"我对自己说，要让孩子们过上我希望自己拥有的童年生活。"

她做到了，没有强迫，没有重压，她在轻松、平等的氛围中，把自己的女儿培养成了"超级女孩"。她说："看着女儿们勇敢正直地成长，这是我一生中最大的收获之一。"

她曾经以家长身份登上《时代周刊》封面故事，她的教养理念影响了无数人。不同于大众对 CEO 的执念，埃丝特所定义的成功是：有地方居住，有一份工作，有一定的激情，有饭吃，有人际关系，其中最重要的是积极的人际关系。

埃丝特认为，教养的重点绝不仅仅在于孩子，而在于他们未来会成为什么样的成年人、什么样的公民，他们努力做出的改变，以及他们所铸造的理念。这就是我们为什么要在很早的时候向他们传递 TRICK 价值观，并且尽可能地经常在我们的生活中温习这些观念。通往成功的道路就是由这些简单的价值观铺就的，它们能产生惊人的效果。

小孩子需要有人相信他们，尊重他们真实的模样。如果没有这样的人，他们在长大以后就无法形成在这个瞬息万变的世界中取得成功所必需的独立性。

如何帮助孩子过上更好的生活——既快乐，又成功，或许埃丝特带来的这份"超级家长课"，就是答案。

埃丝特·沃西基的女儿们

苏珊·沃西基

长女苏珊·沃西基（Susan Wojcicki，2020 年个人资产约 5.8 亿美元）本科毕业于哈佛大学历史及文学专业，获得了加州大学理学及工商管理学两个硕士学位，是谷歌第 16 名员工，被称为"谷歌之母"，现为 YouTube 的 CEO。苏珊 2019 年被评为"全球科技业最鼓舞人心的领导者"第 8 位，从 2011 年起每年都会入选《福布斯》"全球 100 位最有影响力的女性"。

埃丝特曾在苏珊 18 个月的时候，让她去承担一个小小的责任：只要妹妹哭了就告诉埃丝特。在苏珊 2 岁的时候，埃丝特开始让她承担更多的

从左至右分别是安妮·沃西基、苏珊·沃西基、珍妮特·沃西基
图片来源：Douglas Friedman

责任。像对待成人一样对待孩子，信任、尊重、独立、合作、善意，就是TRICK教养法的精髓。

珍妮特·沃西基

二女儿珍妮特·沃西基（Janet Wojcicki）本科毕业于斯坦福大学国际关系专业，后又获得加州大学洛杉矶分校人类学博士、加州大学伯克利分校流行病学硕士、加州大学戴维斯分校营养学硕士等多个学位，会多种语言。珍妮特是富布莱特奖学金的获得者，现为加州大学旧金山分校教授，长期在非洲从事人类学和艾滋病研究，多次前往非洲病情最严重的地区，为艾滋病研究做出重大贡献。

珍妮特记得，有一次她生病了，医生给她开了抗生素，埃丝特对此提出了质疑。"珍妮特真的需要抗生素吗？"埃丝特这样问道，"我能看看她的耳朵吗？"传统、权威、权力都不可怕，也许学会怀疑甚至质疑，恰是取得学术成果的第一步。

安妮·沃西基

小女儿安妮·沃西基（Anne Wojcicki，2020 年个人资产约 5 亿美元）本科毕业于耶鲁大学生物学专业，是美国著名基因检测公司 23andMe（2018 年估值达到 25 亿美元，即将上市，上市后估值将达 35 亿美元）的联合创始人兼 CEO。23andMe 的基因检测装置 2008 年被《时代周刊》评为"年度最佳发明"，前一年获此殊荣的是 iPhone，安妮因此被誉为"女版乔布斯"。安妮于 2019 年被评为"全球科技业最鼓舞人心的领导者"，排名第 10。

埃丝特说："我什么也没有给她们，即便在她们很小的时候也是如此。她们需要自己努力争取。"她们很小就开始被鼓励和允许自己赚钱，然后根据她们的所想、所需，自由花赚来的钱。

埃丝特·沃西基的大家庭

在教育上，埃丝特是一个心态非常开放的人，这一点在她和外孙、外孙女的相处中尤其突出。"我必须承认，涉及孙辈的时候，我还有很多东西要学。"埃丝特曾让自己的外孙选择自己想要的发型，让外孙女独自去商场购物（在保证安全的前提下），她给了孩子们充分的尊重，孩子们也十分喜欢埃丝特。

从左至右分别是埃丝特·沃西基、苏珊·沃西基、斯坦·沃西基、珍妮特·沃西基、安妮·沃西基

埃丝特的成功离不开老公斯坦·沃西基（Stan Wojcicki）的支持。斯坦是斯坦福大学的物理学教授，两人在教育上的理念非常一致——尊重和信任孩子，从不靠权威来压迫孩子，以身作则教育孩子要独立自主，不贪图物质享受（斯坦的一双凉鞋穿了许多年），将钱更多地花在旅行与教育上。两人携手度过了半个多世纪，互相支持，互相包容。

埃丝特的学生们

埃丝特是一位非常优秀的高中教师，教了36年新闻学，成千上万个学生在她的创新教育法下走向卓越。她的学生包括阿里巴巴全球计划副总裁黄明威、马云家族财富基金"蓝池资本"管理合伙人奥利弗·韦斯伯格（Oliver Weisberg）、斯坦福儿童医院儿童心理学家克雷格·沃恩（Craig Vaughan）、伦敦大学学院神经科学教授珍妮弗·林登（Jennifer Linden）、加利福尼亚州议员马克·伯曼（Marc Berman）、NBA篮球明星林书豪、美国著名演员詹姆斯·弗兰科（James Franco），等等。

学生们很喜欢她，因为她尊重和相信他们，欢迎他们的想法和创意，无论他们的想法有多疯狂，她都会予以鼓励。她让学生们通过做项目的方式来合作学习，给他们充分的自主权，甚至允许学生在听课的时候骑健身单车。她让新闻课的学生像运营真实的报社一样运营校报，带他们去纽约实地考察美国顶尖报社，甚至在学生的提议下拍了部真正的电影。她鼓励学生们实现自己内心真正的渴望，并且不断地向自己的学生学习。在世界各地，经常有人拦住沃西基的女儿说："你的妈妈真的改变了我的人生。她相信我。"

FOREWORD
推荐序

作为"沃西"的三个女儿,我们是真正接受"沃西教育法"(TRICK 教养法)长大的孩子,所以我们认为由我们来作序是再合适不过的。在几十年前,妈妈的学生就给她起了"沃西"这个昵称,现在就连我们都改不了口了。她的教育方法注重信任(trust)、尊重(respect)、独立(independence)、合作(collaboration)、善意(kindness),这些要素的首字母合在一起就是 TRICK,它们正是妈妈即将在正文中探讨的价值观。

生命是一趟意外之旅,从我们在谷歌、YouTube、23andMe 公司、加州大学旧金山分校医学中心的职业生涯,到教育自己的孩子(我们三人一共养育了九个孩子),一路上充满了惊喜与挑战。不论在人生的顺境还是逆境中,我们之所以能茁壮成长,很大程度上是因为父母养育我们的方式。

当妈妈告诉我们她在写这本书时,我们把从小学到大学的所有日记都翻了出来。我们的妈妈永远是兢兢业业的记者,她认为我们应该把生活中的每段旅程都记录下来,尤其是我们在 1980 年搬去法国的那段岁月。我们的日记里记录了许多相互嬉闹的趣事,其中也涉及很多关键的主题:独立自主、经济责任、行动力、开放的思想、勇敢的品质,以及对生命的珍视。

现在看来,独立自主是最让我们感到幸福的事情。父母教会了我们相信自己，相信自己做决定的能力。他们信任我们，并且要求我们在很小的时候就肩负起一定的责任。他们允许我们自己走路上学，在社区骑自行车，与朋友玩耍。父母尊重我们的意见，我们学会了自信。在我们的记忆中，父母从来没有因为我们是小孩，就对我们的想法不屑一顾。父母总会认真倾听我们的想法，愿意从我们身上学新东西，而不仅仅是对我们进行单方面的说教。我们学会了如何坚持自己的主张，如何倾听，并且能意识到自己在何时犯下了错误。

安妮在上十年级的时候，曾在我们的犹太教会堂里发表了一番有关亲子关系的论述，令在场的人耳目一新。当时，一位家长说，孩子就应该乖乖听话。安妮说，在我们家里，孩子会据理力争，父母总会倾听我们的话，他们从来不会说"不行，因为孩子必须听父母的话"。后来，她在日记里写道，拥有这样不用权威去压制她的父母，她内心充满了感恩。虽然我们会有争论，但我们从不吵架。我们在很早的时候就体验到独立的感觉，我们对此感激不尽。

财务自由与独立自主是分不开的。财务自由并不是指你很有钱，而是指你能审慎地管理金钱，为生活中需要花钱的重要事务做好计划。父母对我们在花钱和储蓄方面的管教极严。他们都是移民的后代，总是不断地提醒我们，有许多人把金钱浪费在无关紧要的东西上，以至于买不起他们真正需要的东西。他们借助日常生活中的一切向我们传达财务规划的重要性。我们虽然会去餐厅吃饭，但从不点饮料和开胃菜；去买日常用品之前，我们总会带上剪裁好的折扣券，再看一眼报纸上的广告。有一次，妈妈外出归来，把她没吃完的飞机餐带回来给安妮当作晚餐——安妮的童年挚友从未忘记过这件事！

在我们上小学的时候，妈妈给我们看过一张储蓄复利表，从此我们便决定每年至少要存一两千美元。我们在还没到法定驾驶年龄时就有了信用卡和支票簿，因为妈妈想教导我们如何负责任地还清信用卡的每月欠款，做到收支平衡。在我们还是孩子的时候，父母就鼓励我们去做些自己的小生意。邻居家的柠檬树总是硕果累累，我们多年来帮他们卖掉了许多柠檬，以至于他们都管我们叫"柠檬姑娘"。苏珊在六年级的时候卖起了"香料绳"（绑上香料的绳子，人们可以把它挂在厨房里），赚了数百美元。这个创意是苏珊想的，妈妈给她买了各种原料，支持她到外面去做生意。我们还挨家挨户地卖过几百盒女童子军饼干。当我们把旧玩具玩腻了的时候，就会把它们包起来卖给邻居，他们有时候还真的买了。

在花钱方面，我们一家人最重视的就是旅游与教育，其他方面都要靠边站（爸爸的凉鞋已经穿了多年）。我们出门旅游的时候，总是住廉价的酒店，而且一定会带上折扣券。花钱始终是一件需要深思熟虑的事情。我们从来都不是有钱人，只不过我们花钱的决策让我们财务自由，过上了自己想要的生活。

妈妈从不拖延或抱怨，她简直是效率大师。她决不会把今天能做完的事拖到明天！她教会了我们如何洗衣服、打扫房间、打电话、运动——在一个小时之内全部教完。我们从未见过比她更有效率的人。她教导我们：与拖延相比，把事情早早做完更让人轻松愉快；与其整个周末都担心作业，周日才匆匆做完，不如周五就把作业搞定。

尽管妈妈的教育哲学大多与培养技能有关，但她偶尔也会采用"收买"的手段。苏珊长大后还记得她小时候有咬指甲的坏习惯。妈妈答应她，如果她改掉这个坏习惯，就给她买一只兔子。苏珊坚持了六周不咬指甲（妈妈说六周是改掉坏习惯所需要的时间），妈妈就给她买了一只宠物鼠，因为宠物店老板说服了妈妈，让妈妈相信老鼠是比兔子更好的宠物。其实，妈妈买了三只宠物鼠：雪球、午夜和闪闪。

妈妈乐于与人交往，喜欢与不同的人打交道。她非常热情又和蔼可亲，她的思想非常开放，始终愿意学习新鲜事物。她天生具有企业家精神，愿意不断做出改变与创新。在硅谷蓬勃发展的时候，她能够成功地将科技与课堂融为一体，并不是由于巧合或"好运气"，而是由于她热爱创新。她不断地向自己的学生学习，这也是学生尊敬她的原因之一——她相信学生有改变世界的愿望，并会因这些愿望不断成长。成年人有时不愿意改变既定的规则，这导致他们很难与青少年相处，而妈妈（一个不折不扣的"老年人"）完全相反，这就是为什么学生总爱和她待在一起。学生知道她会尊重他们，并且不论他们的想法有多疯狂，她都会给予他们鼓励。甚至，有时她很喜欢那些疯狂的念头！看着70多岁的妈妈与十几岁的孩子一起熬夜（几乎熬到午夜时分）制作校报之后，却依然精力充沛（没错，毫无倦意），我们时常惊讶不已。

不论是作为老师，还是作为妈妈，她最棒的一点就是始终努力去理解孩子，激发孩子的兴趣，让孩子主动进步，不强迫孩子去做某事。如果我们回家说自己不喜欢某个学科，她就会问我们为什么。她会尝试理解事情的真相：我们是缺乏教学辅导，还是跟老师或同学闹得不愉快？然后，她会找到我们需要的解决方案，帮助我们解决问题。同样地，她多年以来一直在努力理解我们各自的兴趣所在。不论是安妮对滑冰的兴趣、珍妮特对非洲问题的关注，还是苏珊在艺术课程上的努力，妈妈都会给予支持。她给我们找来相关的书和课程、有趣的文章，与我们一同讨论，不断鼓励我们。她总是让学生自主选择校报的主题，让他们论述自己的观点。当我们在谈论教养问题的时候，她提醒我们，不要强迫孩子去做事，要激发他们的动力，让他们自主自愿地做事。

我们还想强调妈妈的无畏，尤其是追求公正的精神。她会是第一个喊出"皇帝没穿衣服"的人。她不害怕说出自己的真实想法、维护弱者或挑战现状。这种特质与新闻出版的工作精神不谋而合。珍妮特记得我们曾经在商店排队买东西，店员试图把不合格的产品卖给我们，我们坚持要跟经理谈话，不然就要"上报给加州消费者事务局"。妈妈的座右铭一向是："如果你不挺身而出，指出不公或投诉，其他人就会有相同的遭遇。"珍妮特还记得另外一件事：妈妈对医生给珍妮特开抗生素提出疑问。"珍妮特真的需要抗生素吗？"妈妈这样问道，"我能看看她的耳朵吗？"传统、权威、权力都不可怕。妈妈对我们的老师、男友、朋友甚至朋友的父母都直言不讳，拥有这样的妈妈并不总是一件趣事。多年来，在和妈妈相处的过程中，我们似乎从没见过她为实话实说而感到尴尬或不情愿。她甚至会毫不犹豫地对教育部部长直言自己对教育体制的评价。妈妈的这种处世态度创造了一种无所畏惧的氛围，让年轻人能够获得力量和耐性，能够敢于追求自己内心的梦想，不会轻言放弃或被困难吓倒。我们相信，在我们身上，很大一部分动力与决心来自童年时妈妈的言传身教——她从不肯放弃或妥协。

让我们印象最为深刻的是，妈妈教导我们热爱生活。她有些大大咧咧，喜欢开玩笑。她向来不拘小节，喜欢打破刻板印象。她特别懂得享受生活。她在伯克利上学期间，当她坐在纸箱子里从宿舍楼梯上滑下来时碰上（撞到）了我们的父亲。她的"糟糕行为"曾经害得我们被赶出餐厅！在75岁的时候，她喜欢上了Forever 21的服装，并将其作为自己专属的服饰店。十年前，她在纽约带着一群高中新闻课的学生，给安妮打电话："安妮！我们发现加长版豪车正在打折，就租来在纽约市里转转，现在我们的脑袋都在天窗外面呢！我们该去哪家俱乐部？我们想跳舞！"我们的妈妈热衷于冒险和探索。学生很喜欢她，因为她既有执行力，又能将开放与创意坚持到底。虽然她对新闻学课程的教学一丝不苟，但她丝毫不反对学生在听课的时候骑健身车。当我们写这篇推荐序的时候,我们发现妈妈在网上发布了几张在塔吉特商场把自己打扮成热狗的照片。我们从妈妈身上学到了如何保持积极的心态,并发现日常生活中的快乐。

我们三姐妹是妈妈教育哲学的原创作品,在我们之后,还有成千上万的新闻课学生受到她的影响。在世界各地会有人拦住我们说:"你的妈妈真的改变了我的人生。她相信我。"她不仅在课堂上影响了这些人,她的影响还伴随了他们的一生。

作为妈妈引以为傲的女儿,我们只想说一句:"谢谢你,妈妈,谢谢你用沃西教育法抚养我们长大!"

苏珊·沃西基

珍妮特·沃西基

安妮·沃西基

PREFACE
前 言————

诺贝尔奖中没有养育和教育的奖项，但应该有。养育和教育孩子是我们为社会做的极重要的事。我们养育和教育孩子的方式不仅决定了他们未来会长成什么样的人，还决定了我们会塑造出什么样的社会。

父母对子女寄予了希望和梦想。他们希望孩子健康快乐地成长并取得成功。他们也都有着同样的担心：孩子能安全地长大吗？孩子能找到自己的目标和愿望吗？孩子能在这个催人奋进、竞争激烈甚至有些严酷的世界里找到自己的道路吗？当我在产房里抱着我的大女儿苏珊时，我还记得所有那些未曾言明、未被意识到的担忧如何涌进了我的脑海。

我躺在病床上，把苏珊轻轻地抱在胸前。护士给她裹上了粉红色的毯子，在她头上戴了一顶小小的黄色绒线帽。丈夫斯坦坐在我身边。我们都精疲力竭，但又兴高采烈，在那一刻，似乎一切都变得明朗起来：从我看见女儿的第一眼起，我就爱上了她，我感到了一种母性的本能，想要保护她，尽可能地给她最好的生活，不顾一切地助她取得成功。

然而，问题和疑虑很快就占据了我的脑海。我不知道该怎样抱苏珊，也不知道该怎样换尿布。我在临产前三周才放下教学工作，没有太多的时间为养育孩子做好准备。我也根本不知道该如何准备。妇产科医生让我至少在产前六周内保持轻松的心态。我的朋友和同事也给了我许多不同的建议。他们说，生产是一个漫长而艰辛的过程，母乳喂养会遇到很多困难和限制，用奶粉来喂孩子更好。我读了一些成人营养类图书（当时还没有专门的儿童营养类图书），买了一张婴儿床、一些衣物、一个小小的塑料浴桶。不久，苏珊就出现在我的怀里，她有着蓝色的大眼睛和毛茸茸的脑袋，目不转睛地盯着我，仿佛我知道该做些什么。

当我要出院的时候，才真正开始感到担忧。当时是1968年，那时的美国医院允许妈妈在产后住院三天，而现在美国的大多数医院只允许妈妈在产后住院两天。我不知道现在的妈妈该怎么办。

"我能再多待一天吗？"我感到既尴尬又绝望，向护士苦苦哀求道，"我根本不知道怎样照顾孩子。"

次日早上，护士给我上了一堂照料婴儿的速成课，谢天谢地，课程内容包括如何换尿布。当时我们还在用尿布和安全别针。护士警告我一定要确保固定好别针，否则可能会扎到宝宝。只要苏珊放声大哭，我就会先检查别针。

尽管当时不推崇母乳喂养，但我还是决定这么做，所以护士教我该把宝宝的头放在哪里，怎样用自己的手臂支撑宝宝的头和脖子。苏珊必须"含住"乳头，只有这样才能确保她能喝到奶水。这不如我想象中的那么简单，有时可怜的苏珊会被喷得满脸都是奶水。我尽力做到每隔四个小时就喂一次奶。

"务必要抱你的宝宝"是护士给我的最后一条建议。然后，斯坦和我就只能靠自己了。

与其他父母一样，我和斯坦愿把孩子看作希望——美好生活的希望、未来的希望，以及我们希望孩子能让世界变得更美好。我们都想让孩子幸福快乐、独立自信、充满激情，我们都想让孩子过上成功而有意义的生活。在苏珊降生时，以及后来我们迎接另外两个女儿（珍妮特和安妮）时，我心中都有这种愿望。正是这种愿望让不同国家和文化的人团结在一起。由于我那漫长且有些不同寻常的教师生涯，我现在有机会在全世界参加教育研讨会。不论是阿根廷的教育部部长，还是印度忧心忡忡的父母，当他们见到我时，每个人都想知道如何帮助孩子过上更好的生活——既快乐，又成功，运用自己的天赋，让世界变得更美好。

似乎没人能给出确定的答案。虽然教养专家关注儿童养育的重要方面（例如睡眠、进食、情感联结和管教），但他们给出的多数建议既狭隘又教条。尽管这些方面都很重要，但我们真正需要的不是有关如何照料和喂养孩子的有限信息，而是如何赋予孩子成为成功的成年人所需的价值观和技能。我们需要面对过去数年来在文化上的巨变——尤其是科技的进步，以及这些变化如何影响我们的教养方式。在人工智能的时代，我们的孩子如何才能取得成功？他们怎样才能在科技革命中茁壮成长？全世界的父母都有着相似的担忧。变革的速度以及让孩子跟上时代的迫切希望让我们所有人都不堪重负。虽然我们知道家庭和学校应该适应时代的变化，但我们不知道应该如何适应，也不知道应该如何坚持那些对我们自身、对茁壮成长的孩子都至关重要的价值观。

作为一个母亲，我意识到我面临的一些挑战也许与别人不同，但同样令人生畏。也许因为我接受过调查记者的训练，或者从孩提时就具有对于权威的质疑能力，所以我决定凭自己的力量揭开真相。对于孩子需要什么，我有着自己的看法，不管别人怎么想，我一直坚持自己的做法。结果，在很多人看来，说好听些，我的做法有些与众不同，说直白些，就是奇怪。从女儿们出生的第一天起，我就用对成年人讲话的语气对她们说话。在跟孩子讲话时，大多数母亲会很自然地用娃娃音（音调尖锐、用词简单），而我不这样做。我信任她们，她们也信任我。虽然我从不会置她们于险境，但也不会阻止她们体验人生或承担适当的风险。我们住在日内瓦的时候，我曾让苏珊和珍妮特独自去隔壁的商店买面包，当时她们分别只有5岁和4岁。我从一开始就很尊重她们独立的个性。我认为，孩子成长的关键时期是0～5岁，我会在这段时期尽我所能地多教她们一些东西。我最想要的莫过于让她们成为独立自主的孩子，然后成为自信独立的成年人。我觉得，如果她们能独立思考，做出恰当的决定，就能面对一切挑战。当时我完全不知道科学研究会证明我的做法是正确的。我只是在听从我的直觉，遵循我的价值观，这种做法也让作为老师的我受益良多。

我成了一个"著名的"母亲，我的家人也登上了杂志的封面，这一切都不可思议。我的三个女儿都成了有成就、有能力的热心人，我当然不能把这完全归功于自己。苏珊是YouTube的CEO，珍妮特是加州大学旧金山分校的教授，安妮是23andMe公司的联合创始人和CEO。她们在这些竞争极其激烈、男性主导的行业中脱颖而出，她们之所以能做到这一点，是因为她们满怀热情地追寻梦想，坚持独立思考。看着我的女儿们既坚毅又正直，在世界的舞台上大放异彩，这是我一生中最大的回报。她们参与竞争与合作，并不在乎自己是不是在场的唯一女性，而是关注如何解决我们面临的问题，她们的这种特点给我留下了深刻的印象。

与此同时，作为一名教授了36年新闻学的高中教师，我也在做相似的事情。我每学期有大约65个学生，从高中二年级到四年级都有，从见到他们的第一天起，我就把他们当作专业的记者。他们分组合作，要赶在截止日期前交稿。在学生需要的时候，我会提供支持和指导。我发现，项目制的合作学习最有助于他们迎接未来成为记者和成年人的挑战。我已经看着数千名学生在我的教学方法的帮助下走向卓越，我一直用 Facebook 与他们保持联系，其中还有一些我在 20 世纪 80 年代教过的学生。他们取得了惊人的成就，也成了非常好的人。我曾有幸教过许多年轻人，包括：克雷格·沃恩，曾是我们学生报社的首任主编，现为斯坦福儿童医院的儿童心理学家；加迪·爱普斯坦（Gady Epstein），《经济学人》（*Economist*）杂志社的媒体编辑；林书豪，毕业于哈佛大学，曾是亚特兰大老鹰队的控球后卫；珍妮弗·林登，伦敦大学学院的神经科学教授；马克·伯曼，加州议员，其所在选区包括帕洛阿托市；詹姆斯·弗兰科，备受赞誉的演员、作家和导演。成百上千的学生告诉我，我对他们的信任和我教给他们的价值观，极大地影响了他们对自己的看法，以及他们未来会成为什么样的人。

随着我的女儿们在科技与医疗行业取得卓越的成就，以及我的新闻学课程受到国内外越来越多的关注，人们开始意识到我做的事情有些与众不同。他们发现，我的教养与教学方法能解决我们在 21 世纪面临的问题，而且他们想了解更多。许多父母不断向我寻求建议——有时他们邀请我分享自己教育女儿的策略，从而用来教育自己的儿女。教师也是如此，他们想知道我为什么不用维持课堂纪律，还能激发学生的兴趣，让他们热爱自己的学业。在无意间，我发现自己引发了一场关于"如何养育孩子，如何让教育变得既有意义又有实效"的讨论。我在本书中所要讲的，以及让全世界那么多人产生共鸣的，就是解决我们教养与教学问题的方法，例如如何应对焦虑、纪律问题、同伴压力以及人们对科技的恐惧。这些问题会损害我们的判断能力，伤害我们的孩子。

作为父母，我们所犯下的极大过错，就是认为自己应该为孩子的情绪负责。珍妮斯塔·诺兰（Janesta Noland）医生是一位在硅谷执业的受人敬重的儿科医生，她说："父母把'让孩子开心'看得太过重要了……他们觉得自己有责任让孩子开心，甚至觉得自己能控制孩子的情绪。"为了让我们的孩子避免遇到挫折或痛苦，我们愿意付出一切，从而孩子再也不必应对苦难或逆境。因此，他们缺乏独立和坚毅的精神，害怕身边的世界，缺乏创新和创造的力量。我们犯下的另一大过错是：我们教导孩子只关心自己和自己的表现，不用在乎别的任何事——他们必须取得完美的平均绩点，必须进入一流的大学，必须找到最棒的工作。他们终日忙于关注自己，几乎没有时间去考虑如何帮助他人、为他人服务。我们的教育忽略了善意和感恩，而研究表明，正是这些品质才能让我们幸福地生活。

课堂教育也出现了问题。中小学和大学依然在用 20 世纪的教学方式，基本上就是教学生听从指示，而这些指示所对应的世界已经不复存在了。上述教学方式建立在这样的假设之上：教师无所不知，学生的职责就是安静地听讲、记笔记、考试。虽然在当今社会，科技的进步让我们能够自行搜寻信息，用我们"口袋里的图书馆"（智能手机）就能立刻查到信息，但上述教学方式依然在全世界占主导地位。学生按照要求学习各门课程，而不是按照自己的兴趣学习或通过体验来学习。许多课程的教学目的是让学生通过全国的考试和评估，而不是借助课题式学习来教给学生真正实用的技能，让学生找到自己热爱的东西。测验和考试是最不能培养学生的兴趣、让他们投入学习的方法，而研究表明兴趣和投入是有效教育和生活幸福的基石。尤其是，这种过时的教育体制让我们学会服从，而不是创新或独立思考。到了毕业的时候，我们甚至会为了学习生涯的结束而高呼万岁！我们本该庆祝自己掌握了终身自主学习的技能。

考虑到当前的教学与教养方式，如果孩子在长大后变得抑郁、焦虑，完全无法面对生活中正常的挑战，那么我们还会感到意外吗？美国国立精神卫生研究所的调查显示，在13～18岁的美国孩子里，患有焦虑障碍的人大约占了31.9%。在研究了美国青少年2016年的精神健康状况之后，研究者发现，大约有200万名青少年至少有过一次重性抑郁发作。巴西2016年的一项研究显示，大约40%的青春期女孩以及超过20%的青春期男孩患有常见的精神障碍，例如焦虑与抑郁。印度有一项研究表明，1/3的高中学生出现了焦虑的临床症状。挪威公共卫生研究所进行的一项调查发现，在十四五岁的调查对象中，声称自己经常感到"悲伤或不快乐"的人超过了50%。这种趋势在全球范围内都存在，我们所有人都应该为此采取行动。[1]

我们已经把教养变成一件极其复杂、违背直觉、充满担忧与自我怀疑的事情。我们之所以不堪重负，是因为我们屈从于只让孩子快乐。我们担心他们在当今这个竞争激烈的世界中无法生存。如果孩子进不了最棒的早教班，孩子到了某个年龄还不会背字母表，而其他孩子都会，那么我们会感到沮丧。正是我们把这个世界变得如此疯狂，让竞争变得如此激烈。事实上，教养非常简单——只要我们重拾那些让孩子在家、在学校、在生活中茁壮成长的基本原则就好。根据我做母亲、祖母、教育工作者的几十年经验，我总结出了能帮助我们变得能干的五种基本价值观。为了简单好记，我把这些价值观称作"TRICK"（窍门）：信任、尊重、独立、合作、善意。

信任：世界上充斥着信任危机。父母在害怕，孩子也跟着害怕——不敢做真实的自己，不敢承担风险，不敢直面不公。信任应该从父母做起。只有我们能相信自己为人父母时所做的决定，才能相信自己的孩子能在自强与自立方面取得重要且必要的进步。

尊重：我们能给予孩子的最基本的尊重，就是对他们的自主与个性的尊重。每个孩子都有自己的天赋，这种天赋是对世界的馈赠。不论这种天赋是什么，我们作为父母的职责就是培养它。这完全不同于告诉孩子他们应该成为什么样的人，应该从事哪种职业，应该过怎样的生活。我们要做的是支持他们发现并追求自己的目标。

独立：只有建立了信任与尊重的坚实基础，才能培养孩子的独立精神。很小就有自控力和责任感的孩子，在应对成年生活的挑战时会更加从容，他们也会具有创新能力与创造性思维。真正独立的孩子能够应对逆境、挫折、空虚以及生活中不可避免的挑战。即便身边的一切都混乱不堪，他们也不会失控。

合作：合作意味着全家人、全班同学、全体同事一起努力。对父母来说，合作就是鼓励孩子参与讨论、决策，甚至是纪律的制定与执行。在20世纪，遵守规矩是重要的技能，父母控制了家中的一切。在21世纪，专制型的教养方式已经行不通了。我们不能再简单地告诉孩子该做什么，而是应该询问他们的想法，与他们一同寻找解决方法。

善意：虽然我们在对待陌生人时往往心怀善意，重视对方的感受，但我们在对待最亲近的人时常常丢掉了这份善意与体贴。这实在是太奇怪了，而事实的确如此。虽然父母爱着自己的孩子，但亲子之间朝夕相处，太过熟悉，以至于父母经常忽视最基本的善意。有些父母不会把善意当作为人处世的一般原则。真正的善意包括感恩、宽恕、服务他人，以及关注自己之外的世界。我们要让孩子知道，自己能做的最激动人心、最有价值的事情就是让他人的生活变得更好。这是一件很重要的事。

TRICK 对于家庭的和谐非常重要，是我们对于教育挑战的解决之道。

最有效的课堂教育应该建立在信任、尊重、鼓励独立思考以及模仿真实工作情境的课题式合作学习上。教育界的重要人士开始认识到，死记硬背和照本宣科已经完全不适用于21世纪的技能教学。我花了30多年来完善自己的"混合式学习"方法，这种方法能让学生在一定程度上掌控自己的学习，强调负责任地使用科技。现在，全美的教师多采用这种方法，而我也经常前往欧洲、亚洲、拉丁美洲，与各国的教育界领袖交流，帮助他们按照TRICK的价值观来实施新的教育政策。

商界也认可TRICK的力量，并且开始把这些价值观融入公司的文化。TRICK不仅能养育快乐且成功的孩子，还能激发出人们心中最好的一面。许多公司都在寻找坚毅、有创意、能独立思考、善于合作、能适应不断变化的世界的员工。美国教育考试中心分析了职业信息网络（美国劳工部建立的大型就业信息数据库），发现了当今招聘要求的五项核心技能（问题解决、流体智力、团队合作、进取/创新、沟通）。这五项核心技能很符合TRICK的价值观。灵活的思维、问题解决能力、创新能力都来自强烈的独立意识，而这种独立意识就建立在信任与尊重的基础之上。如果一个人不能做到心怀善意，没有合作精神，他就不会考虑他人的观点与想法，团队合作与沟通也就无从谈起。这也是为什么有一家国际连锁酒店正在使用TRICK的价值观培训员工，为他们赋能。这也是为什么Gap公司（一家国际服装公司）的创始人最近与安妮和我见了面，希望学习如何培养更多像安妮一样的商业精英。这也是为什么许多大公司（世界顶级的咨询公司德勤、拉丁美洲颇受欢迎的电商平台Mercado Libre、烘焙与咖啡连锁店潘娜拉、沃尔玛和麦当劳等）都接受了类似于TRICK的价值观，鼓励员工具有独立、合作和创新的精神。

我在2017年的"良知资本主义大会"（Conscious Capitalism Conference）

上，对满屋子商界领袖做演讲。当时，他们对 TRICK 的价值观非常感兴趣，没有人愿意退场。我与全食超市的约翰·麦基（John Mackey）、乔氏超市的丹尼尔·贝恩（Daniel Bane）这样的 CEO 谈过话，他们都经营着非常成功的连锁超市，这些公司都以"为员工赋能"而著称。环保型食品公司 Heavenly Organics 的 CEO 阿米特·胡达（Amit Hooda）、税务软件公司 Vertex 的杰弗里·韦斯特法尔（Jeffrey Westphal）以及许多其他商界领袖告诉我，他们想要帮助我将我的教育理念传播到全世界。在这次大会上，每场讨论都渗透着 TRICK 的价值观，因为我们需要为与我们共事的人赋能，通过合作取得真正的成就。我见过的这些商界领袖想要通过操作性强的课题式学习来培训 21 世纪的员工，就像我在帕洛阿托高中的课堂上做的那样。

TRICK 的终极目标是在一个负责任的世界里创造出负责任的人。这是身为父母、教师和雇主的我们正在做的事情——不仅仅是抚养孩子、管理课堂或主持会议，更是建立人类未来的基石。我们在推动人类思想的演化，这个进程将比以往迅速得多。

本书的主题是如何养育成功的孩子，它不是一本鼓吹教养新时尚的图书，也不是一本教父母如何哄孩子上床睡觉的完美指南。本书旨在告诉父母应该如何使用 TRICK 的价值观来应对我们当下的问题，并帮助孩子准备好去面对未知的诸多挑战。本书不会提供新式课堂的教学大纲，而会教你在家庭或学校中如何利用新的教学方法为孩子赋能、培养孩子的独立性，以及始终在信任与尊重的基础上教育孩子。在后面的章节里，我会阐述教养的核心原则，这些原则能帮助你在家（或课堂）创造让你和孩子都幸福成长的环境。

我当母亲时所做的一切，与前人所做的并没有什么不同。当他们被逼无奈，只能相信自己、尊重孩子的独立性，并合作解决教养问题时，他们也是这样做的。科学研究以及诸多父母的切身体验都有力地证实，我的方法在全世界范围内都能发挥作用。在过去的 36 年里，我在课堂上一直运用这种方法，而我的孩子早在 50 年前就开始接受这种教育了。不管年龄有多大，不论来自哪种文化背景或社会环境，你都可以运用 TRICK 的价值观来养育孩子，而且不论从何时开始行动都不算太晚。你能纠正早期教养中的错误与过失，改善自己与孩子的生活。最棒的是，接纳 TRICK 的价值观能让你成为自己理想中的父亲或母亲，你愿意与这样培养出来的孩子相处，而这样的孩子也愿意与你相处。人人都喜欢、需要、重视这样的孩子，而这样的孩子也能够肩负重任，迎接我们的社区、国家和世界所面临的挑战。

能够与大家分享 TRICK 的故事和原则，是一件令我感到既高兴又荣幸的事情。我希望这些故事与原则会引导你找回对自我和孩子的深度信任，并且能在你心中留下难忘的印象，这样你就能将其作为自己行动的指南。你就是孩子所需要的父母，有了你的信任和尊重，孩子就能走向理想中的未来。

CONTENTS 目 录

走近"硅谷教母"
推荐序
前　言

第 1 章　你愿给孩子怎样的童年　| 1

　　我的童年成长经历　| 1
　　你还用父母的方式育儿吗　| 11
　　你是否具有 TRICK 的价值观　| 14
　　如何处理育儿中的失误　| 17

T 信任

第 2 章　信任自己，信任孩子　| 20

　　隔代育儿，我怎么做　| 20
　　如何应对信任危机　| 23
　　孩子成长"慢半拍"，怎么办　| 28
　　培养信任感的契机：睡觉、吃饭、购物　| 34
　　实际行动中的信任　| 38
　　孩子"撒谎"，怎么办　| 40
　　孩子不相信你，怎么办　| 41
　　你还在担忧孩子的选择吗　| 45

R 尊重

第 3 章　孩子不是父母的复制品 ｜ 50

允许孩子带领你前进 ｜ 50

当孩子找不到未来的方向时 ｜ 54

孩子是你的影子吗 ｜ 55

你还在对孩子施压吗 ｜ 60

当你要养多个孩子时 ｜ 65

当你侵犯了孩子的隐私时 ｜ 67

想要孩子尊重你,你先尊重他 ｜ 69

I 独立

第 4 章　如何培养孩子的独立性 ｜ 76

既不做"虎妈",也不做"熊猫妈妈" ｜ 76

当孩子发脾气时 ｜ 83

孩子的兴趣爱好从哪里来 ｜ 86

如何对孩子合理放手 ｜ 89

科技十诫：如何让孩子更好地使用科技产品 ｜ 96

如何培养孩子的好奇心 ｜ 98

我身边那些独立自主的孩子,后来怎样了 ｜ 102

第 5 章　给孩子以坚毅 ｜ 106

孩子遇到挫折,怎么办 ｜ 106

凡事都迎难而上,这不是坚毅 ｜ 111

坚毅是可以教授的技能 ｜ 116

学会反击 ｜ 119

如何培养敢于向世界发声的孩子 ｜ 120

家境会影响坚毅的培养吗 ｜ 122

C 合作

第 6 章　教孩子合作 ｜ 130

合作的前提是相互信任、尊重、独立 ｜ 130
你的教养风格是什么 ｜ 138
如何实施合作型教养 ｜ 140
如何与孩子在沟通中合作 ｜ 142
团体运动增强合作意识 ｜ 145
当孩子犯错时 ｜ 147
为合作创造机会 ｜ 153

第 7 章　孩子会效仿你的行为，不会听从你的言语 ｜ 157

父母焦虑，孩子也会焦虑 ｜ 157
用 12 类问题考察你是否给孩子做了不良示范 ｜ 161
当你不是孩子理想的榜样时 ｜ 167
家庭不和的原因：缺乏 TRICK 的价值观 ｜ 170
夫妻离婚后，如何为孩子做良好示范 ｜ 177

K 善意

第 8 章　教孩子表达善意 ｜ 180

女儿的善意 ｜ 180
拒绝直升机式育儿 ｜ 186
如何教孩子学会感恩 ｜ 190
如何培养孩子的同理心：游戏和阅读 ｜ 193
在难以为善时，如何做个善良的人 ｜ 195
当孩子遭遇霸凌时 ｜ 197

第 9 章　教孩子关心世界 ┊ 203

　　我是如何为社会做贡献的 ┊ 203
　　当孩子过于关注自我时 ┊ 205
　　全家一起做公益 ┊ 208
　　如何培养孩子的奉献精神 ┊ 214
　　如何看待不公 ┊ 217
　　永不退休，回馈社会 ┊ 220

结　语 ┊ 223

致　谢 ┊ 229

注　释 ┊ 235

CHAPTER 1
第 1 章

你愿给孩子怎样的童年

我的童年成长经历

成年后的我们在养育孩子时倾向于沿用父母的教养方式,而当我成为母亲的时候,我心中有一个坚定的信念,那就是不要重蹈父母的覆辙。每个人在童年时期都或多或少经历过创伤,遇到过挑战,这些经历影响了我们与孩子的情感模式,如果我们不理解自身的创伤,如果我们不仔细审视出错的地方,我们就必然会重蹈覆辙。如果不能检查自己无意识的模式与下意识的反应,我们就难以按照 TRICK 的价值观来组建家庭。你会从我的故事中看到,我的父母并没有依照这些基本价值观抚养我长大。我付出了很大的代价才学会了这些东西。通过分享我的童年经历、我父母的教养方式,我希望能够鼓励你去探索自己的故事,这样你才能理解身边的榜样对自己的耳濡目染,以及这种影响是否符合 TRICK 的价值观。

在我小时候，我和父母住在只有一间卧室的小公寓里，当时他们是一穷二白的犹太裔苏联移民。我的母亲丽贝卡来自西伯利亚区的克拉斯诺亚尔斯克，对年幼的我来说，那个地方似乎只是个特别寒冷的远方。妈妈告诉我，那儿的冬天总在下雪，能把整栋房子都盖住，他们必须挖隧道才能出门。她有着惊人的美貌，每当别人看到妈妈的照片时，都会这么跟我说。她的口音让人听不出具体的来处，似乎是意第绪语和俄语的组合。我也学会了这种口音，但上学之后就改掉了。我的父亲菲利普是一位专攻水彩画和木炭画的艺术家，甚至还获得过仁斯利尔理工大学的奖学金。可惜的是，他不得不放弃上学的机会，因为他必须赚钱养家。他和他的家人曾经被迫逃离乌克兰切尔尼夫齐地区的大屠杀，一路走到维也纳，只有在那儿他们才能办理前往美国的手续。多年以来，我都不相信他们真能走那么远。他曾告诉我，他们把所有的财物都放在一辆木质手推车里，一路拖着走，弄得双手血迹斑斑。这听起来有些夸张而可笑——直到我读到叙利亚难民危机的故事，得知那些人为了逃避战争能够步行数百英里[一]，我才完全相信了父亲的故事。我依然很后悔没能感谢父亲为我做的一切。

我们总是生活在破产的边缘。除艺术以外，父亲别无一技之长——我们很难算得上美国梦的典范。父亲为了养家糊口，干遍了各种奇怪的工作，但依然一筹莫展，最后他听到了那个时代的召唤（"去闯荡西部吧，年轻人"），便决定去加州碰碰运气。那里似乎是一片阳光明媚、充满乐趣与机遇的土地，我们也许能在那儿开创崭新的生活。可惜事与愿违。

我至今依然不知道为什么父母会选择定居在桑兰-图洪加，那是个位于圣费尔南多谷东北角的农业社区。圣盖博山矗立在远方，那里的土路颇为宽阔。几年之后，我和弟弟通过帮别人把陷进泥沙的汽车弄出来赚零花钱。这种事很常见，每次我们都能赚 1 美元，心里乐开了花。那里的葡萄

㊀ 1 英里 = 1609.344 米。

藤爬得到处都是，从山脚滚落的灰石子也俯拾皆是。我们住的小房子就是由这种石头盖成的，我家背后就是图洪加峡谷洼地，那里是洛杉矶河的支流，很多响尾蛇就藏在河边大石头的缝隙里。

父亲在加州做过很多商业广告艺术类的工作，甚至试图在娱乐行业寻找机会，但都没能成功。最后，他不得不干起了雕刻墓碑的行当，这份工作他干了一辈子。你在洛杉矶的墓地里仍然能看到他做的成百上千的墓碑——这是他唯一留下的艺术遗产。这份工作的收入微薄，又非常辛苦，父亲有时在晚上回家之后，会重重地把门关上，在小屋子里拖着沉重的步伐四处踱步，一言不发。这幅景象总让我感到害怕。我学会了不要在这时候接近他。如果我不这样做，就会遭遇像雷霆一样的怒火。"不打不成器"是他经常对我说的一句话，他可不是说着玩儿的。母亲会尽她所能地保护我，有时甚至会给我买我喜欢的食物——绿果冻和杏子罐头，这些难得一见的零食成了我们之间的小秘密。在晚上，我会坐在我的房间里听他们吵架，而他们争吵的内容，总是与钱有关。

我生活中最艰难的事情就是如何对待正统派（犹太教正统派）的传统。在正统派的传统里，男性是家庭中最重要的成员。不仅如此，男性还是社会上最重要的成员。那时，哀悼死者的祷文《卡迪什》只能由男性朗读，《圣经》中的《妥拉》⊖只能由男性持有和朗读。我猜这就是正统派男人每天早上醒来庆幸自己不是女人的原因。

每周六我都坐在犹太教会堂的楼梯上，与女人和小孩待在一起。那里的天气很暖和，但女人总是按照教义的要求穿着长袖衣服，戴着头巾——这种保守派的着装肯定非常不舒适。我喜欢那里，因为男人们在楼下祈祷的时候，我能和其他孩子说悄悄话。那些男人好像生活在另一个完全不同的世界里，我熟知那里的世界，但我永远无法企及。

⊖ 《妥拉》又称《摩西五经》(Pentateuch)，是犹太教的重要经典之一。——译者注

在正统派的传统里，女性有一个明确的职责：做好家里的母亲。这意味着女性不需要接受教育。她们只需要知道如何照顾自己的孩子和丈夫，以及如何操持家务。在我成长的过程中，我发现身边所有的女性都处于屈从的地位。母亲总是必须听从父亲的话。犹太教会里的女性总是忠实地服从自己的丈夫。我的祖父本杰明曾是个犹太教拉比，他就掌管着家中的一切事务。我的人生目标本应该是在18岁的时候嫁给一个富有的犹太人，然后生下许多孩子。因为我心目中有一个完全不同的人生目标，所以我与祖父之间一直有一道隔阂，直到他死的那一天都没能消弭。

我的弟弟李出生于1945年5月23日，再过三天就是我的生日了。就在我生日那天，我深刻地体会到了男性的重要性。那天，父母把他抱回了家，当我父亲打开家门，带着母亲走进屋来的时候，我几乎抑制不住内心的激动之情。父亲怀里抱着一条毯子，毯子里裹着的就是我的弟弟。我以为这是送给我的特殊礼物。我跑上前去，想靠近点儿看看他，而父亲却一把抓住我的肩膀，把我推开。"别离婴儿太近了，"他责备道，"你会让他生病。"我愣住了，心里感到的是困惑而非受伤。母亲沉默地站在一旁。接下来父亲对我说的话让我至今都感到震惊。"你的弟弟李，是个男孩，"他说得非常清楚明白，"男孩在我们家里更重要。"他就这样宣布了我们的地位，好像不知道这句话对我会有什么影响。时至今日，我依然很难想象有人会对一个幼小的孩子说出这样的话。在李出生之前，我是家里的独生女、最亲爱的宝贝、所有人关注的焦点，即使那种关注有时候是负面的。李的需要永远比我的需要更重要。他有一大堆玩具，而我什么都没有。他有新衣服穿，而我只能得到纽约表亲穿不下的旧衣服。在吃饭的时候，他想吃什么就吃什么，而我要是拿的食物太多就会挨骂。

回首往事，我发现自己并没有耿耿于怀。母亲持续的关爱在一定程度上帮助了我。她很有耐心，从不批评我，不管我父亲怎么说，她都让我感到自己是重要的。我真心喜欢李。他是个非常可爱的孩子，像个洋娃娃一样，和他一起玩也非常有趣。我也喜欢帮助母亲，这让我觉得自己在家里是个有用的人。随着年龄渐长，我必须独自做好所有的事情，因为家里的条件有限，而李得到了家里所有的关注。即便如此，事情也有好的一面，因为在独立做事的过程里，我在无意间变得更加自信、更有力量。我学会了怎样洗衣服、洗碗、打扫房间、给李做饭、跑腿、整理床铺，还有扫地和清理地毯（我们没有吸尘器）。我渐渐地长大了，而且我觉得什么都难不倒我。与此同时，李却觉得自己总是需要帮助和支持。他从小娇生惯养，几乎什么都不会做，这是父母的关爱在无意中导致的结果。

然而，我的独立自主在学校并不受人欣赏。在学校里，老师强迫学生学习，而学生应该严格服从老师的安排。我一直是个不听话的学生，有时还会受到校长的惩罚。时至今日，在美国19个州的公立学校以及所有的私立学校（除了新泽西和艾奥瓦的），体罚依然是合法的——有许多因为这项不人道的法律而受苦的孩子，我只是其中之一。老师经常不知道该怎样处理我这样的学生。在我上二年级的时候，老师发现我在做完作业后帮助其他同学，而不是乖乖地盯着前方发呆，于是她罚我蹲在她的桌子下面。当我在桌子下面向同学招手的时候，她更生气了。我的"行为举止"被判为"不合格"，而父亲唯一在乎的就是我在这方面的成绩。你大概已经猜到了，他对此并不开心。

公立图书馆是我的避难所。我喜欢穿着轮滑鞋在桑兰-图洪加图书馆的狭小走廊里穿梭，然后坐在一大摞书旁边。阅读教会了我独立思考，让我得以窥见其他的世界，那些世界与我所生活的世界有着很大的差异。有一年夏天，我甚至因为读书比市里其他学生多而获奖。我卖出的女童子军饼干比桑兰-图洪加的其他女孩卖出的多。我没上过兴趣特长班、课外辅导班，也没有参加过什么特殊才艺表演，但学校借给我一把小提琴，我每天晚上都在卧室里认真地练习。不论过去还是现在，我都非常热爱音乐。到了五年级的时候，我的小提琴已经拉得不错，能够进入学校的管弦乐队了。在高中的四年里，我都是乐队的一员，我感到自己非常幸运。在那个时候，我就能理解，音乐能让贫穷的生活变得更轻松一些。

父母在1948年又生了一个儿子，他的名字叫大卫，此时家中的经济条件更糟糕了。大卫是个漂亮的孩子，他有着金黄色的头发和明亮的蓝眼睛。我记得他是个非常好奇的孩子，而且很爱哭。母亲忙于照顾三个孩子，无法时刻满足大卫的需要。我尽我所能地帮助妈妈。我陪大卫玩耍，抱着他在屋里和院子里散步。我带他到小溪边去看我最喜欢的胡椒树，告诉他再过几年我就会教他怎么爬树。

在大卫16个月大的时候，他在厨房的地板上玩耍，发现了一瓶阿司匹林。他以为那是玩具，就开始用力摇晃药瓶。药片撒得到处都是（当时拜耳公司的药瓶还没有安全盖），在我母亲发现之前，他就把药片全都吞到肚子里了。妈妈给医生打了电话，护士让她把大卫放在床上观察几个小时（我们只有一辆车，而父亲开车去上班了）。我怀疑这个护士在敷衍我们，因为我们付不起全额的诊金。母亲按照护士的吩咐做了，而几个小时之后，大卫醒来就开始呕吐。

然后，我们带大卫去了县医院，医生给他洗了胃，然后就让他出院了。可是，大卫的病情却恶化了。我们带他回家，医生说医院"床位不够"（也就是"没付医药费"的意思）。我们带他去了亨廷顿纪念医院，他们也说床位不够，然后我们又去了另一家医院——圣卢克医院。当时大卫的病情已经很糟糕了，所以医生同意给他治病。可惜一切都太晚了：大卫在那天夜里夭折了。回顾童年，我最强烈的情绪就是失去大卫的痛苦，这种痛苦笼罩了我们整个家，就像一朵黑云，我的父母再也没有从这种痛苦中走出来，尤其是我的母亲，她受到的打击很大。没有其他事情能比大卫的死对我的影响更大了……

大卫去世的几个月后，李突然昏倒在客厅的地板上，他当时只有五岁。妈妈抱起他用力摇晃，但他依然昏迷不醒。几分钟后，我也开始觉得头晕目眩。这时，妈妈明智地跑出了屋子，但她叫我待在家里。"躺到床上去，我会回来找你。"她一边说着，一边抱着李冲出了家门。虽然我头晕眼花，分不清方向，但我拒绝听从她的指示。在那个时候，我的怀疑精神占了上风。我扶着墙走出家门，躺在了前院里的碎石路上，然后我的头脑开始恢复意识。我看到妈妈和李坐在车道上的混凝土路面上，李也醒过来了，但我依然不知道发生了什么事。妈妈给邻居打了电话，几小时后我们才弄清事情的原因，原来家里的墙面取暖器出了故障，房间里全是一氧化碳。因为李年纪最小，身体最弱，所以他最先晕倒。我本来会是下一个晕倒的，如果我听妈妈的话，乖乖地躺在床上，我就肯定会死。

这次意外与大卫的死，让我走上了一条影响我终生的道路。这条道路让我坚定了自己的信念，我决定以后不论发生什么，都要独立思考。我始终会寻找最明智的做法，即便有些做法听起来不太对劲，即使我必须违抗父母或老师的指示，我也会坚持到底。我觉得自己需要这么做。如果我不这么做，我就可能受伤，甚至死去——对我来说就是这么严重。妈妈是个顺从本心的女人，我并不为此责怪她。大卫的死不是她的错，在遇到明确的危险时，她没有把我们所有人都救出去，这也不能完全怪她。然而，在某种程度上那的确是她的错，至少从我这个孩子的视角来看就是如此。她是贫穷的受害者，而且她是个没受过多少教育的移民。由于成长在这种传统文化的影响下，从没有人教过她该如何思考，她盲目地信任权威，就像当时的许多人一样。然而，听话、服从以及批判性思维的缺乏，导致了父母的痛苦。我决定要过一种不一样的人生。在我理想的生活中，女孩和男孩能得到平等的待遇，我能做出明智的决定，不必始终担心没钱。我想离开这个生来就禁锢着我的世界，我决心通过独立思考来达成这个目标。

八年之后，我的确离开了。我获得了加州大学伯克利分校的全额奖学金，若非如此，我肯定不能去上学，因为我父亲已经不在金钱上供养我了——我本来应该嫁给一个有钱的犹太人，而不是去上学。在1959年8月，我提着两个手提箱踏上了前往伯克利的"灰狗"公共汽车，再也没回头看过一眼。在大学二年级的时候，我遇到了未来的丈夫斯坦，他现在是一名实验物理学家。当时我坐在一个大纸箱里，从楼梯上往下滑（这只是我周一晚上在谢尔曼学生公寓的例行活动），然后碰巧停在了他的脚边。我们相爱了。我发现他对这个世界也有着某种质疑的精神。在第二次世界大战的时候，他家住在波兰的克拉科夫，紧挨着通往奥斯威辛集中营的铁路。纳粹军队占用了他家公寓的一部分，他们不得不挤在两个小房间里。他家兄弟两人与母亲之所以能幸免于难，只是因为他们信仰天主教。第二次世界大战结束后，斯坦和弟弟、母亲藏在货船运煤的货箱下面，逃往瑞典。成年后，斯坦一直致力于研究中微子——这种最小的基本粒子挑战着爱因斯坦的理论权威。他在探索宇宙起源的奥秘，在某种程度上，他试图依靠这种方式来理解世界。

我们结婚后，斯坦获得了美国国家科学基金会的科研经费，我们在日内瓦和巴黎住了几年。我先在日内瓦大学的国际关系学院就读，然后去了巴黎的索邦大学。我喜欢日内瓦和巴黎的生活，也喜欢学法语、说法语。后来，我们回到了伯克利。一年后，斯坦在斯坦福大学找到了一份助理教授的工作，于是我们来到了帕洛阿托。我们原本没打算在这里长住，因为当时这不是终身的职位，但他在1967年得到了终身教职，我们欣喜若狂。我们在1968年做了父母。我们两人当时根本不知道我们即将面对的事情。做母亲虽然很棒，但比我想象的难多了。斯坦一门心思地养家糊口，维持这个家庭。斯坦福大学教授的工作要求非常高，他总是处在"要么发表成果，要么卷铺盖走人"的压力之下。他经常加班，也经常在全世界出差，参加学术会议，做学术报告。高能粒子物理学是他的挚爱，他经常出入于布鲁克海文和纽约的实验室、芝加哥的费米实验室，以及日内瓦的欧洲核子研究组织（European Organization for Nuclear Research，CERN）。我们家里的墙上还有一张钉满图钉的世界地图，每一个图钉都代表了斯坦去过的地方——一共有数百个图钉。他在家的时候，是一个好父亲，而他很少在家。虽然有时我感到很沮丧，希望自己能得到他更多的支持，但我还是学会了接纳这一切。

养育三个女儿的重任落在了我的肩上。我从加州雷德伍德城的凯撒医疗中心的医生那里得到了许多医疗方面的帮助，但他们没提供有关教养的建议。朋友们提供的建议也没有真正满足我的需求。斯波克医生（Dr. Spock）是20世纪60年代的家庭教养大师，我在发现他的作品和读到他标志性的《斯波克育儿经》（*Dr. Spock's Baby and Child Care*）之前，从没读到过一本让我觉得有用的书。他所传达的信息从一开始就让我产生了共鸣。他对我以及成千上万的新手妈妈说："你知道的比你想象中的更多……你想成为最好的母亲，而何谓最好却很难说清。到处都有育儿专家在告诉你该怎么做，而问题在于，他们的看法经常不一致。当今的世界与20年前不一样，旧时的答案也许在今天就不再成立了。"读到这些文字的时候，我觉得好像他在直接对我讲话。旧时的答案的确不适合我了。在我的童年记忆里，周围的文化环境对女性并不友善。专家与权威人士也不关注我的切身利益。只有我才知道哪些东西对我的女儿是好的，对我是好的。

虽然许多母亲都阅读过斯波克医生的作品，但很少有人像我这样养育自己的孩子。我找到了自己的道路，我的做法基本上与我的童年背道而驰。我害怕重蹈覆辙。我知道如果我不小心，就会让女儿们暴露在那些曾经深深伤害过我的行为和价值观的影响之下。然而，我很想与孩子拥有当初和我母亲之间的那种强烈的情感依恋与亲密的身体接触，除此之外，我再也不想让孩子与我有任何相似之处。不知何故，我知道如果自己想要以不同的方式来抚养孩子，就必须正视并处理自己的童年问题。我没读过相关的书籍。斯波克医生没教我这个，其他人也没有。在我看来，这似乎很有道理。为了做出改变，我不能放任自流，用我小时候见过的那种教养方式来养育孩子。我需要时刻反思，而不能做出下意识的反应。我需要很大的耐心，以及坚定的决心。

事实证明，依恋研究领域的成果能够解释我这种直觉上的认识。依恋理论最初是由约翰·鲍尔比（John Bowlby）提出的，他是一位英国科学家，他在20世纪50年代的研究让我们对人类的情感关系有了全新的认识。鲍尔比的依恋理论认为，我们小时候与父母的互动方式会在很大程度上决定我们成年后的人际关系，显著地影响我们理解他人的方式，最重要的是，还会极大地影响我们与伴侣和孩子的相处。

在20世纪70年代，明尼苏达大学的心理学家L. 艾伦·斯鲁夫（L. Alan Sroufe）开始收集数据，开展了"关于父母与孩子的明尼苏达纵向研究"。斯鲁夫的研究灵感来自鲍尔比的研究，他想知道早期依恋模式是否能预测成年后的行为。这项研究至今依然在不断向前推进，其研究结果表明，早期依恋模式的确会影响我们成年后的行为，尤其是自立、情绪调控，以及社会能力方面的行为。斯鲁夫与同事发现："依恋经历能产生某种核心态度、动机与情绪，这是我们与同伴相处、应对挑战的基础。"[2] 换句话说，你的早期依恋模式会变成一个指南针，指引你生活的走向。在自立方面，斯鲁夫的研究表明，拥有焦虑型依恋模式和回避型依恋模式的幼儿园孩子会更加依赖老师。针对该纵向研究的另一项调查发现，拥有安全型依恋模式的孩子在上小学时的社交能力更强，到16岁时交的朋友更多，在成年后更善于解决恋爱关系中的冲突。[3]

这些研究结果证明了我们所知的事实：童年经历会深深地影响成年后的我们。接下来的事情更有趣了。心理学研究者玛丽·梅因（Mary Main）想知道这些模式在我们的人生旅途中能否发生改变，如果能改变，那么这种改变又是如何发生的。为了弄清这些问题，她与同事进行了"成人依恋问卷调查"。在这项问卷调查中，成年受访者会与研究者讨论自己的童年经历，回答如下问题："你觉得自己跟父亲更亲近，还是跟母亲更亲近？为什么？""在你小的时候，如果你感到难过会做什么，会发生什么？""你觉得自己的早期经历对你成年后的人格有多大的影响？"这项调查的发现极具开创性。梅因发现，成年人的确能在生活中改变和修复他们的依恋模式。我们的不安全型依恋模式能变成安全型依恋模式。要想实现这种转变，人们该怎么做呢？与父母以外的人建立良好的人际关系（让我们能够接触其他类型的依恋模式）是有帮助的，而有意识地反思自己的童年也同等重要。梅因的分析表明，那些能够清晰讲述自己的童年经历，对父母和自己的痛苦进行深刻反思的受访者，更有可能形成安全型依恋模式——不论他们在小时候是否遭遇过困境、创伤或丧失。对于那些叙述含混不清、自相矛盾，带有轻蔑、排斥态度的受访者，他们幼年时的焦虑型模式或不安全型依恋模式更有可能延续到成年时期。

你还用父母的方式育儿吗

我认为，我们所有人在内心深处都知道这一点：我们都倾向于用父母养育我们的方式去养育孩子，这主要是因为我们只知道这种方式。我们在小时候接触到的家庭价值观对我们的影响十分深远，以至于我们可能有时觉察不到这种影响，或无法理解这种影响的程度。我们经常发现自己会说父母说过的话，做父母做过的事，对父母如何影响我们的思想、控制我们的行为感到诧异。在有些家庭里，存在着暴力与虐待的轮回，这些人似乎世世代代都被困在了相同的问题模式中。一项研究发现，在曾经遭受虐待的孩子中，有 1/3 的人会成为忽视、虐待孩子的父母。

因此，父母应该做的第一件事就是反思自己过往的经历。虽然这听起来很简单，但我们经常做不到。精神科医生、加州大学洛杉矶分校的研究者丹尼尔·J. 西格尔（Daniel J. Siegel）在他的《第七感》（*Mindsight*）一书中说："孩子依恋类型安全与否的最佳预测因素并不是父母的童年经历，而是父母理解这些经历的方式。"西格尔、梅因以及其他研究者，都讨论过充分理解自身生活经历会如何产生"习得的安全型依恋"。我们都有能力通过有意识的自我反思"习得"安全感，并将这种安全感传递给自己的孩子。

我希望我自己能早点知道这些。我希望过去有人能告诉我如何反思，应该问什么问题，应该寻找哪些答案。不知何故，我自己想明白了这一点。其中的一个原因是，亲身经历验证了我的想法。不论我做了什么，都起到了积极的效果：我的女儿们很幸福、很能干，能够茁壮成长。然而，依然有许多我未能预料到的挑战。

经过长久的努力，我终于认识到，养育孩子给了我们一个最重要的个人成长机会。西格尔博士在《由内而外的教养》（*Parenting From the Inside Out*）一书中告诫我们："如果父母不为自己未完成的事情负起责任，他们不但会错失成为更好父母的机会，还会在个人成长方面止步不前。"换句话说，如果你不做自己的心理治疗师，不回顾和反思自己的童年经历，你就不会成为自己理想中最好的父母。为人父母的视角能让你理解自己父母曾经面临的挑战，这是小时候的你可能难以理解的。孩子视角只能看见眼前的事物，作为孩子的我们无法理解所有影响父母行为的因素。

我们的童年记忆可能发生扭曲。长大之后，我曾经回到小时候在桑兰-图洪加的那间石屋。在我的记忆里，那是一栋大房子，而我们的后院一直延伸到远方的山脚下。当我故地重游时，旧居的狭小令我震惊。我不敢相信我们一家五口曾经住在那里。后院是一块小小的土地。这间小屋里发生的悲剧，在我的人生中占据了极其重要的位置，也深深影响了我对自己的认知，以至于我在脑海中把这间小屋想象成一栋大房子。在现实中，这只不过是一户清贫人家居住的寒舍。再次看到这间小屋，我认识到了父母当年的不容易。我把父亲看作时代环境的受害者，就像许多不完美的父母一样。他一生都在从事繁重的体力劳动，并且憎恨这个从未支持过他的世界。他为了我们放弃了成为艺术家的梦想。他成长的文化环境塑造了他独断专横的行为。理解了这一切之后，我终于能够原谅他了。尽管他想左右我的人生，但我依然成功地过上了自己的生活，而在内心深处，我知道原谅他能够让我放下过去。

教养旨在把文化传递给下一代。这是你将自己的核心原则与价值观传递下去的机会，也是运用自己所有的智慧与领悟去改善另一个人生命福祉的机会。这也是你在世上留下不朽印迹的机会。我想起了一句我最喜欢的关于教学的格言："教师创造了永恒，他们永远不知道自己的影响有多深远。"教养也是如此。你永远不知道自己的教养方式会如何影响未来的世世代代。

我认为，我们应该问自己的最重要的问题，就是我们传递给孩子的原则与价值观是否合乎伦理，我们是否愿意看到这样的信念成为社会的风气。我们是社区的一分子、国家的一分子、世界的一分子。你是否愿意让孩子把你教给他们的东西，继续教给他们的下一代？这些东西能否改善他们的生活，改善我们的文化，改善整个世界？

即便在我远离正统派的传统之后，我依然能体验到性别歧视——作为一个记者，我不能进入旧金山记者俱乐部，因为那里只接受男性。在20世纪70年代，我不能以自己的名义申请信用卡。因此，我自然想让我的女儿们走上一条完全不同的道路。在这条道路上，她们能做自己想做的人，不必顺从自己的丈夫，能够在生活中发出自己的声音，拥有自己所热爱的东西。我想让女儿们从小就拥有掌控感，我决定培养她们做决定的能力。我总是问这样的问题："你想要葡萄还是苹果？""你想画画还是出去玩？"我帮助她们在很小的时候就成了成熟的决策者，到了40多年后的今天，看着她们在医疗和媒体领域做出世界上最复杂和最重要的决定时，我心怀敬畏。所以，亲爱的读者，你怎么看待这个问题？本书的主要目标就是帮你理解、思考并实施有效的教养策略，这些策略会对你、你的孩子、你的家庭、我们的社会，以及未来的世世代代都产生积极的影响。

我知道这并非易事，家庭文化很难改变或修正，但我愿意付出努力。一个有力量、有目标的孩子会对你、家庭、社区以及世界产生积极的影响。这是一种强有力的连锁反应，这种反应的起点就是家庭。

你是否具有 TRICK 的价值观

虽然我自己找到了正确的方向，但我必须承认，如果有人指导，教养就会容易得多。所以，这就是我要为你提供的东西——指导。下面有一系列的问题，能帮你思考自己过往的经历，以及这些经历与取得终身成就的价值观有何联系。你也会审视自己父母的价值观，以及自己社区的价值观，两者会深刻地影响你教养孩子的方式。不论你是即将生下第一个孩子，为叛逆的青少年头疼不已，还是要和一个已经成年的孩子修复关系，也无论你处在教养的哪个阶段，这种反思都能帮到你。如果你是老师、祖父母或孩子的其他养育者，这些反思对你也会有帮助。我们都需要信任、尊重、独立、合作、善意，而我们都需要将这些重要的价值观铭记于心，才能在生活中践行这些理念。

在你阅读接下来的章节时，请问自己下面这些问题。我衷心地希望你在回答这些问题的时候，会发现自己童年经历中的哪些部分是自己愿意保留的，而哪些部分是应该放下的。你可能会反思这些内容，将它们写在日记里，或者与伴侣或信任的朋友讨论这些内容。

你的家庭

你的家庭怎样提倡或排斥TRICK的价值观？有哪些做法可以改善或纠正？

信任：你的家庭环境是否充满了信任？你小时候信任自己的父母吗？他们信任你吗？在你的家庭里，家人之间如何表达信任？是否曾有人打破信任？如果有这种情况，问题是如何解决的？根据你小时候学到的有关信任的东西，你能如何改善自己的现状？你想为自己的孩子创造怎样的信任氛围？你能做哪些小事来帮助你与孩子建立信任关系？请列出清单。

尊重：你觉得自己小时候得到尊重了吗？家长会考虑你的想法和观点吗？你觉得自己是家里的重要成员吗？你有感到自己不被尊重的时候吗？如果有，你能重获家人尊重吗？你会怎么做？根据你小时候学到的有关尊重的东西，你能如何改善自己的现状？你能做哪些小事来帮助孩子看到你对他们的尊重？可以是让他们在特殊场合穿自己想穿的衣服，或者让他们帮忙点餐这一类的小事。请列出清单。

独立：你小时候有过强烈的独立自主意识吗？或者说，你是否在吃饭、洗澡和做作业的时候依赖父母？父母采取过哪些做法来鼓励你的独立？根据你小时候学到的有关独立的东西，你能如何改善自己的现状？你能做些什么来提高孩子的独立性？

合作：在你的家庭里，有合作的氛围吗？你的父母是怎样鼓励合作的？你觉得你们一家人像一个团队，还是说通常只有一个人掌管一切？根据你小时候学到的有关合作的东西，你能如何改善自己的现状？你能做哪些小事来鼓励合作？让孩子来选择一件需要合作完成的事情，你觉得如何？

善意：在你的家里，家人之间是如何表达善意的？有人教你为自己拥有的一切表达感激和感恩吗？有人教你服务他人的精神吗？根据你小时候学到的有关善意的东西，你能如何改善自己的现状？

你的社区与文化环境

你的社区与文化环境会深刻地影响你养育孩子的方式。

在你的社区与文化环境里，有哪些关于儿童养育的假设？

对于这些假设，哪些是你赞同的，哪些是你不赞同的？

哪些做法正在发生变化，或者需要人们提出质疑？比如，所谓"扫雪机式教养"指的是父母为孩子消除一切障碍，决不让他们承担任何风险。你能为孩子创造哪些机会来教会他们独立和坚毅？对于那些可能会阻碍他们的文化，你会做些什么？

有哪些普遍的信念与 TRICK 的价值观一致，有哪些信念与之不一致？

你伴侣的家庭与文化环境

如果你与伴侣一同养育孩子，就需要一起回答这些问题，来决定你们应该如何在教养问题上合作。我建议你们讨论（而不是争论）一下不同教养方式的利弊，而且这种讨论宜早不宜晚。在父母养育你们的过程中，他们做得最好的方面是什么？你的伴侣有哪些观念和做法能够帮助孩子取得成功？你们能总结出一套结合双方长处的方法吗？斯坦和我完全不知道我们会成为什么样的父母。事实证明，我们俩有着截然不同的教养风格，这并不奇怪，因为他成长于一个完全不同的文化中，而他的父亲在伦敦过着流亡的生活。他与弟弟和母亲住在波兰的乡村，希望能躲避空袭。所以，当我们开始做父母的时候，斯坦对于我们的女儿该有怎样的行为，有着颇为严格的波兰标准。在波兰的文化里，打屁股是合适的做法，但我作为一个小时候挨过打的人，认为这种做法不可接受，也丝毫没有帮助。我知道，想要不打孩子很难，因为即使我怀着积极的态度，有时也难以抵制那种冲动。然而，我想维护自己与孩子之间的情感联结，我想用善意对待他们。我之所以能化解我与斯坦在教养风格上的矛盾，部分是因为他经常不在家，我不战而胜。教养风格的差异是考验婚姻关系的主要压力源，甚至经常会导致婚姻破裂。请夫妻努力理解彼此的价值观，以及双方产生这些价值观的童年经历与文化环境。TRICK 并不具有文化特异性，它在所有的文化中都或多或少地存在。现在人们越来越重视它，将它看作获得健康、幸福和成功的基础。

如何处理育儿中的失误

父母是凡人！尽管你有许多想法与计划，但你依然会犯错。我就经常犯错。我曾因为一个孩子犯的错去惩罚另外一个孩子，我曾无缘无故地发火，我也曾在给女儿洗澡时，错把洗发液弄进了她们的眼睛里。在一趟从帕洛阿托到芝加哥的野营之旅中，安妮的身上长了很多小包，看起来像是被什么东西咬了，我一直给她喷驱蚊水，以为她被蚊子叮了。几天之后我才意识到她长了水痘！

在我们一家搬到了瑞士日内瓦的时候，安妮还是个婴儿，而珍妮特只有三岁。这个小妹妹让珍妮特在很长时间里都不能适应——她还问过我会不会把安妮送回医院。"我不想和她玩儿了，妈妈。"她跟我说。她也需要面对新文化（瑞士）和新语言（法语）的挑战。当时她最需要的就是安全感，而她的世界却在转瞬之间变得陌生起来。我低估了这种转变对于她和我们所有人的挑战。然而，正如所有的家庭一样，我们在当时做了条件允许的最佳选择，而谁又能说这种经历不会帮助她变得坚毅而独立呢？

女儿们现在依然会把我和斯坦当年犯的错误拿来开玩笑。安妮应该多学学网球，苏珊应该多上几节艺术课，而珍妮特应该再好好练练钢琴。她们一直说我们应该再养一只狗。尽管这些玩笑都出自幸福、成功的成年人之口，但请相信除了被当成说笑的事，我还犯过更严重的错误。

我们的目标不是为孩子创造一个没有压力和困难的环境。痛苦和困难的经历往往能促进我们成长。我们的目标不是剥夺孩子面对这些挑战的机会，也不是剥夺他们因此获得成长的机会——那是所谓的"直升机式父母"所犯下的致命错误。我们应该做的是帮助孩子面对这些挑战，并从中学到经验教训。我们不需要做到十全十美，但我们需要确保孩子能够运用TRICK价值观，在困境中坚持到底。

世上没有完美的父母、伴侣或孩子。我们都在尽自己所能。你应该做的就是一直践行TRICK的价值观，并且不要放弃。在你犯错的时候，不要苛责自己。你先要原谅的人就是自己。生活既复杂又艰难。如果你在养育孩子的时候做了适得其反的事情，那么你应该承认自己的错误，避免将来再犯。你可能会一次又一次地犯相同的错误。在为人父母的时候，我们需要花时间去学习，就像我们的孩子需要花时间去学习各种事情一样。请关注如何与孩子形成亲密的关系，并用TRICK的价值观抚养他们长大，这样一来，你就会为他们未来成为的样子感到骄傲。我们都想培养出优秀的人。

我们每个人都有过去。我们都经历过创伤，许多人还经历过悲剧。我尽力不让我童年时的不幸重现，但我也明白，不论我做什么，孩子们都会遇到困难。我的任务不是做到十全十美，或者让女儿们的生活十全十美，而是自我反思，让她们免受不必要的痛苦。我们在本书中探讨这些价值观的时候，我也希望你能不断质疑和检视自己的过去，思考有哪些方面可以改进，以及如何改进。然后，请你下定决心改变：为了你自己，为了孩子，也为了世界。

TRUST
RICK
信任

CHAPTER 2
——— 第2章

信任自己，信任孩子

隔代育儿，我怎么做

做父母很难，做祖父母也不是闹着玩的。

那是一个旧金山的早晨，路上已经堵得水泄不通了。我的女儿珍妮特去卢旺达和肯尼亚出差了，她要去帮助当地儿童解决营养问题，这星期就由我来负责照顾她的孩子。我的第一项任务就是开车送他们去学校，这听上去很简单，但我们在湾区遇上了堵车，而他们偏偏在城市的另一头上学。我刚把外孙送到学校，就发现不得不再开车回去一趟，因为他把作业忘在房间里了。

到10点的时候，我终于完成了司机的任务，但又到了遛狗的时间，还得喂安妮家的猫吃抗生素，这两只猫在安妮出差前患上了传染病，最后我还得清洗早餐用过的盘子。珍妮特怎么做到每天早上干这么多事？我再次感到惊讶。单是交通问题已经够我头疼的了。这就是为什么大多数住在湾区的人都要冥想——不然我们每天都会有罹患路怒症的危险。

我的孩子以前会自己走路上学，而时代不同了，现在的孩子常常坐车上学。

第二天是周六，情况变得更加混乱了，而这是一种不同的混乱。除了照顾珍妮特的孩子，我还要帮女儿苏珊的忙。苏珊要我带她的两个女儿去塔吉特商场买学习用品。与此同时，珍妮特的儿子该理发了。

的确该理发了，他看上去像一只毛毛狗。

洛斯阿尔托斯市郊的交通状况要好一些，而我们有那么多事要做，我决定趁此机会锻炼外孙和外孙女的自立能力。

为什么不向孩子们表达我对他们的信任呢？多些信任，让他们玩得更开心一点。这是皆大欢喜的事情。

我把外孙（12岁）带到理发店，然后让他独立完成预约。他非常清楚自己想要剪什么样的发型，他来这里理发已经有一年之久了。然后，我开车带两个外孙女（都是八岁）到塔吉特商场。在路上的时候，我们又看了一遍她们手机里的购物清单。她们约好一个小时后在收银台集合，给我发短信。然后，我就会来用信用卡结账，前提是她们要确保自己买好了清单上的每件东西。如果她们需要我，就给我打电话，但我相信她们没有问题。我已经跟她们一起买过很多次东西了。我教过她们在商店应该怎样说话做事，怎样用购物车，怎样待在一起，怎样找到自己需要的东西。我当年就是这样教自己的女儿们的。她们很早就学会了怎样在帕特森廉价商店买东西，那里离我们在帕洛阿托的家大约有一英里。她们会自己骑自行车去买东西，花上好几个小时来苦恼自己该把零花钱花在哪个小玩具或哪种糖果上。她们必须确保自己的开支不超过1美元，所以就必须仔细计算，做出艰难的抉择。她们会满怀自豪地回家，兴高采烈地提着自己的小纸袋，里面装满了各种各样的好东西。也许我在内心深处就是个老师，我始终觉得购物既是为孩子赋能的好机会，也是一件非常有趣的事。为什么不尽早帮助他们学会终生受用的技能？如果你能把每件事都变成一次小小的冒险，怎么会为自己必须处理的琐事感到焦虑呢？

我看着外孙女们走过塔吉特商场的滑动玻璃门，感到无比的骄傲，就像当年为自己的女儿们感到骄傲一样。我开车回到了理发店。外孙按照约定在那里等我，他乱蓬蓬的长头发已经被剪短了，让他变成了一个精神的帅小伙。在开车的时候，收音机在播放碧昂斯的歌，而我在考虑晚餐的时候吃什么。当我们到塔吉特商场的时候，我的手机响了。

电话是苏珊打来的。我跟她讲外孙时髦的新发型，而她问我姑娘们在哪儿。

"她们在塔吉特商场买东西呢。"我说。

"你让她们自己去？你怎么能这样做呢？"她惊慌的语气让我有些意外。听她的口气，好像塔吉特商场是个危险的地方，孩子决不能在没有监护人的情况下独自待在那儿。

"那儿是塔吉特商场，"我说，"管理很完善的。"

"可是，妈妈——"

"她们知道怎么买东西。她们买完后就会给我发短信的。"

尽管苏珊的态度很礼貌（准确地说，"很克制"），但她很生气。我把车停在了停车场，看见两个外孙女在店里等着我。我关掉了汽车引擎，告诉苏珊她们没事。

"你不该把她们单独留在那儿,"她说,"这不安全。"

"可是,"我一边说,一边和外孙一起走向商场入口,"我觉得她们很安全。"

最后,一切都很顺利。苏珊的担心持续了几分钟,她真的非常担心,但我在收银台给她打了电话,确认了孩子们安全无忧,并且在挑选学习用品时表现得很好。外孙女们很喜欢这次经历。独立购物让她们很开心,也增长了她们的信心。苏珊自己也有了个人的突破:孩子比她想象中的更加能干。

我并不是在建议世界上的所有人都要立即把自己的孩子独自丢在商店里——"孩子在哪里安全,在哪里不安全"是一个很重要的问题。我们在多大程度上能信任他们可以处理自己的问题?这个问题同样重要。"购买学习用品"(这是让世界各地父母都头疼的问题)就是很棒的起点。

如何应对信任危机

所有父母都需要理解这一点:数字时代以及信息传输的便利导致了信任危机的产生,信任危机影响了我们的生活与教养方式。我们无法信任自己和自己的本能,我们也很难信任伴侣和孩子,我们中的许多人都害怕自己的邻居和同胞。然而,缺乏信任的生活是苦不堪言的,那会让我们的心理产生问题。当我们变得既胆怯又焦虑时,我们又做了什么呢?我们把这种恐惧和焦虑传递给了孩子。他们长大后变得既焦虑又害怕,就像我们一样,而我们还在思索为什么越来越多的孩子无法进入成年人的生活。如果你以为这个问题只会影响家庭,那你就错了。全球的信任危机对医疗、人际关系、商业、国际关系都有损害,尤其会破坏民主制度。

不信任感已经渗透到我们生活的方方面面。爱德曼公司的"信任度晴雨表"是用于衡量公众对于政府机构的信任水平的测量工具。在《2018年全球信任度调查报告》中，美国人对公共机构的信任度下跌了9个百分点，这是美国有史以来跌幅最猛的一次。意大利下跌了5个百分点，而爱尔兰、南非、日本和俄罗斯在公众信任度上的排名颇为靠后。我们的邻里关系也有相同的趋势。皮尤研究中心的一项近期报告显示，只有52%的美国人表示他们信任所有或大多数的邻居。更令人不安的是，只有19%的千禧一代①认为大多数人是值得信任的——该比例比其他所有年龄段的人都低。

在帕洛阿托（全美较为安全的社区），我很少看到孩子在路上玩耍，或走路去上学。在我女儿们还小的时候，外面到处都是孩子。我们以前有一个提醒司机的路标，上面写着"慢行——孩子在附近玩耍"。这些标志现在已经不见了。孩子们都待在自家的后院里，更常见的是，都在家里玩手机。当涉及孩子的时候，我们不信任邻居，而且绝对不会相信托儿所。这也是为什么育儿类博客里到处都是这样的文章：《你能信任保姆吗》《托儿所不想让你知道的十个秘密》。我们会安装摄像头来监控孩子的情况。就连宠物狗托管中心也有监控录像设备！

在学校里，信任的缺失同样令人担忧。学校不允许老师与学生在一个房间内独处。学校不许老师拥抱学生。有一次我差点因为开车带学生回家而被帕洛阿托高中惩罚，后来我证明这个孩子是我的外孙，他只是当天来我班上听课而已，我这才免于处罚。我们不相信老师能做好他们的工作，所以我们才有那么多全州的统一考试。似乎没人相信老师在按要求授课，一旦孩子考试成绩不好，人们就会认为是老师的错，而不是课程过时或教育资源不足的问题。父母觉得自己不能信任学校的任何工作人员，包括行政人员、教师，甚至其他学生和家长。几乎50%的老师会在五年内离职。

---

① "千禧一代"指在1981～2000年出生的一代人。——译者注

他们报告的主要离职原因就是缺乏信任和尊重。

现在，我也和其他人一样，暴露在 24 小时的新闻轰炸之下。我也总是听到各种让我害怕的新闻，我理解为什么父母会感到害怕。尤其是在这个缺乏信任、充满不确定性的世界里，感到害怕是正常的。就在前两天，我遇上了一个以前的学生和她两个月大的孩子，在我们聊天的时候，她就说到了在这个不安全的世界里养育孩子，让她感到有多担忧。天哪，这儿可是帕洛阿托啊！我们都在根据网上的信息进行推测。我们读到了太多骇人听闻的文章，看到了太多可怕的新闻。根据我在法国和瑞士的居住经历，也根据我在世界各地发表演讲的经历来看，我觉得美国人比世界上绝大多数国家的人民都要担惊受怕。我们应该认真地查看一下统计数据，并挑战我们对于生活有多危险的认知，这对我们来说非常重要。史蒂芬·平克（Steven Pinker）在他发人深省的著作《当下的启蒙：为理性、科学、人文主义和进步辩护》(*Enlightenment Now: The Case for Reason, Science, Humanism, and Progress*) 中正面对这些假设提出了反对。对于世界变得不再安全、不再可靠、不再友善的担忧，他宣称：

> 与你从报纸上得来的印象相反，我们并非生活在一个疾病蔓延、战火纷飞、罪行肆虐的世界里。调查数据表明，人类的生活变得越来越好了——我们的寿命延长了，我们的战争减少了，死于战事的人也越来越少了。谋杀的发生率下降了，针对女性的暴力也减少了。上学的孩子（包括女孩）越来越多了，识字率上升了。我们比祖先拥有更多的闲暇时光。许多疾病已经被我们攻克，饥荒也变得越来越少见。基本上任何可以测量的、能称得上人类福祉的方面在过去的两个世纪里都有了长足的进步，而且在过去的 20 年内，进步依然很明显。[4]

我们的社会秩序反映了相同的趋势。尽管 3/5 的美国人认为犯罪率正在逐年上升，但美国联邦调查局与美国司法统计局的数据显示，自 1990 年以来，暴力犯罪与财产犯罪的案件数量有所下降。美国少年司法和犯罪预防办公室表示，在 1999～2013 年，就警方接到的报案数量来看，失踪儿童的比率与人数都下降了。美国国家刑事犯罪信息中心"失踪与身份不明人口"的报告显示，18 岁以下的失踪儿童人数从 2016 年的 33 706 人下降到 2017 年的 32 121 人。除此之外，美国国家失踪与受虐儿童援助中心证实，亲属诱拐与离家出走的案件数量远多于陌生人绑架案的数量。

史蒂芬·平克花了几百页篇幅讨论的内容，以及所有数据显示的结果都表明，随着时间的推移，犯罪率有了明显的下降。确实，我知道我们总是不断听到校园枪击事件、儿童猥亵案以及许多其他的负面新闻，这让身为父母的我们担惊受怕。在媒体行业里，坏事总比好事更能吸引眼球，在社会媒体此起彼伏的渲染下，每起枪击事件都会变成惊天动地的大新闻。因为我们总是不断听到可怕的传闻，所以很难接受世界的确比以前更安全的说法。我们都需要深吸一口气，冷静下来。你应该读一读下面这句简单的话，并且重复给自己听：

大多数人都是值得信任的。

你最不想教给孩子的事情就是，他人是不可信任的；你也不应对他们过度保护，从而导致他们缺乏依靠自己茁壮成长的独立性。难道我们不想让孩子对世界保持开放的心态，拥抱生活中的可能性吗？

我们都必须从某件小事做起。我们必须对所有这些恐惧说"不"，并重拾自我信任和对世界的信任。解决之道始于家庭，始于你自己。

在家中建立信任的氛围能为我们后面即将探讨的所有价值观铺平道路。我曾经说过，我们可能无法相信自己在养育孩子时的条件反射，也就是说，我们可能不想完全按照父母当年养育我们的方式来养育孩子。然而，如果你和你的伴侣已经反思了自己的过去，真正践行了 TRICK 的价值观，在养育孩子的时候，你就能够信任自己的本能。

你必须信任自己。为什么？因为只有你才真正清楚什么东西对自己的家庭是有用的。你可能会像我一样，发现自己文化背景中的教养哲学并不适合自己，儿科医生的说法以及所有邻居的做法都不符合你家的实际情况。关于你自己的家庭，你才是首席专家，也就是说，你比任何教养专家都懂得更多，也比我懂得更多。我在写一本有关教养的书，但我不了解你，也不了解你的孩子。只有你能决定怎样恰当运用这些一般性原则。我在本书中的目标是指导你，而不是提出具体的建议，我要做的是鼓励你相信自己的专长，因为如果你不信任自己，你就无法信任孩子。

即便如此，我也知道这一切有多难。从社会层面上讲，如果你不遵守普遍存在的规则，不按照其他人的做法行动，甚至是你的孩子不能适应这些规则，你就会遇到极大的困难。当问题出现的时候，你的处境就更加艰难了。我们害怕自己的孩子会失败，而他们的失败就是我们的错。由于不知道该怎么做，我们饱受焦虑的折磨，我们相信不论做出什么选择，我们都会失败。

我们的文化教导我们在遇到每个问题或挑战的时候，都要去咨询专家。关于儿童的问题，我们有多动症专家、自闭症专家、心理学家、精神病学家以及许多专科医生。有些家庭给每个孩子在每个年级为每个学科都请了辅导老师。所有这些专门化和专业化的分工破坏了父母独立思考、为孩子做出最佳选择的能力。不知为何，我们相信所有这些专家都比我们懂得多。

然而，事实并非如此。

你必须相信，自己知道什么东西对你的孩子和家庭来说是最好的。

孩子成长"慢半拍",怎么办

我的外孙伊桑在两岁半的时候依然不会说话。他会走路,也能一觉睡到天亮,知道自己最喜欢吃什么,但他就是不愿开口讲话。如果孩子没达到其年龄段正常发育的标准,父母就会大伤脑筋。最重要的是弄清问题的原因,提出问题。然而的确有些孩子在学习技能方面比其他孩子更慢,这是一个单纯的事实。有些成年人也是如此。在多数情况下,这与我们的智力与能力无关——事实就是如此。我女儿珍妮特就是这样想的——至少一开始是这样。但随着时间的推移,我们想知道伊桑什么时候才会开始讲话,心中有些担忧。所以,珍妮特带他去看儿科医生,医生向我们推荐了一名专家,说我们不必担心,许多孩子都需要接受语言治疗。我们带伊桑做了治疗。伊桑(勉为其难地)配合了治疗,但他在几次治疗之后依然不能讲话。

伊桑的父母决定依靠自己的力量来解决问题。他们每天晚上或在每个周末睡觉醒来时都给伊桑读书。他们给伊桑买了一部录音机、一副大大的耳机,以及一些儿童有声书(他们甚至还自己录制了一些故事)。伊桑非常喜欢这些故事。他坐在屋里戴着耳机,起初只是静静地听着。他喜欢坐车和走路时也戴着耳机。我们安慰自己说,只有在教养专著里才有儿童发育时间表,而孩子根本不看那些书。

我知道阿尔伯特·爱因斯坦到三岁才会讲话。

许多成功人士的情况与伊桑一样。

做了三个多月的治疗,伊桑才终于开口讲话,当他讲话的时候,说的并不是简单的单词,而是完整的句子。他一向对电梯非常着迷,在他最早说的话里,其中一句就是"我想坐电梯"。他听了许多年的录音故事,至今依然喜欢有声书。他现在读起书来不知疲倦,是班上的学生代表,也是辩论队的成员。

有时，因为孩子未能如你想象中的那样成长，你就会怀疑自己的育儿能力。在我孩子小的时候，我没能做到的一件事就是教她们餐桌礼仪。我迟迟不愿给她们上这一课。什么时候教餐桌礼仪才好呢？我也不知道。事实证明，她们从一开始就学会了良好的礼仪（或者学会了"不讲礼貌"）。并没有所谓的"儿童礼仪"或"幼儿礼仪"，如果你不让孩子从一开始就形成良好的习惯，他们就会认为在餐桌上理应如此表现。改正糟糕的习惯比从一开始就建立良好的习惯要难得多。我希望自己早点知道教会孩子基本的礼貌有多重要——我花了很长时间才把这个错误纠正过来。

在20世纪70年代，我家一到吃饭的时候就变得一团糟，女儿们总是一个劲地吵闹——她们简直要把我气疯了。去餐厅吃饭是最糟糕的经历，尤其是我们住在瑞士和法国这种讲究礼仪的地方。我环顾四周，看着其他餐桌旁表现良好的孩子，不禁陷入思考：我到底干了什么？瑞士和法国的父母从来不会听到孩子的吵闹声，那些孩子总是在上菜的间隙安静地坐着，耐心地等待。那些父母显然不像我一样有这么多苦恼。几年之后，我们在山景城的一家意大利餐厅吃饭的时候，女儿们居然开始互相扔豌豆。有一颗豌豆打中了斯坦的额头，而我在这时不争气地笑出了声（那场面太好笑了），然后我们立刻就被餐厅赶出去了。我们好多年都没敢再去那家餐厅。女儿们后来逐渐学会了餐桌礼仪，而我也逐渐意识到，不应该因为她们的行为而不信任自己做父母的能力。那只说明我们依然有需要学习的地方。

我们当中有多少人成长在充满信任的环境里？人数不会太多。我肯定不是其中之一。在我年幼时，我的父亲控制了家中的一切，而母亲和我整日战战兢兢，不敢违抗他的"旨意"。我们中的许多人都很难与人建立信任的关系，更容易发怒、沮丧、抑郁。有时，要信任自己似乎都是不可能的事情，更不要说信任孩子了。

如果这和你的情况很像，那么我建议你把父母说过的所有负面的话、做过的破坏信任的事情、自己所有的痛苦和愤怒都写下来，然后逐一分析。这并非易事，但能对你有所帮助。请问问自己：你父母说得对吗？或者那只不过是与你无关的气话？是你造成了童年里的那些错误，还是说你只不过是不健康的家庭系统中的一部分，自己并没有什么过错？这些破坏信任的事情为什么会发生？是不是因为父母从小就是在那种缺乏信任的环境中被养育成人的？作为成年人，我们有能力回顾过往，看到父母所说的有些话多么站不住脚，并看清我们如何受到他人的情感缺陷的影响。回顾这些痛苦的记忆能帮助你把过去看得更加清晰，并相信自己做父母的能力。

写下自己做得好的事情也有帮助。这听起来很简单，而把这些写下来能迅速增长你的信心。每个人都有做得好的事情！这学期开学的时候，我就让我的学生做过这个练习。他们的任务是相互采访，并找出对方身上与众不同的特点，他们很擅长发现他人身上的闪光点。起初孩子们很害羞——受访人和采访人都很害羞。有些人相信自己什么都做不好，这反映出他们在学校和在家里的日子过得实在让人心酸。然而，如果采访人坚持挖掘，并提出有创造性的问题，他们总能发现各种各样的特殊才能：杂耍、遛狗、倾听。

这些访谈营造了充满信任的课堂氛围，增长了学生的自信，帮助他们相信自己取得成功的能力。如果父母能找到相信他们能力的人，是很有帮助的，就像我的学生找到信任彼此的同伴一样。有谁能支持你，并理解你为照顾家人已经竭尽全力？即便在事情不如人意的时候，也要多与那些让你增长信心的人相处，因为你肯定会有不如意的时候。

不论我们在养育孩子的时候遇到哪些挑战，我们都能看到事实的证据。看看我们的孩子，仔细观察他们，与他们谈心。他们开心吗？他们成长得好吗？有许多事情会影响我们，尤其是他人的意见，以至于我们甚至忘记了看看自己的家人，观察"什么有用，什么没用"。如果某些做法没用，我们就做出改变。要诚实地检查当下的情况，但不要责备自己，也不要失去安全感。所有的父母都会遇到难题，但难题不意味着我们一定会丧失信心：这意味着我们需要更加相信自己。

你需要的只是一个人，只要有一个人信任你、相信你，你就会觉得自己无所不能。不幸的是，许多孩子甚至连这样的一个人都没有。我以前的学生迈克尔·王（Michael Wang）就是一个这样的孩子。他曾是帕洛阿托高中校报《钟楼报》（*Campanile*）2013年的主编，而他的困境代表了许多在帕洛阿托高中、全国乃至全世界的学生所经历的困境。迈克尔很早就背负了沉重的压力与期望。

"我的父母非常严格，"迈克尔说，"他们说如果我学习不好，就把我赶出家门。"

他的小学老师也没给他多少支持。迈克尔知道自己总给别人留下疲惫不堪、闷闷不乐的印象，在早上7点醒来对他来说是一件极其困难的事情，而他总觉得自己的大脑不听使唤。他会经常盯着一页纸，虽然知道自己既不认识上面的字，也不理解文中的含义，但仍旧会发呆良久之后才承认失败。在他的生活中，人们经常误解他的行为和用意。

他说："同学和老师常'告诫'我，如果我遵守规则、认真听讲，就肯定会学好。好像我这个人的本质就是这样的，就是一个被他人随意践踏的东西，我做的每件事都会变成道德上的缺陷。"

在来到我的课堂前，他形容自己"仿佛被烧成了一团灰烬"。校报是唯一让他找到意义的东西，而他也仅仅是勉强才能坚持参加活动。然而，他坚持下来了。我发现他是个非常聪明但待人疏远的孩子：他来到教室里，却不知道自己想做什么，不知道自己想写什么。他的身高约为183cm，是个大个子，如果一个人个头那么大，还缺乏自信，就会非常引人注目。

我见过很多这样的学生。他们既害怕又叛逆。他们不肯合作，很难相处，甚至有些好斗，这是因为他们每个人对自己的感觉都很糟。他们的自尊很脆弱，所以必须反击，但这也只是因为他们在试图证明自己比别人想象的要好。

在印刷校报的一天晚上，迈克尔在为自己的音乐理论作业头疼不已。"我累坏了，一直在想这个作业该怎么写，"他说，"而我并不想把它做得多好。几个假惺惺的同学大发善心地跟我分享了一些好像我从没听过的人生智慧——认命吧，再努力点儿。"

其他学生会嘲笑他的挣扎，而他也会一如既往地心想："没错，我就是做不好。"

我看到了这一幕，就走上前去跟那些孩子说："他花的时间更长，是因为他很聪明。"迈克尔很有写作天赋——他只是需要花更多的时间在自己的文章上。我在内心深处知道，他想写好，而不是只想敷衍了事。

那是他第一次觉得有成年人发现并尊重他的能力与智慧。"听到外界的认可，知道有人相信我，"迈克尔说，"即便那些不相信我的同学就站在旁边——那感觉依然棒极了。那句话让我最终没有崩溃。"

那天，迈克尔的人生出现了一个转折点。事实上，他的确很聪明，只是他有些态度问题。从那以后，他有生以来第一次开始相信自己，而且他在读大学期间，只要他遇到障碍，或者有人说他不行，他都会找到自己这种刚刚萌生的自信。他继续在约翰·霍普金斯大学攻读神经科学的学位，后来他留校成了一位神经精神病学研究员。他在偶然之间发现了一个相信他的人，并且取得了极大的进步。

父母和老师都需要知道，一个字、一句话就可能让一个孩子站起来，拯救他的一生，或者击碎他的自信。我们有时会忘记自己在孩子的生命中有多重要，忘记自己在塑造他们的信心和自我意象的时候有多大的控制力。这一切都来自信任——即使遭遇挫折与意外，遇到成长中各式各样的问题，你依然相信他们的能力。

信任就是为学生乃至全世界的其他人赋能，这个过程开始得早，远超你的想象。对父母形成安全型依恋的婴儿（觉得自己能够信任并依赖父母的婴儿），不会产生许多日后困扰他人的行为、社交和心理问题。孩子对于世界能否建立基本的安全感，就取决于你能否做一个信任孩子的照料者。

这就是孩子对环境影响高度敏感的原因。他们凭借本能就能弄清自己可以信任谁，发现能够做出回应、满足他们需要的人。研究表明，四岁大的孩子就能准确地识别值得信任的成年人，并接近他们。我总能在四岁的外孙女艾娃身上发现这一点。当我走进屋里的时候，她就会冲我微笑，但有时她会跑开，躲起来。她了解我，但她会不断地观察我是否值得信任。

记住，信任是相互的。孩子对你的信任程度反映了他们信任的能力。如果孩子对世界缺乏信任感与安全感，他们就会遇到各种各样的困难。有些研究让老师为孩子的可信任程度打分，根据这些研究，那些得分较低的孩子会表现出更高的攻击性、更少的"亲社会行为"（例如合作与分享）。信任感的缺乏也与孩子的社会退缩与孤独相关。

如果我们在小时候感到没有人信任自己，或者身边没有任何值得相信的人，那么我们永远无法克服这种不幸经历的影响。我们在成长的过程中会觉得自己不值得信任，我们会把这种感受看作自己本身的特质。我们的人际关系因此受到了极大的破坏。我们最终会变成我们想象中的样子，并因此受苦。

我们怎样才能培养孩子的信任感呢？想到信任的时候，我们会想到把车钥匙交给我们青春期的孩子，或者让 12 岁的孩子第一次独自在家。然而，我们低估了孩子的力量——尤其是婴儿的力量。信任的培养需要从孩子出生的那一刻开始。我们很少想到要培养婴儿的信任感，但我们应该这样做。他们比我们想象中的更聪明、更具洞察力。你的孩子从出生的第一天起就在观察你。

请相信我。孩子在观察你的一举一动。他们在学习如何从你身上得到他们所需要的东西。他们完全清楚自己在做什么。每当你笨手笨脚地给他们换尿布时，他们都看在眼里。他们知道怎样让你欢笑，也知道怎样让你哭泣。尽管他们完全依赖于我们，但他们比我们想象中的更加聪明。你必须对他们的需求做出回应（尤其是在婴儿期），这样他们才会觉得你和身边的环境是值得信任的，而婴儿期也是为孩子传授一生中最重要的人生经验的最佳时期。

培养信任感的契机：睡觉、吃饭、购物

接下来，我们谈谈睡眠问题，以及它与信任的关系，还有父母如何用信任来解决这些顽固的睡眠问题。

在我的女儿们还是婴儿的时候，睡眠不仅对她们非常重要，对丈夫和我也很重要——我们知道自己无法忍受长时间不睡觉的日子。我们不是吸血鬼！睡眠对所有父母都很重要，而且已经成了一个国际性的问题。有许多书专门讲解如何哄孩子睡觉。我认为，睡眠在根本上是与信任有关的，而且睡眠是一种可以教授的技巧。从婴儿出生的第一天起，他们就在学习

有关这个世界的一切，他们的生理节律正在适应这个世界（而我女儿们的生物钟似乎来自另一个世界），并且需要学习最重要的婴儿技能：如何让自己睡着。我从来不认为婴儿在六周大之后还会有睡眠问题。他们怎么会睡不着呢？毕竟那是他们从出生起就会做的三件事（吃、拉、睡）之一。他们在睡眠中生长，他们的大脑在睡眠中发育。睡眠是婴幼儿最自然的状态。我相信他们天生就知道如何睡觉，如果他们需要一些鼓励和安慰，我会去帮助他们。

在我女儿们小的时候，我们家里没什么钱。苏珊的婴儿床是我用藤条洗衣篮再加上一张舒适的小床垫做成的（苏珊到现在依然在用那个篮子，只不过不是用来睡觉）。关键在于，要保证孩子的安全，并且把她们放在身边。她们从一开始就睡在自己的婴儿床里，睡在自己的房间里（除了在日内瓦的时候，我们当时的小公寓没有那么多房间——安妮睡在我们旁边的一个垫着毯子的小盒子里）。我们很幸运，不用应对孩子的腹绞痛或其他疾病——那些父母需要更加细心地照顾孩子，才能保证孩子的安全。即便如此，我认为我的做法也适用于大多数情况。我让她们趴在床上⊖，轻拍她们的背，陪着她们坐上几分钟，然后让她们自己睡着。如果她们不肯安静下来，开始哭泣时，我就会弄清她们是不是饿了，或者是否需要换尿布，然后我会轻拍她们的背部，让她们继续睡觉。当然，现在我们知道，婴儿最安全的睡姿是仰卧，这样的话，父母可以拍他们的肚子。婴儿的睡眠周期很短，经常会醒来，然后开始哭泣，但他们通常能够自己再度睡着。我总会在一旁安慰女儿，但不需要每次都把她们抱起来。我相信她们能自己睡着，而且她们的确没有辜负我的信任。在她们三个月大的时候，基本上就能一夜睡到天亮。在幼儿时期，她们会睡上 12 个小时，从晚上 7 点到早上 7 点。她们的睡眠习惯对斯坦和我来说简直是天赐的礼物。所有的父母都需

⊖ 现在的儿科医生认为，婴儿在睡眠时应该仰卧，俯卧是引起婴儿猝死综合征（SIDS）的危险因素之一。——译者注

要一些独处的时间。

我凭借本能就知道信任自己的女儿,但我知道对大多数父母来说,"要给予孩子这么多的信任,为他们赋能"是很困难的事情。父母经常投射到孩子身上的情感是恐惧。他们认为,孩子害怕独自睡觉,孩子需要父母,孩子没有自己睡觉的能力。你觉得孩子是怎么学会害怕睡觉的?就是因为父母的这种想法。

我并不是想要指责谁。我只是想要解释我们的想法会对孩子产生怎样的影响。许多父母的行为都源于自身的不安全感与怀疑:孩子需要我们吗?如果孩子不需要我们,那么我们算什么父母?你经常会在本书中看到我传达的这种信息:你应该让孩子想要和你在一起,而不是需要和你在一起。这种矛盾最初就在睡眠问题上显露出来了。如果你相信孩子能独自睡觉,并且教他们怎么做,那他们就能做到。这样一来,他们的床就会变成安全的避难所,而不是可怕的地方。只要给孩子学习的机会,他们就会学着自我安慰——吮吸手指或奶嘴,或者玩玩具。我女儿们的床上始终放着动物玩偶。有时我半夜醒来会发现苏珊在跟自己的泰迪熊讲话。珍妮特小时候会在床上唱歌。她们都觉得这样很舒服。我们建立起了一种相互信任的关系,她们也学会了自己玩,并且满足许多自身的需要——这也意味着斯坦和我能睡个安稳觉了!皆大欢喜。

随着孩子逐渐长大,父母能给他们越来越多的机会去培养自己的信任感。请记住,你和孩子一起做的决定会影响家庭里的文化氛围。你必须始终询问自己是在和孩子建立信任关系,还是在给孩子设限、否定孩子。对于幼小的孩子来说,他们取得的每一项小小的成就都能培养他们的信心和信任感。要是他们能自己系上鞋带,那就很不错!如果他们能自己穿上衣服,那就太棒了!如果他们能自己走路去上学,那也能增长他们的信心!他们能看到自己的努力所带来的实实在在的结果。虽然你不能信任一个小孩子去做出明智的选择，但你能引导他考虑各种选项，并做出最好的选择。就算我给九岁的外孙一根棒棒糖，告诉他不许吃，我知道他依然会吃的。然而，如果我向他解释为什么不应该吃糖，因为糖不健康，在饭前吃糖会让他失去吃饭的胃口，甚至可能会让他长蛀牙，这样他就能学着如何做出更好的选择。好吧，他可能依然会吃掉棒棒糖，但如果我们经常努力让他学习面对这样的抉择，那么他最终会学会健康生活的技能。那样我就会相信他能照顾好自己。

每个年龄段都有培养信任感的契机。吃饭就是另一个机会。当我的女儿们能吃固体食物的时候，我就尽可能多地给她们提供可以用手抓着吃的小食品。这样她们就能学会如何喂饱自己。我还记得她们会在吃完后"收拾盘子"，也就是把不想吃的食物扔到地板上。虽然地板上乱糟糟的，但女儿们学会了吃饭，并且知道自己什么时候吃饱了。再过一段时间，当她们五岁大的时候，我就能问她们肚子饿不饿，并且能够相信她们回答的真实性。不过我依然会随身携带各种各样的零食，以防她们错误估计了自己的饥饿程度。只要我们出门在外，家人都知道我会带着小瓶的酸奶。女儿们肚子饿的时候，即便是温热的酸奶也会变得非常受欢迎。当我们在车上长途旅行时，如果她们不想吃东西，我就会告诉她们，可能要过好几个小时才会到下一个餐厅，然后让她们自己做决定。我相信她们能做好有关食物的决定。

对于青少年而言，父母能通过一系列步骤来建立信任感。我利用我最喜欢的教育活动（购物）来建立信任感的方式如下：①父母包揽所有事务（选择并购买所需的商品）；②相信孩子能跟你一起去商店，并做出大多数购买的决策（给孩子一个具体的预算数额，这是教他们在财务上负责的好办法）；③当孩子能独立选择自己要买的东西时，你可以在收银台等他（要按时到商店），然后一起付款；④如果你已经与孩子建立了信任的基础，也教过孩子怎样负责地花钱，就可以把信用卡给他们，让他们自己去商店（许多银行的信用卡允许你给已授权的使用者设置最低消费限额）。当然，你要检查购物的费用，并教孩子在月底核实信用卡的对账单。

你可以考察青少年是否说话算数，以此来估计自己能在多大程度上信任他们。他们说自己会在晚上 8 点回家，他们做到了吗？如果他们要晚些回来，会给你打电话吗？如果他们证明了自己是值得信任的，那么你要给他们更多的自由与责任。如果他们仍然需要学会按时回家，你就要跟他们讨论问题出在哪里，并且在下次一起解决这些问题。有些孩子很难做到守时。请不要放弃，给他们更多学习的机会。许多成年人也缺乏时间管理的能力。这也是市面上有许多时间管理自助书的原因。这是取得成功的重要技能。

如果孩子缺乏信任感带来的力量，觉得自己是不值得信任的，那么他们就很难变得独立自主。最主要的问题是他们无法学会信任并尊重自己。如果我们感到害怕，并时刻监视着自己的孩子，那么他们也会感到害怕。然而，孩子要敢于冒险。孩子真的会效仿我们为他们做出的表率。虽然我恐高，但我不想让我的孩子也恐高，所以我很小心地不对她们表现出我对高处的恐惧。我会让她们尽情地攀爬各种游乐设施，而我会待在一旁。我的女儿们无所畏惧！

我在此要告诉你一个简单的道理：孩子要敢于冒险。你可能需要在各种场合不断地对自己重复这句话。有太多父母对这种想法有着本能的抵触。

实际行动中的信任

孩子的潜力会让你大吃一惊。16 年来，我每年都会带 52 个学生到纽约去进行实地考察。这趟出行的目的是拜访美国顶尖报社的编辑，了解真实世界里的新闻业。我们见过《纽约时报》(New York Times)、《华尔街日报》(Wall Street Journal)、《名利场》(Vanity Fair)、《体育画报》(Sports Illustrated) 等报刊的员工，也见过《纽约客》(New Yorker) 的编辑大卫·雷姆尼克 (David Remnick) 以及其他杰出的记者，比如安德森·库珀 (Anderson Cooper)。每年的活动内容都不一样，每年的旅程都很棒。学生很喜欢，我也喜欢，于是这就成了帕洛阿托高中的传奇活动。人人都想去纽约。我这样做的原因是想给学生一些自由，让他们认识纽约（美国特别棒的城市），并且让他们相信自己远比想象中的更有能力。这是我在他们高中毕业、前往大学之前能教他们的最有价值的一堂课——相信自己能在大都市里找到方向。我也想让他们玩得开心，我从未听过任何一个来纽约的学生抱怨自己玩得不开心。

在早上，我们会前往那些报社，与编辑进行交流。学生可以选择跟着我坐地铁去报社——前提是我没有迷路。我有一半的时间都不知道自己在往哪儿走，让学生带路能极大地增强他们的自信。他们远比我更擅长看地图（20 世纪 90 年代）、用手机（2000 年以后）。他们也能看到我怎样在迷路后找回方向。只要你不过度焦虑，迷路就不是问题。我从不焦虑，即便有一次我和一半的学生坐上了一趟地铁，却看着另一半学生在相反方向的列车上与我们擦肩而过，我也不焦虑。在几分钟的时间里，他们感到很沮丧，而他们用手机查看了正确的路线，尽管在无意中绕了远路，但最终依然找到了我们的目的地。多年以来，从没有一个学生走失过。的确有个监护人差点没赶上回旧金山的飞机，但从没有一个学生走失过。

下午，学生分成四人小组，在城市里自由探索。我觉得只要我教过他们怎样寻找方向，他们自己外出就没问题。事实证明，我是正确的。在计划外出的时候，我也会给学生一定程度的自由。他们可以决定我们在晚上做些什么。可惜的是，大多数高中至今仍然不允许老师组织学生进行任何形式的出游，包括无监护人的外出——孩子需要学习如何在大城市里行走，但他们在学校里是学不会的。

孩子"撒谎"，怎么办

不论父母怎么做，孩子最终都会在一定程度上打破你的信任。这是生活的一部分，也是学习过程的一部分。一个学生曾经告诉我，他在帮助一个"不开心"的朋友。起初我想："哦，他真是好心啊！"后来我发现，他在学校对面的购物中心待了一下午，并没有帮助朋友，也没有来上课，他在那里吃饼干！

既然如此，我就必须向他当面问清楚。当他在第二天来上课的时候，我告诉他我知道他一直在那家商店里。我也告诉他，他现在必须做的第一件事就是去给我买一块饼干。在许多类似这样的场合里，只要孩子没有犯下太严重的错误，我都会运用幽默来解决问题。然而，重要的是指出孩子的错误，并且给他一些任务（哪怕是轻松愉快的任务）来让他弥补过错。孩子应积极主动地采取行动来弥补被自己打破的信任关系。这能帮助他们理解自己的行为所造成的后果。然而，我不会用刻薄的态度对待他们。幽默能避免破坏我们之间的关系。是的，我的确会生气，也会惩罚孩子——信任并不意味着让孩子不为自己的行为负责，而惩罚也不意味着要撤回你对他们的信任，惩罚的目的是进一步地强化信任。

我总是说，缺乏信任和尊重就会造成问题，而这些价值观也是问题的解决之道。要用信任来获取信任。当信任被打破的时候，不要生气或断绝关系，而是要修复信任。看看那些经过沟通之后破镜重圆的婚姻吧！即便是在学生搞砸的时候，他们也想要获得我的信任。我的行为告诉了这个学生，尽管我对他近期的行为感到失望，但他对我来说是很重要的。我给他改正错误的机会，这样我就能继续信任他了。之后的确发生了不可思议的事情：他再也没有犯过相同的错误。

对于更严重的错误来说，道理也是一样的。我曾经发现几个学生在暗室里藏啤酒，并且在校园里喝啤酒。他们一连几个小时都泡在暗室里，我还以为他们在洗照片。然而，有一天我在无意中听到有人说起，然后才意识到事实上发生了什么。在观察了几天之后，我把他们所有人都叫到了办公室。当时的气氛挺凝重的，我能看出来他们害怕了。

虽然我没有骂他们，但我十分明确地告诉他们，我对他们有多失望，他们辜负了我的信任，并且让全校报社都面临着受处罚的风险。不幸的是，如果发生了严重的违纪事件，例如饮酒、吸毒、霸凌或任何形式的性骚扰，事情就不在我的掌控范围内了。我必须汇报给行政管理人员。在美国的大多数学校都是如此。所以，我把这些学生的情况上报给了学校，他们受到了停课一周的处分（处分会被录入他们的成绩报告单）。在那周的校报里，我没有刊登他们写的任何文章。

幸运的是，他们没有再犯同样的错误。他们为自己的行为感到后悔和难过，而且他们理解我为什么必须报告给学校，因为我们讨论过这个问题，而我也解释过我的处境。就像青少年做的许多事一样，这只不过是他们的判断错误而已。我原谅了他们，他们也受到了教训，而我们也能修复我们所看重的信任关系。

孩子不相信你，怎么办

关于教养有一个不争的事实是，不管父母有多努力，孩子在某些时候都可能会失去对父母的信任。这也（短暂地）发生在了我身上，并且成了我家颇为有名的故事。当时我们遇到了一个问题：三个青春期的女儿都想学开车。这对于一个不富裕的家庭来说并不容易。苏珊得到了我们那辆1963

年的沃尔沃汽车——车上还有一根变速杆！那辆车是我们在欧洲买的，后来运回了加州。我觉得沃尔沃是上路最安全的车辆，对于我家的新手司机来说是最完美的选择：在交通事故里，沃尔沃的安全指数较高。这种车就像坦克一样——全钢制车身，没有塑料。在我们把那辆车送给苏珊的时候，它已经跑了 300 000 英里，但依然性能良好。当她参加驾驶考试的时候，车管局的工作人员看上去吓坏了！她以极高的分数通过了考试，也许只是考官想赶快逃离这辆沃尔沃老爷车。

苏珊的问题已经搞定了，但我还需要考虑怎么解决珍妮特和安妮的问题。我们的经济条件不允许再买两辆车了。然而，我在无意间发现了一桩划算的买卖：另一辆可靠的沃尔沃，这辆车是暗褐色的四门轿车，是 20 世纪 70 年代的典型车型。我喜欢划算的买卖，也喜欢沃尔沃。所以我买下了这辆车，然后想出了一个很有创意的解决办法，到今天我还颇为得意。首先，我把这辆车给了珍妮特，她当时在斯坦福大学上大一。她想把车开到学校去，但我很明智地说，学校里停车不方便，而且很贵，所以她应该把车留在家里。她同意了。因为这辆车经常停在家，派不上用场，所以我决定也把它"送给"安妮，而安妮这时还在上高中。两个女儿都以为它是"自己的车"。这是一个善意的谎言。

我知道这听起来有些疯狂，但这主意在一年多的时间里都挺有效。有一天，她们发现我把这辆车同时"送给"了她们两个人。你大概能猜到会发生什么事，她们都对我不太高兴——说"不太高兴"有些委婉了，其实，她们气炸了。我不断地向她们道歉，并试图解释我的理由。后来，她们还是听进去了。我告诉她们，我理解她们觉得自己遭受了背叛，并解释说我只不过是想让她们两个人都得到自己想要的礼物。最后，她们原谅了我，其中一部分原因是我答应再买一辆老车，另一部分原因是我倾听了她们想说的话。倾听能起到举足轻重的作用。除此之外，我们还可以把这件事变成我们之间的笑话。当然，这是很久之后的事了。即便到了今天，她们还会提起这件事。至少她们认可了我的创意：我从不缺少创意。只要我再送给安妮什么礼物，她都会问我这是不是真的给她的，还是说我也把这礼物送给了珍妮特！

等你的孩子走向社会、参加工作的时候，"他们相信自己、相信自己的想法、相信同事的能力"会成为巨大的财富。无所畏惧的孩子有最大的成功机会——如果他们还具有创新精神，就更是如此了。我还记得谷歌公司的早年岁月，那时他们的联合创始人拉里·佩奇（Larry Page）和谢尔盖·布林（Sergey Brin）租用了苏珊家的一楼和车库作为自己的第一间办公室。他们是两个有着绝妙想法的年轻计算机科学家，他们需要一个工作的地方。苏珊也需要支付房贷。这看上去是个完美的解决方案，而拉里和谢尔盖很明显有些非常有趣的创意，但苏珊不知道他们会从早到晚一直待在那儿，埋头待在车库里的几十台电脑堆里。走廊里到处都是电缆，每次我去找苏珊的时候都会被绊倒。甚至在卫生间的水槽里也有一台电脑！

虽然他们在家里办公让人非常兴奋，但也有些弊端。其中之一是，他们半夜会肚子饿（这一点儿都不奇怪，因为他们工作起来就废寝忘食），而离他们最近的食物就在苏珊的冰箱里——他们的租金可不包括食物。当你在凌晨2点钟饥肠辘辘的时候，就会"借用"房东的食物，并打算第二天再买些食物放回原处。然而，当苏珊第二天早上下楼吃早餐的时候，却发现自己的食物都没了。最后，她把自己的冰箱给了他们，而她自己买了一台新冰箱。这样问题就解决了——只要他们记得把冰箱装满。现在，谷歌随时都能为员工供应食物，这个灵感也许就来自那两个在苏珊家里彻夜工作的人。

拉里和谢尔盖很聪明，知道他们应该把重心放在自己的产品（谷歌）上，而朝九晚五的工作已经不能满足需求了。当他们开始招聘员工的时候，他们非常注意选择合适的人。招到员工之后，他们也愿意放权，把非常重要的职责赋予他们的员工。这就是初创公司的运作方式：员工身兼数职，因为他们的人手不足以让每个人负责专门的职责。这很令人振奋，也很令人疲惫。他们的经营模式就是雇用最聪明、最合适的人，然后相信他们能做好自己的工作。当然，这个过程通常充满了混乱，有许多错误或失误，需要他们信任自己的团队。他们在创造全新的事物——这是尚未有人涉足的领域。他们完全摒弃了传统上的成功理念，即成功就是做到完美、井井有条，只做有把握的事，而他们的思维模式取得了极大的成就。

拉里和谢尔盖最初来家里办公的时候，苏珊正在英特尔公司上班。她后来抓住机会，加入谷歌，成为公司的第 16 名员工，然后立刻就肩负起了许多职责，包括谷歌的营销以及开发几项重要的产品，如谷歌图片和谷歌图书。拉里和谢尔盖则专注于搜索引擎，以及如何让全世界的信息都能被我们找到，为我们所用。他们的目标并不是赚钱，而是做出最好的搜索引擎，这并不是一件简单的事情。苏珊一向很有自信，并且愿意接受困难的挑战，而且她喜欢自由和信任的氛围，纵使当时的工作环境充满了混乱。这种公司文化催生了一些谷歌著名的公司政策，包括 20% 自由时间政策，这项政策是以对员工兴趣的信任和尊重为基础的。员工拥有 20% 的自由时间去做自己感兴趣的个人项目，这个项目要与谷歌的目标有一定程度的关联。他们可以选择任何自己热爱的东西。比如，Gmail 就是出自 20% 自由时间的项目，许多其他的创新项目与概念也是如此。它们完美地说明了信任在创新中的重要性。谷歌公司不断向我们证明，对彼此的信任和尊重可以是工作过程中的一部分。

难道我们不想用同样的信任来对待我们的孩子吗？我们当然想让孩子在这样受到信任和尊重的环境里工作，而不是在时刻受到监控的环境里工作。如果我们有这样的想法，如果我们的孩子拥有信任与自信，能够在时代的前沿大放异彩，那么他们会是谷歌这样的公司所需要的人才，他们就会是做出重大突破的人。

你还在担忧孩子的选择吗

在 1998 年，我乘飞机前往世界另一头的南非约翰内斯堡，去看望我的女儿珍妮特。在当时，约翰内斯堡可以说是全世界非战乱地区里特别危险的城市，因为当地的犯罪率居高不下。珍妮特在一年前去了那里，在金山大学教授社会人类学。她似乎并不在意那里的犯罪率，但我在意。这是典型的母亲心态。什么样的父母想要自己的孩子心甘情愿地住在一个危险重重的环境里呢？我肯定不想。说实话，我害怕极了。在珍妮特离开的时候，我试着用逻辑来说服她。"为什么要去约翰内斯堡？为什么要现在去？难道你没有别的更安全的地方可以去了吗？"然而，我知道自己阻止不了她。即使我尝试反对她的决定，也肯定不会成功。

在我到那儿的第二天，珍妮特就问我是想待在家里，还是想和她一起去上班。我从来不会拒绝任何一场冒险，便答应和她一起前往索韦托的诊所。那里也叫西南镇，是约翰内斯堡的一部分（当时约有 180 万名居民）。这个地区是在种族隔离时期建立的，用于隔离和安置非洲族裔的人民。就像从前一样，珍妮特并没有告诉我太多关于索韦托的事情。纳尔逊·曼德拉（Nelson Mandela）和德斯蒙德·图图（Desmond Tutu）都曾经称这里为家乡。

我们开着珍妮特的红色大众汽车，穿过了约翰内斯堡的街道，上了高速公路，然后进入了索韦托。索韦托是一个贫富差距很大的地区，那里既有中产阶级的大房子组成的社区，也有波状钢板制成的、不通水电的临时居所。珍妮特告诉我，她所服务的人群是性工作者和感染 HIV 病毒的女性。索韦托的某些区域非常贫困，有些女性由于缺乏工作机会，被迫用自己的身体来换取金钱，这导致了 HIV 病毒的泛滥。当地人曾带珍妮特进入这些地区去研究传染病，并想办法改变现状。我当然觉得这是高尚的事业，但听上去也很危险。我心里在不断地想："珍妮特到底给自己找了多少麻烦事？"

珍妮特一直很喜欢非洲的文化。在斯坦福大学的时候，她就花了一学期时间，参加了一个在肯尼亚的留学项目，她又在加州大学洛杉矶分校获得了非洲研究方向的学位。然后，她就前往约翰内斯堡的金山大学教书。她找到了自己毕生追求的事业，以及发挥自己独特的天赋与热情的方式，尽管我担心她的安全，但我不想阻碍她。

我们的车停在了诊所门口。我犹豫了一秒钟，但珍妮特向我做了个手势，然后伸手开门。在这个与她家乡截然不同的地方，她看上去那么自信，那么有能力，那么得心应手。我当时仍然不能理解她，但我想给她支持，而且我想了解更多。

诊所的大候诊室里满是女人，有些人穿着非洲的传统裙装——带有鲜亮图案的裙装与披肩，她们坐在椅子和地板上。那儿也有几十个孩子。候诊室中间是一张由门板制成的大桌子，桌面由煤渣块支撑着。珍妮特用英语和祖鲁语跟这些女人打招呼，然后向她们介绍了我——她的母亲。这些女人站起身来，开始兴奋地讲起话来，她们当中有许多人都拥抱了我。她们既善良又热情。我们后来得知，在当地的文化中，带自己的母亲去见朋友应得到最高的礼遇，是值得庆祝的事。许多女人跑回家，把家里仅有的食物制成菜肴，再带回诊所。诊所里的那张桌子很快就成了餐桌，摆满了传统的南非食品——炖蔬菜、烤南瓜、烘豆子，以及黄米饭。饭菜很可口，我也为她们招待我和女儿的热情感动不已。这种经历比以往所有的母亲节都更让我动容。我们在诊所里享受美食的时候，男人们在外面给珍妮特洗车。这一切都是为了欢迎我——珍妮特的母亲！

我带着索韦托人民的热情，以及对女儿的敬意与骄傲离开了那里。我教导女儿要无所畏惧，要心怀目标，然后她的确做到了，她在为世界做贡献，为了让世界每一天都变得更好而努力。

然而，我并不是说我不为珍妮特的工作感到紧张。我的确紧张，至今依然如此，但是我怎么能告诉她应该做什么呢？我的焦虑与我自己的恐惧有关，与她无关。我在过去的这么多年里，知道了自己不能也不应该把自己的恐惧投射到我女儿身上，尽管她们似乎时刻都在考验我的决心。苏珊在大学毕业后的一段时间里住在印度。有一次，她生了重病。幸运的是，她带了复方新诺明（一种强效抗生素）。谢天谢地，那药起效了。她回家后才把这事告诉我，但仅仅是听到这件事，都能让我半夜做噩梦。她得的那种肠胃感染是会死人的。后来，珍妮特在去肯尼亚的时候（那是她第一次去非洲），被一条感染狂犬病的狗咬了屁股！这一次，她也没告诉我。她没法告诉我。她当时在一个非常偏远的地区，根本没有手机。我后来才知道，她自己按照狂犬病预防标准处理了自己的伤口，她知道如何照顾自己，我觉得她真了不起。同样地，我的女儿安妮曾经告诉我，她要去俄罗斯"旅游"，从伊斯坦布尔乘火车，沿着西伯利亚大铁路，穿越整个俄罗斯。后来，我才发现她是一个人去的——完全孤身一人。我曾经一连数月都没听到她的消息，我一度陷入了绝望。我知道她要去克拉斯诺亚尔斯克，那儿是我母亲在西伯利亚的故乡，所以我决定找到她。我已经很多年没讲过俄语了，而当你以为自己的孩子可能遭遇危险的时候，你会惊讶于自己的行动力。我给克拉斯诺亚尔斯克的每一家旅馆都打去了电话——最终我找到她了。

当她拿起电话时，她十分惊讶，说道："妈妈！你是怎么找到我的？"我告诉她："这并不容易，但我没放弃。"接到我的电话，她并不是特别开心，但她显然平安无事。女儿们的旅程的确考验了我对于她们独立自主、追逐梦想的信任，而我的信任的确起到了应有的作用，即使这对于我来说太难了。当她们的人生轨迹偏离了我最初的设想时，我也不能阻止她们。我放弃了任何控制她们的想法：我们之间并没有什么魔法木偶线，我只能支持她们去做自己想做的事。当然，我经常会感到紧张，但我相信她们，我们总能渡过难关。

作为父母，我们必须控制自己，相信我们已经教会孩子如何做出最好的决定。我们必须相信人心中基本的善意，以及世界上基本的善意。有时候，孩子可能是我们最好的老师。

T
RESPECT
I 尊
C
K 重

CHAPTER 3
—————— 第 3 章

孩子不是父母的复制品

允许孩子带领你前进

我的大外孙雅各布不想走路。在他 18 个月大的时候,全家人满怀期待地看着他坐在客厅的地板上挪动,静静地等待他站起身来迈出行走的第一步。虽然他很可爱,但我们有些担心他的身体状况。我很担心,而他的母亲苏珊就更担心了。不过,医生向我们保证,雅各布的腿没有任何问题。他是个健康的、正常的孩子,只不过还不会走路。他看上去心满意足,在地毯上爬来爬去,伸手抓住自己的玩具卡车或散落在地的乐高零件。他似乎根本不想走路。他不能理解我们为什么那么大惊小怪。

当时,雅各布最喜欢的东西就是篮球。我那时每周都会去看他几次,他想要我做的最主要的一件事,就是把他举起来,这样他才能把篮球投进附近公园的篮筐里,或者投进他在婴儿车里发现的任意车库门口的篮筐里。我经常花好几个小时帮助雅各布投篮，他父母也是。看见皮球沿着篮筐转圈，最终落入篮网的时候，他会兴奋地尖叫。对于他来说，这就是世界上最了不起的事情。有一天，我带他去了金宝贝幼教班，那里有为孩子开办的运动课程，他可以在那里玩耍、爬来爬去，而且那儿有许多篮球。

我们一进门，雅各布就看到了一群打篮球的孩子。看见他们带球在篮球场上来回冲刺，雅各布显得非常兴奋。有一个孩子投出了三分球。在短暂的庆祝之后，比赛结束了。篮球落在了场地的中心。我保证我一点儿都没有夸大其词，雅各布此时突然站起来了，然后跑向篮球。他没有走——他跑起来了！我看着他弯腰把篮球捡起来，举在胸前，露出胜利的笑容。原来他一直知道怎样站立和走路，他只是没有那样做的理由。

当我们回到苏珊家的时候，我说："你猜怎么着？雅各布会走路了。"

"什么？"她一边说着，一边关上水龙头，她看着我的表情就像她以为我发疯了。

"他走路了，而且还会跑步了。"我告诉她。

其实，这并不是一次奇迹般的转变。他回家之后，又坐在了地上。他花了几天时间才意识到，走路能更快地找到篮筐。这也意味着他随时都能抱着篮球——这是一项非常重要的技能。一旦他明白了走路的好处，就完全爱上了走路。我们大家终于放心了。

我要再说一遍：父母需要放松一点。你的孩子会走路，他们会讲话，他们也能学会上厕所，但他们要按照自己的节奏来学习。没有人会问你是在几岁时进行如厕训练的，或者几岁时开始不再用奶嘴。没有人会在茶余饭后谈论这些事情。我的外孙遵循自己的学习节奏，而他后来非常聪明。

尊重是一个复杂的话题。首先，你要尊重孩子是个拥有自主意识的人。尊重孩子成长的节奏并不仅仅包括走路与说话的问题。其次，你需要耐心——有时需要极大的耐心。成长也意味着成为我们应该成为的人，而这个过程需要一种深层的尊重：接纳孩子本来的模样，让他的生命沿着自己的轨迹发展。你要允许孩子带领你前进。也就是说，你要跟着他们走。孩子知道他们自己是谁。你的职责就是尊重这一点。

尊重开始得越早越好。在孩子小的时候，让他们带领你前进。这对于父母来说是非常重要的一课。这会让我们在他们长大一些时，学会处理更为棘手的任务时所需的技能。发现真实的自己可能是一个混乱而缺乏成效的过程。让孩子引路时，他们可能会走各种各样的弯路。很少有人能马上找到自己的热情所在。实话说，大多数孩子都经历过一段不知道自己在干什么的阶段——但我向你保证，他们最终会找到自己的方向。

安妮是那个让我学会有耐心的女儿。她在耶鲁获得了生物学的学位，然后回到帕洛阿托的家中，决定当一个专职的保姆。是的，没错：保姆。"当真？"我问道，"你在大学苦读四年之后，就想当个保姆？你不喜欢生物学了吗？"接下来，我发现她在当地的游泳和网球俱乐部张贴了手写的广告，很快她就开始为自己喜欢的两家人工作了。一个月很快就过去了，然后两个月也过去了。我尝试给她足够的时间来弄清自己真正想要什么。近年来大学毕业生需要一些时间来释放压力，找到自己的方向。我不是那种逼着女儿在大四的一年里不断去面试的母亲。她的大学教育是她自己的人生经历。即便如此，我也意识到也许现在是时候给她一些建议了。

一天早上，我说："安妮，圣克拉拉有一场招聘会。你不觉得自己可以去一下吗？"我觉得也许这样能让她了解其他的职业选择。她确实去了，但这只不过算是帮我一个忙。她回家之后，说那场招聘会真是无聊透顶。

"你没遇到有趣的人吗?"我问道。她的确遇到了一个有趣的人,有一个投资人想让她去纽约参加面试。然而,让安妮兴奋的不是她毕业后的第一个重要的工作机会,而是一次去纽约免费旅游的机会。当然,我希望她能去。那家公司把她安置在纽约42街的赫尔姆斯利酒店。当天晚上,她给我打来电话,她仿佛有了不可思议的经历。"淋浴间里居然有一部电话!"她说,然后继续向我描述酒店的设施。

她的面试进行得很顺利。一周以后,那家公司给她提供了一份在生物科技投资基金的工作。斯坦和我都很激动。这对安妮来说是个非常好的机会,这似乎是个非常棒的职业生涯起点。在那一瞬间里,我觉得自己不用再为安妮操心了。

"我拿不准,"安妮一直这样说,"我喜欢那些让我带孩子的家庭。"听到这句话,我差点犯了心脏病。我心里暗想:"这个年轻有为的女孩决不能就这样做30年的保姆。"然而,我强迫自己什么都没说。我知道自己必须保持耐心,即使我不同意她的想法,也要尊重她的选择。

安妮花了几天时间思考自己的决定,最终拒绝了那份工作邀约。

好吧,事已至此,我需要安妮给我一个解释。她一直说自己喜欢她照顾的孩子,但我不断地指出,她有一个梦幻般的工作机会。我自己都想要那份工作,但那不是她想要的。所以我必须冷静下来,而我的确冷静下来了。我给她买了一件T恤,上面写着"保姆",她的确是个保姆。至少她在做一份有建设性的工作。

几周之后,也许是听了朋友们、斯坦和我的一些想法,安妮开始怀疑自己是否做出了错误的选择。"住在纽约可能很有意思,"我说,"那工作听起来不错。"

两周之后,她给那家公司打去了电话。

"我们一直在等你。"他们告诉安妮——他们需要再做一次最后的面试,这次面试的地点在帕洛阿托。安妮是个地道的加州女孩,她穿着短裤和人字拖就去面试了。她穿着这样一身衣服去面试,还不知道谁是她的面试官!当时还没有谷歌搜索,而她也没有做什么研究,但我们必须让她去做出自己的选择(犯自己的错误),否则她怎么才能学到经验教训呢?

来面试她的不是别人,正是著名的瑞典投资人马库斯·瓦伦堡(Marcus Wallenberg)本人。尽管安妮的衣着很随便,但事实证明那是一次很顺利的面试,从那以后,她就开始为瓦伦堡家族的银瑞达生物科技基金工作了。她很享受这段经历,这也为她开启了华尔街的职业生涯。最终安妮的问题解决了,但有些孩子需要更多的引导。

当孩子找不到未来的方向时

许多当今的大学毕业生不知道自己想做什么,所以他们回到家里无所事事。这不是个好主意。你怎么知道什么时候该让他们寻找自己的方向,什么时候应该进行干预呢?这是我的原则:他们需要去做一些事。什么都不做就有问题了。然而,"一些事"不包括打游戏,除非你的孩子决心成为一个游戏程序设计师。我们想要孩子做的是以某种方式为社会做出贡献。他们应该赚取收入,或者参加实习,而且你也不应让他们毫无限度地免费住在家里。你想给他们一些时间来站稳脚跟,但是在六个多月之后,他们应该向你付房租,即便只付少量金额。这也是尊重的一部分:用一定的标准来约束你的孩子。充满尊重的教养应该既给予支持,也要提出要求。

当我还是一个伯克利的学生时,就曾经干过打扫房屋的乏味工作。这活儿工钱不少,也给我的客户提供了良好的服务。我也做过一些光鲜亮丽的工作,例如给 Roos Atkins 公司(一家位于旧金山的高档百货公司)做走秀模特和时尚杂志模特。这些工作薪资丰厚。除此之外，我还在伯克利当地的公立学校做过运动场管理员。在某种程度上，这些工作都为我们生活的世界做出了贡献。我并没有闲坐在家等待接济。我是一名负责任的社会成员，我在学着怎样做一个成年人。

苏珊曾经在帕洛阿托的环卫部门做过一份临时的工作，她负责整理文件和接电话，经常与帕洛阿托的垃圾车亲密接触。她的职责是确保这些垃圾车按照规定的路线行驶，并且在每天上午完成任务之后得到妥善的清洗。这不是一份特别体面的工作，但非常必要，而这份工作也有一些好处。我记得有一天，她给我打来电话，兴奋地告诉我，他们的员工捡来了一张特别好的红沙发，问我想不想把它拿到学校去。我当然要啦。他们立刻把沙发送来了，然后这张沙发被放到新闻中心最受欢迎的休息区。许多学生坐在这张红沙发上写下许多文章。

除临时工作以外，见识广阔的世界是对孩子最好的教育。这能给他们许多很棒的想法。他们可以和朋友一起旅行，在外国做义工，用几个月的时间学一门外语，或者与他们相信的基金会一同工作。我在名为"旅行国度"（Roadtrip Nation）的组织中担任顾问，我会带着孩子在全美旅行，与社会各界的人交流。我是"全球公民年"（Global Citizen Year）项目的咨询委员会成员，该项目旨在帮助孩子在"间隔年"⊖找寻自己所热爱的事业。我总是对我的学生们说："随你怎么选，但一定要做点事情！"我对父母也会提出与之前相同的建议：保持开放的心态，让孩子带领你前进。

孩子是你的影子吗

16岁的格雷格是个平面设计的天才。我最初在20世纪90年代看过他的手稿，当时他是我在新闻课上的学生。那时我就知道他不是个普通的孩

⊖ "间隔年"（gap year）是指大学毕业之后到工作之前的那段时间。——译者注

子。他能画出最美的风景和最复杂的建筑设计图，而且他很喜欢给校报设计页面布局。在那个年代，平面设计仍然是在纸上做的，但我有一种预感，用电脑做设计肯定会在未来成为主流，所以我建议格雷格用电脑来画画。为什么不在他的艺术里加入科技的元素呢？他喜欢这个想法，并且愿意放手一试。

问题是，格雷格的父亲是个医生，而他的母亲是个医学研究员。他们最不愿意看到的事情就是自己的儿子变成某种靠创意吃饭的人，更别说平面设计师了。他应该做一个医生、律师，或者最好成为一个科学家。他的父母要求他上一堆大学预修的科学课程，所以他把绝大部分时间都放在学习上，并且努力挤出一些时间来练习自己热爱的艺术项目。格雷格的学习很好，因为他非常聪明，但他过得很不愉快。人人都能看出来。在高中的最后一年里，他变得非常抑郁。

在秋季学期过半的一天，格雷格的母亲给我打来电话，讨论他的分数。我邀请他的两位家长在放学后与我谈一谈。我很担心格雷格，想帮帮他。他的父母说，科学对他们非常重要，而我也尊重他们的成就。我也能看出来为什么他们想让自己的儿子也走上相同的道路。父母对孩子的期望是很重要的。父母为孩子牺牲了很多东西。我为了养育三个女儿，在十年的时间里放弃了自己的事业，而斯坦为了供养我们（他的确也十分痴迷于物理学），便夜以继日地工作。我们的观点和想法是重要的，但有时候孩子会有一个不同的梦想，要走上一条不同的道路。

格雷格的父母和我一起思考了很多方法，试图利用新闻学来激励他从事科学事业。"让他写一些与斯坦福大学的科研有关的文章怎么样？"他的母亲提议。他们只关注如何让他对科学产生"兴趣"。"我会尽力试一试。"我告诉他们，而与此同时，我知道格雷格已经有完全不同的兴趣了。然而，他的父母拒绝承认他的这些兴趣。

我的确建议格雷格去写一些有关科学的文章，他虽然对此没有什么热情，但也照办了，与此同时，他在继续画画……一直在画。他有许多画得满满的绘画本。画画是他的本能，是他DNA的一部分。我想起了自己的父亲，想起了他曾经是个多么出色的艺术家，而我们又是多么贫困。格雷格的父母担心如果他选择从事艺术事业，那他的生活会是什么样的——他们的担忧是对的。然而，这个孩子铁了心不想做一个科学家。

在我36年的教学生涯里，我经常见到这种情景：父母经常仅凭自己的兴趣和经验，就为孩子定下了毕生的目标——他们之所以这样做，是因为他们不顾一切地想要孩子成功。我明白，父母是好心。父母也经常把自己的恐惧和焦虑投射到孩子身上，尤其是在遇到自己不太熟悉的职业生涯和生活选择的时候。他们认为，做一些保险的选择，总比开辟一条全新的道路要好。我见过许多小学生的父母让孩子参加他们喜欢而孩子不喜欢的课外活动。这些孩子想要的是回到家里，与朋友待在一起，外出玩耍。换句话说，做一个孩子。几年之后，高中生的父母会因为孩子对他们的"疏远"而感到沮丧。其实，孩子之所以会疏远父母，是因为不希望总有人告诉他们该做什么。他们想追求自己的梦想，过自己的生活。相反，他们感到的是不尊重与不理解。

我不管怎么做也没有让格雷格的父母满意。他母亲每周都会给我打电话来"了解情况"。她总是说："看看你能做些什么来让他回心转意。"后来他父母认为他需要去看心理治疗师。格雷格去做了心理咨询，但没有任何变化。他一直在用自己礼貌的方式来违背父母的意愿。他会做那些科学课程的作业，但同时会投身于平面设计。他不会与父母争吵，但拒绝做他们要他做的事。他下定决心不要做一个物理学家。

我的原则一向是支持学生的选择，并同时满足父母的需要。这很难。我告诉格雷格："我知道我们跟你父母说好了。别担心，我会帮你的。"我的确帮了他。我告诉他，在我的课堂上，他只需要想着如何做理想中的自己就好。在我当老师的这么多年里，我知道父母在没有得到自己想要的东西时通常会大发雷霆，而孩子通常不这样。

他爱上了我的课堂，我的课给了他应付繁重的大学预修课程的力量。他花了大量时间来为校报做平面设计，他为我们的T恤设计了很棒的图案，他还重新设计了页面布局，让报纸看上去更专业一些。他随时都在翻看杂志，寻找新的设计思路。我订阅了大概20种杂志，到头来这些杂志都堆在了教室——时至今日，杂志依然在那儿。

20多年后，格雷格成了一位著名的平面艺术家和网页设计师，他在洛杉矶拥有一家很成功的公司。他在大学里选修了几门物理课程来取悦自己的父母，但他最终选择了追求自己的梦想。

我的另一个学生莉萨就没这么幸运了。她是个漂亮的女孩，性格外向，喜欢社交。她是学生会主席，在我的新闻课上展现了强大的领导天赋。她的梦想是成为一名老师，但她的父母想让她从事"地位更高"的行业：医学。因为她是一个好女儿，想取悦自己的父母，所以她接受了父母的安排。她在一所常青藤盟校读完了医学预科，进入了一所很著名的医学院。她成绩很好，然后毕业、结婚了。每个人都以为她会进入儿科，因为她喜欢小孩，但是她决定"延迟"执业。这一延迟，就延迟了20年。她从来没有做过医学工作。她发现自己无论如何都不想做医生，于是她放弃了医学生涯。

莉萨现在已经50多岁了。她得到了医学院的宝贵名额，花了多年时间学习自己根本不想学的东西，这一切都只是为了取悦自己的父母。她真正想做的是全职母亲，而这就是她现在做的事情。她很快乐。她终于快乐了。

这个故事的寓意是：孩子会服从你的安排，因为他们想获得你的认可与爱，但如果他们想要快乐，就需要听从自己内心的召唤。

我的另一个学生与她父亲就"要不要戴头巾上学"而争吵不休。她家是从开罗搬到帕洛阿托的移民,尽管他们在寻找新生活,但她的父亲认为女儿应该遵循宗教传统。大多数移民父母都想让孩子保持他们原来国家的文化传统,父母的理由是可以理解的。传统很重要。传统维系和定义了我们的存在。但与此同时,这些父母也想让孩子"成为美国人"。对于孩子来说,这些要求太令人困惑了。

父母同样很困惑。他们做出了极大的牺牲,想要给孩子更好的生活,但要他们尊重新世界的文化,可能也会遇到困难。我记得我的祖父母看着我作为一个美国人长大时的挣扎。在桑兰-图洪加,他们就住在我家隔壁,他们希望我能像一个来自乌克兰切尔尼夫齐的虔诚犹太女孩。在我十几岁的时候,不论我做什么、说什么,总会制造紧张的气氛。如果我在乌克兰长大,那我的行为举止肯定与现在大不相同。有两件事让他们大吃一惊:其一是我的身高。我的身高约为178cm,而我家中女性的身高约为157cm,男性的身高约为170cm。每到周日,家里总会有人问:"埃丝特是不是又长高了?"对于一个关注自我的青少年来说,这简直就像噩梦。我总是担心他们当初在医院里是不是抱错了婴儿,直到我的弟弟李长到了约188cm,我才终于放心了。我想成为记者的愿望也让他们惊讶。女孩从来不当记者。"那是聪明的男人才会做的工作。"他们这样告诉我,而当时的新闻界也同意这个观点。在许多文化中,孩子经常在一定程度上被当作父母或祖父母的影子,他们具有相同的价值观,并做出相同的人生选择,甚至连身体特征也颇为相似。当缺乏这些相似点时,亲人之间的关系就会破裂。

我那个来自开罗的学生并没有一开始就来找我,但当我发现她在电脑室里哭泣的时候,我建议她去和父亲真诚地谈一谈自己的挣扎。她试着做了。在起初的几周里,似乎谈话起到了作用,但后来她父亲说她必须戴头巾。于是,他们接着吵架。她父亲说,如果她不服从,就把她赶出家门。

她十分绝望，甚至去查看收容所，询问朋友自己能否和他们住在一起。你能想象一个16岁的女孩一个人搬进收容所吗？她后来的确住进了朋友家。离开家之后，她的状况有了好转。谢天谢地，有个朋友收留了她！但问题在于，她想念自己的家人，家人也想念她。她是个青少年，她需要家人。几个月后，她父亲说她可以回家，但她必须戴头巾，她答应了。这对他们来说真是煎熬。这个学生被迫在自己认为正确的事情与成为家庭的一员中进行选择。她的父亲（这个想要为了她好的人）却没有意识到，移民到另一个国家有时也意味着适应另一个国家的文化。这是父母很难学会的一课：在这场斗争中，你无法获胜。你也许会说："在18岁之前，你都必须按我说的做！"你的孩子知道自己迟早会满18岁，而他完全有理由坚持自己的观点。不要为了赢得一场争执而输掉整个亲子关系。

你还在对孩子施压吗

我们倾向于把孩子看作我们自我的延伸。我们生孩子的一项主要原因是：永远延续我们对目标与梦想的追求，创造我们的复制品，这样我们获得的所有智慧就不会被人遗忘。每当说到一个婴儿，你听到的第一句话不就是"小约翰长得真像他爸爸"吗？父母总是不断地在孩子身上寻找与自己或其他家人类似的外貌与性格。当孩子与父母长得一模一样，或者他的行为方式与父母完全相同时，这当然不是好事。这可能会造成困惑。有些人甚至会以为去世的亲人在这个孩子的身体里重生了。有时，我们觉得自己的命运在自己出生的那一天就注定了。我最近遇见了一个人，他告诉我，他的家族世代行医，连续十代人都有人做医生，这段历史能追溯到好几个世纪以前。他对这种传承感到骄傲，他也应该骄傲，但我想知道那些不肯走这条路的孩子怎么样了。

心理学家可能会把这种现象称为养育行为中的"自我价值感"。"我是母亲，这是我的女儿。"用父母或祖父母的名字给孩子起名，是一种常见的"自我价值感"的表现：我们认为孩子能代替这些人。有时我们会根据孩子取得的成就、开的车或者赚的钱来衡量自己的价值。我把这种行为称作"宠物秀"——四处展示自己的孩子来满足自己的虚荣心。"看看我的孩子多了不起，他只有两岁！"在我看过的一些视频里，有些五岁的孩子能通晓五门语言，有些六岁的孩子能背诵乘法表。谁会对此感到高兴？很明显，是那些骄傲至极的父母，但我不确定孩子是否真的快乐。你是否曾经想过，为什么有些父母没法做自己孩子的老师？因为他们在孩子身上看到了自己的影子，以及自己所有的缺陷与不安全感。如果孩子不能立刻理解某些事物，或者遭遇失败（但愿不要如此），父母就会立刻恼羞成怒、垂头丧气，完全不是一个好老师应该有的样子。

如果你仔细想一想，就会发现"孩子会走上与我们相同的道路"这样的假设在 21 世纪的今天是很有问题的。现在我们很难为从事某种职业做准备，因为不知道这种职业未来会变成什么样子。在十年前，谁会想到我们会有合成生物学或者 3D 打印呢？即便有些看似成熟稳定的行业（例如医学），也在发生改变。现在的医生使用电子病历，或者用机器人技术来做手术，他们在会诊的时候还会用谷歌眼镜来做笔记。在不久的将来，你的 X 光片可能会由机器人来检查，这样就能得出更准确的结论。因此，就算会计是你热爱的事业，但鼓励孩子将来做一个会计师也许并不是明智之举。也许会计是一个即将消失的行业。正如托马斯·弗里德曼（Thomas Friedman）所说，21 世纪是自学与寻找热爱的事业的时代。我认为我们现在应该把"成功"定义为"热爱"。我们都知道，你不能强迫孩子热爱某种东西。

试图按照自己的样子来克隆孩子，不能看见并尊重孩子真实的样子，是一个严重的问题。作为老师，我发现孩子一年比一年更抑郁、更绝望。

美国卫生和公众服务部的统计发现，在 2016 年，有 300 万名 12 ~ 17 岁的美国青少年至少有过一次重性抑郁发作。他们抑郁的原因有很多，从来自社交媒体的不安全感、高中繁重不堪的学业，到升入心仪大学的压力——或许应该说那是父母心仪的大学。

当压力不堪重负的时候，孩子就可能走投无路，选择自杀。美国疾病控制与预防中心发现，在 2016 年，自杀是 10 ~ 24 岁个体的第二大死因。这种总体趋势让人非常不安：1999 ~ 2016 年，总自杀人数上升了 28%。在帕洛阿托，曾经发生过一系列青少年自杀事件，让当地人震撼到了极致。当地的两所高中，冈恩高中与帕洛阿托高中都花了大力气来减少学生的压力。帕洛阿托高中的前任校长金·迪奥里奥（Kim Diorio）在斯坦福大学的教育学教授丹尼丝·波普（Denise Pope）的帮助下，启动了一个成功的项目。该项目的目标就是减少父母与社会对孩子的压力，让孩子做自己，关注对自己重要的事情，并且意识到就算得分为"B"也不意味着世界末日。在美国乃至全世界，有多少其他学校采取了类似的做法？有多少孩子压力过大、感到抑郁？有多少孩子感到不堪重负、不被理解？答案是：很多。

我知道，抑郁和自杀是很复杂的话题，其中有许多风险因素。然而，在那些孩子的内心深处，他们的真实感受难道不是进退两难，好像被迫过上了不属于自己的生活吗？有些孩子看不到其他的出路。一位耶鲁大学的研究者调查了像帕洛阿托一样的富裕社区里的青少年，试图分析他们身上可能导致自杀的压力类型，她发现了两种主要的压力源。第一种是"在多学科和额外课程上取得成功的压力"。我们都知道这种压力。然而，第二种是与父母的隔阂。当父母不尊重孩子的想法、热情与爱好的时候，就会发生这样的情况。他们逐渐开始害怕和怨恨自己的父母，这种感受切断了所有的沟通。在最需要支持的时候，他们被父母推开了。

因为做真实的自己而感到被人尊重，是一种非常基本的需求。因此，哪怕情况再糟糕，只要有人给孩子一点点尊重，就能拯救他们。当我想到"发现并培养孩子的热情有多么重要，真正地理解孩子有多么重要"时，我想起了凯莱布。他是个英俊、高大的非裔美国男孩，是我高中一年级英语班上的学生。虽然他喜欢笑，但他的眼神里有一种悲伤的意味。这个班上有15个男孩、3个女孩，都是学校里英语水平不佳的孩子。我自告奋勇为他们授课。没有多少老师愿意接受这种挑战，但我想帮帮他们。我也想知道自己的教学方法对成绩不佳的孩子有没有效果。这些学生有着各种各样的个人问题，而传统的教育系统几乎没做任何事来为他们赋能。

作为一个老师，我知道自己每学期都会有几个困难的学生，凯莱布就是其中之一。他不想努力学习。即便他没有表现出抑郁的一般迹象，我也能看出他情绪低落。在他八年的上学经历里，他每年都会遇到麻烦，他觉得这一年也不例外。他没有目标。好吧，他的确有一个目标：扰乱课堂。他通过这种方式获取关注。很明显，在开学后的几周里，凯莱布迷失了方向，毫无动力。

一天，我在课后叫住了他。"凯莱布，好像你更想去别的地方，而不想待在学校里，"我说，"是吗？"

"是啊，"他说，"我讨厌学校。"

"真的吗？你讨厌学校？"

"真的。我真的讨厌学校。"

我们聊了起来。原来他住在帕洛阿托东边的一套只有两个房间的小公寓里。他的母亲和姐姐睡在客厅里，而他睡在卧室里。他很难跟学校里那些富裕家庭的孩子相处。他的母亲靠给人打扫房间为生，家里的经济状况非常吃紧。"听大家谈论他们周末做了什么，他们家多有钱，这一点儿都不好玩。"他说道，露出沮丧的神色。当孩子心情低落的时候，你是能看出来的。只要看他们的眼睛就好。他们的眼睛里有一种呆滞的神色，缺乏光明。凯莱布觉得自己活不过 25 岁。他告诉我："黑人男孩死得早。"

"并不是所有黑人男孩都死得早，"我说，"你会是那个长命百岁的人。"

我决心找出他感兴趣的东西——每个人都有自己的兴趣。原来，在世界上那么多五花八门的东西里，他唯独对鞋子感兴趣。为什么呢？因为在他居住的环境里，鞋子是身份的象征，而且是他能买得起的东西。一个人要是拥有某种特殊样式的鞋子，大家都会认为他"很酷"。

后来，我鼓励他成为鞋子的专家，研究怎么买鞋。我让他去搜索自己想要的鞋子，比较它们的价格。哪些鞋子最好，为什么？哪个网站的价格最划算？我让他去和朋友分享这些信息。他也喜欢干这个。只要孩子能成为某个领域的专家，他们就能对自己感觉良好。他们可以做《我的世界》[○]的专家、虫子的专家，或者任何他们想成为的专家。他们只是需要成为专家。

这听起来很简单，并不是什么改头换面的事情，但事情发生了两个变化：他现在有了一门自己"独有"的学科，而且他有了一个愿意相信他的老师。凯莱布开始按时来上课了，因为他想来。他脸上的神色也发生了变化。他的脸上始终挂着笑容，时刻都想跟我讲话。他完成了自己的学习任务。

凯莱布和我现在依然保持着联系。我有时候会带他去吃午饭。他现在在附近的社区大学上大二，打算成为一名电工并开办自己的公司。发生在凯莱布身上的转变可以发生在所有的孩子身上：通过善意与关爱，找到他们的热情，给予他们信任和尊重，我们就能拯救这些孩子。每个学生都有进步的潜能，每个学生都值得被帮助。

○ 《我的世界》是一款沙盒式建造游戏，玩家可以在游戏中的三维空间里建造和破坏各种方块。——译者注

当你要养多个孩子时

教养会面临许多挑战,"尊重孩子"是一件知易行难的事。以出生顺序为例,养育一个孩子已经很难了,养育两个就更难了。三个以上的孩子能把家里变成马戏团。你只有两只手,可是如果有三个孩子,那第三个孩子该怎么办呢?每个孩子都是独特的,都想要得到特殊的待遇。每个孩子都需要找到自己与兄弟姐妹的不同点,都需要向父母发出挑战,尤其是当他们长大一些之后。

出生顺序对孩子的成长有着重要的影响,也会影响他们挑战你的方式。在我养育女儿们的时候,我需要应对三个完全不同的孩子,她们处在三个完全不同的发展阶段,想要的东西也完全不同。长子的特点在于,他是最大的孩子,而幼子是最小的孩子,但是中间的孩子呢?如果他们的性别不同,自然就有了区分。虽然,事情就会变得复杂起来,但也并非毫无办法。

我的每个女儿都想要抱抱,都想要我的关注,最重要的是,她们都想做我"最喜欢的女儿"。我记得她们总是在不合时宜的时候(比如早上 6 点半)问一个最喜欢问的问题:"妈妈,我是你的最爱吗?"没有人想在早上 6 点半听到这样的问题。我总是半睡半醒,伸出自己的手,这样回答她们:"好吧,我最喜欢哪根手指呢?如果我今天必须切掉一根手指,那我该切掉哪一根呢?"这就够了。她们会闭嘴。下周又一切照旧。

这样的解释并没有让二女儿珍妮特感到满意,她想事事争先。较小的孩子通常有两种吸引别人注意的方式:与哥哥姐姐竞争,或者选择叛逆,尽可能地与哥哥姐姐不一样。珍妮特选择了前者。她始终希望战胜大女儿苏珊,而她几乎时刻都在竞争。她想要游泳更快、跑步更快、读书更快、说话更快,得到更多的拥抱和抚慰。她很早就会算术,在四岁时上幼儿园。看着她的进步,我觉得有些不可思议。她总是想要比苏珊长得更高,但让她恼火的是，她始终不能如愿。在安妮出生之后，珍妮特不仅想要变得和苏珊一样，甚至更优秀，她还想要像安妮一样可爱。她干得不错，不过很难和安妮竞争，因为安妮的可爱无人能及，这成了她的金字招牌。即便她只有一岁，你也能看出这一点。她是个聪明的孩子。可爱只是为了得到自己想要的东西。

虽然生日聚会很难办，但也难不倒我。我在苏珊的生日给珍妮特送礼物，在珍妮特的生日也给苏珊送礼物。她们一致同意这是个很棒的主意。在安妮出生后，每个人都能得到礼物。大家皆大欢喜。

有数千项研究探索过出生顺序的影响，而大多数研究都证实了我们的一般想法：长子通常更为顺从。因为仅凭长子一人拗不过父母两人，或者长子比弟弟妹妹更加成熟，所以长子选择最简单的方式来赢得父母的关注：只要按父母说的做就好。《出生顺序的奥秘》（*The Birth Order Book*）与《长子的优势》（*The Firstborn Advantage*）的作者、心理学家凯文·莱曼（Kevin Leman）认为，大家往往会用更高的标准来要求长子。然而，你会发现，这在我家是行不通的。珍妮特会用最高的标准来要求自己，而她成功了。莱曼说中间的孩子通常是"家里的和事佬"，往往更为温和、忠诚。虽然有些人是这样的，但我绝对不会说珍妮特是和事佬。她总想找些刺激和有趣的事情做。要给珍妮特下个定义的话，那她就是一个挑战者、激励者，脑中充满创意的火花。一般而言，较小的孩子往往"天生叛逆"，正如弗兰克·萨洛韦（Frank Sulloway）的著作《天生反叛》（*Born to Rebel*）所示。

这些研究虽然探索了出生顺序对孩子的影响，却忽略了一个重要事实：父母的期待会影响孩子的成长。之所以长子想在每件事上都做到最好，很可能是因为父母希望他做到最好。在我家里，我希望苏珊和珍妮特都能做好自己想做的事，如果她们没做好，她们就会继续努力。犯错并从头再来是很正常的。其实，我鼓励她们这样做。毕竟那才是孩子学习的方式，而孩子会达到你的期望。我用很高的标准来要求苏珊，但并没有把珍妮特置于这些标准的要求之外。我希望她们两个人都能达到我的期望，在安妮出生之后，我也用相同的高标准来要求她。

我需要重申：尊重孩子包括用高标准来要求他。如果你对孩子过度溺爱，你就没有尊重他们的能力。然而，如果你强迫他们在某些对他们毫无意义的活动上出类拔萃，那么你也没有尊重他们。只有在孩子热爱自己所做的事情时，高标准才能发挥作用。你要让他们在自己选择的事情上成功，而不是在你选择的事情上成功。主要的问题是父母在替孩子做选择。你当然能指导自己的孩子，但你决不能强迫他们。否则，他们很可能陷入抑郁，或心怀怨恨。我曾看着苏珊指导自己的五个孩子，这很不容易，因为他们的兴趣有着很大的差别，但她尊重这些差异，并鼓励他们在自己选择的事情上做到最好。因为雅各布喜欢音乐，所以苏珊支持他对钢琴的热爱；阿梅莉亚是个很有天赋的运动员，所以苏珊支持她加入足球队。每个孩子都有选择的能力，我们希望他们都能发挥自己最大的潜能。

当你侵犯了孩子的隐私时

虽然有时你会失去孩子的尊重，但你可以做出补救。当他们年纪更大一些时，补救会变得更难，但依然有希望。对父母来说，困难在于尊重孩子的隐私。所有孩子都需要隐私，即便婴儿也是如此。珍妮特13岁的时候，我跟她说过无数次，要收拾干净自己的房间。她对此置若罔闻，所以有一天，我受够了，决定自己动手。猜猜我在床底下发现了什么？她的日记。我不得不承认，我没能抵制住诱惑，翻开了她的日记。尽管了解她在做什么、想什么真是非常有意思，但我立刻就意识到自己侵犯了她的隐私。我感到糟糕透顶。

有些父母大概会把日记放回原处，并对此绝口不提，但我觉得这样不对。我唯一能做的就是向珍妮特坦白。第二天珍妮特放学回家的时候，我向她承认了错误。我羞怯地把日记还给了她，而她朝我大发雷霆。她砰的一声关上了自己的房门，不肯让我走近她的房间一步，我不断地向她道歉。我解释说，自己失去了耐心，并且做了一些错事。我告诉她，我为自己的行为感到羞愧。有时你需要帮助孩子理解事物的正反两面，以及你自己体验到的情绪。我向珍妮特保证，我再也不会侵犯她的隐私，而她也很大度地原谅了我。孩子会看到你犯的错误。比起错误本身，他们会从你对自己错误的反应中学到更多的东西。

我记得有一次，女儿们不想让我参加一个其他家长也会去的聚会。"你的话太多了，妈妈，所有人都得听你的。"她们说。当然，我感到挺受伤，但我告诉自己，如果她们不想要我去，我也不愿意侵犯她们的私人空间。她们大概说得没错：我可能会把话题都带跑了。所以我没有去，也没有心怀不满。这没什么。我尊重她们，似乎这是一个转折点。下次再有聚会的时候，她们就邀请我去了。我竭尽所能地控制自己不要说得太多（对我来说，这有点儿难）。我觉得，她们想要掌控感，当我答应不去的时候，即便只有那一次，我就在向她们保证，她们才是自己社交生活的主人。只说好听的话是不够的，行为比言语更有力。尽管那次聚会我没去成，但我下次便得到了邀请。我想我也学会了一些她们一直在试图教我的东西。

我必须承认，涉及孙辈的时候，我还有很多东西要学。我以为做祖父母就像做父母一样（许多人都犯了这个错误），我以为自己能像管女儿们一样管他们。我大错特错了。在买玩具、衣服和糖果时，我是最糟糕的外婆。因为我爱自己的外孙和外孙女，所以就不断地给他们买礼物。事实证明，这些礼物并不总是受人欢迎的。每次我拿着装满玩具的盒子或袋子到苏珊家的时候，她都会满脸疑惑地看着我。"他们不需要那么多东西，妈妈。"她告诉我。"好吧，"我说，"那就让他们玩一个小时怎么样？"我在努力控制自己，真的，但我依然有些困难。

我养成了一个给外孙女苏菲买饼干的习惯。那种特制的小甜饼不是装在普通盒子里，而是装在泰迪熊里。一拉控制杆，饼干就会掉出来。那些饼干很普通，但包装让人无法抗拒。我能怎么办呢？我总是不断地买。有一天早上，苏珊跟我抱怨说，苏菲整晚都在哭泣。"她想要你。"她告诉我。她哭着想要见我，不是因为她想见我，而是因为她想要饼干。我明白了。我是个过度热情的外婆，需要控制自己。我女儿能搞定这些！她们才是父母。我必须尊重她们的想法和意愿。她们现在已经组建了自己的家庭。

想要孩子尊重你，你先尊重他

当然，你应该尊重自己的孩子，如果孩子也尊重你，那就太好了。然而，你是否想过自己在生活中的表现，自己如何尊重他人，以及自己给孩子树立了什么榜样？每件事（没错，每件事）都是学习的机会。孩子不会错过任何机会。他们能看见（并且感觉到）你对伴侣、其他家人、邻居和朋友的尊重。他们能听见你对老板和同事的说话方式。他们能看到你是如何尊重自己的。他们会抓住每一个这样的学习机会，模仿你的行为和价值观。

教孩子尊重他人需要父母以身作则。每一天都是如此。这意味着尊重你生活中的所有人。如果你做出表率，孩子就会以你为榜样。大多数时候都是如此。他们有时也需要一些指导。每当女儿们表现不好的时候，我都会让她们给我写一封道歉信，并且反思如何改进。据说鲁斯·巴德·金斯伯格⊖（Ruth Bader Ginsburg）曾经让犯错的孩子写论文，我想我做得还不算过分。只要她们做错了事，我就会让她们道歉。这些错误可能是与姐妹吵

⊖ 鲁斯·巴德·金斯伯格是美国律师、法学家，是美国联邦最高法院的法官。——译者注

架、迟到、没做应该做的家务。写作就是反思，而反思促进改变。

在过去的36年里，我管理课堂的方式就像管理一家职业的报社。这就是我的课堂风格。我不会让我的学生做一些模拟报社的练习，我会让他们承担真实报社员工的职责，他们的行为也会产生真实的后果。学生的出版机构是自给自足的。这意味着他们要走出教室，寻找可供刊登的广告，以便承担出版的成本。在学期初，全班同学都会带着合同和校报的样品前往帕洛阿托的市区，去寻找这一年的广告。报纸上刊登的文章都出自学生的创意，而不是我的。有些创意是有问题的，这么说还算是委婉的。然而，在我们讨论文章创意的时候（会议由学生主持），糟糕的想法会被他们自己淘汰。学生总能自己想清楚该怎么做。这一切都是自然的思考和倾听他人反馈的过程。

接下来，编辑们会做出一些关键的决定，让某些学生专门写作某类文章，其中一些文章的主题是相当敏感的。在过去，我们写过以教师的糟糕表现、学生的抑郁状况、学生对于性的态度、校董事会的违规行为为主题的文章。近期的主题包括枪支管控、佛罗里达州帕克兰市的校园枪击事件、我们校长的辞职事件。

在过去的这些年里，我发现如果要在截稿时间前完成任务，在压力下工作，那么我们必须营造尊重的氛围。新闻行业需要大量的批评和大量的改错。我推动着学生去做到最好。不仅如此，他们还推动着自己和彼此。他们知道我是他们坚强的后盾，而且我说到做到。在学生写作社论或专题文章的时候，我会坦率地对他们说："结尾还需要再改改。你想让我帮你，还是想自己再考虑一下？"然后，我们会讨论怎样把文章写得更好。对于努力工作的人，你应该照顾他们的感受。你应该尊重他们以及他们的努力，但我不相信"人人都是第一名"这种说法，我的学生也知道这一点。我会分享每一期报纸上我觉得最好的文章，并且解释原因。他们也会这样做，而他们的看法其实更重要。这是属于他们的报纸和杂志，不是我的。我只是一个顾问。我所有的学生都知道，我在努力让他们变得更有成效。我在让他们为工作做好准备，在职场上，不论他们想不想，都会受到批评。这样一来，当他们走上职场，有人批评他们的工作时，他们就能说："嗯，我经历过这种事。我知道自己还需要提高，我知道自己能够提高。"

有时是由学生来提出批评。我的学生要承担编辑的责任，主持讨论会，讨论其他同学的文章。关于班上的60个学生，所有人都要阅读另一个同学的文章，并给出自己的评论。想象一下他们学到了多么宝贵的一课，其中最重要的内容是如何用尊重的态度对待他人。在新学年开始的时候，我对学生的告诫就是："如果你想要同学尊重你，你就先要尊重对方。不要对任何人说刻薄的话，不要在全班同学面前让任何人难堪。"我提醒他们，如果他们失去了同学的尊重，就很难再赢回尊重。我不允许学生大喊大叫，或者说"闭嘴"之类的话。这些话毫无建设意义，是缺乏尊重的表现，会创造消极的工作环境。他们立刻就能理解这一点，我不需要反复解释。他们都在为了一个相同的目标而努力：打造一家出色的报社。你见过成群结队的青少年在晚上还请求留在学校吗？只要他们把工作当成自己努力的结果，并精益求精，就会发生这样的事情。他们感受到了工作激情的力量。

2016年，我们进行了一次重要的选举，选出了学校的新董事会成员。作为帕洛阿托高中的校报，《钟楼报》会就哪些候选人值得投票做出推荐，当地的社区非常重视我们的推荐。在和学生交流的时候，我发现我们对于支持哪个候选人意见不一致。我们都陈述了各自的理由，争论这些人会给校董会带来哪些经验与专业知识。我尊重他们的观点，他们也尊重我的看法。然而，校报社是属于他们的，最终他们赢得了辩论。报纸刊登了学生的推荐，而那篇文章影响了选举。

师范生给我上了另一节关于尊重的课。我为斯坦福大学和圣母大学的师范生做过几十年导师。我能在开学的前两周看出他们在学习成为合格的老师这条路上是否会遇到困难。我观察的主要方面是他们与孩子建立联结、尊重孩子、喜欢孩子和自嘲的能力。如果他们强调成绩,并通过惩罚的手段来追求完美,那么结果通常不会太好。严格的老师会完全遵照指南手册来控制课堂纪律,并花费大量的精力为那些不听从指令的孩子生气。有一个老师曾做过海军陆战队中士,其沟通能力不太好,他的教学过程就颇为艰难。尽管他有很多能教给学生的东西,也是一个聪明的老师,但是孩子们讨厌他的课,总是想转班。与之相反,有些老师虽然有着很高的标准,但这些标准通过复习和掌握知识就能达到,这些老师往往做得很好。

我努力按照一定的方式对待每个人(学生、师范生、女儿、孙辈),这种方式就是尊重他们,这样他们才能尊重自己。当你自尊自爱的时候,就会发生一些不可思议的事情。自我尊重能让你充满信心,愿意冒险,并且独立自主。缺乏自我尊重,你就会害怕。你就会执着于他人的想法,而不敢追随自己的道德准则与热情。人们在去世前最后悔的一件事就是没有追求自己的梦想,而是过上了别人期望他们过上的生活。没有人愿意让自己的孩子有这样的遗憾。

我还记得当年看安妮滑冰的场景,当时她只有三岁。斯坦和我根本不会滑冰——斯坦甚至在冰上走路都会摔跤。但看看安妮,她在冰面上自如地旋转,这个小小的女孩在长大后会成为花样滑冰运动员,她在大学里打曲棍球,凭借她在冰面上表现出来的无畏精神去面对所有的挑战,去做那些她热爱的事情——成为她理想中的自己。我的学生也是如此。萨米是墨西哥移民的儿子,他出色的绘画能力赢得了新闻课上全班同学的喜爱,他就在我的眼前发生了翻天覆地的变化。他在我的课上学到了自我尊重与自信,从而参加了一门进阶学术研究课程。在那门课程里,学生可以选择自己的研究主题，在一位社区导师的帮助下，进行为期一年的研究。那份自我尊重与自信以及那门课程，帮助萨米成了一名平面设计专家，并且进入旧金山州立大学继续这方面的学习。他是他们家里第一个上大学的人。诗人纪伯伦曾写道：

> 你的儿女并非你的儿女。
> 他们是生命自身憧憬的儿女。
> 他们借你而生，却并非自你而来。
> 他们虽然在你身边，却不为你所有。

虽然我们想给予孩子尊重，但有时我们会受到自身不安全感的阻碍。这是我们难以克服的障碍之一。然而，只要我们记住最基本的原则，就能尊重自己的孩子。我们要明白，他们的愿望与兴趣可能与我们不同，我们应该尊重这些愿望和兴趣。不管他们选择做什么，我们都要督促他们尽最大的努力。最重要的是，我们要给他们关爱与支持，这样他们才能获得探寻自己的道路所需的勇气。

独立
TRACK INDEPENDENCE

CHAPTER 4
———— 第 4 章

如何培养孩子的独立性

既不做"虎妈",也不做"熊猫妈妈"

  2014 年秋天,我登上了墨西哥普埃布拉的创意城市节的舞台。坐在我身边的是蔡美儿(Amy Chua),她是《虎妈战歌》(*Battle Hymn of the Tiger Mother*)的作者,也是虎妈式教育的倡导者。虎妈式教育是一种严格的育儿方法,在亚洲国家非常普遍。创意城市节的主办方邀请我们来讨论育儿之道。这是全球教育界、公共政策界、科技界杰出人士的年度盛会。礼堂里挤满了 7000 多名观众,他们都是来听我们怎样养育女儿的。

  我还不太习惯在这种大场面里上台讲话。我的创新式教学哲学以及女儿们在硅谷的成功让我获得了一定程度的认可。我被评选为"2002 年加州年度教师",我也为 GoogleEDU 项目的建成出了一份力,那是一个供教师与学生使用的资源平台。多年以来,我在美国教育部、休利特基金会、《时代周刊》(Time)教育版担任顾问。我非常关注为孩子赋能的话题,并越来越多地为课堂与家庭教育变革发声。

在读过《虎妈战歌》之后,我感到非常担忧。她在书中分享的有关她女儿的故事,让我感到不安。她代表了一种日益壮大的育儿趋势,我觉得这种趋势是……非常错误的。肯定会有些父母在读了她的书之后,对其中的观点表示反对,但我也怀疑许多家长觉得自己应该成为"虎妈""虎爸"。蔡美儿的高度控制、发号施令、高要求的育儿方式非常出名。她的育儿哲学在本质上就是"父母知道什么是最好的",父母不仅有责任指导自己的孩子,还要强迫孩子养成有助于成功的行为习惯。举几个例子:她禁止孩子与同伴玩耍,因为那毫无用处,还会分散孩子的注意力;由她决定自己的女儿应该参加哪些活动,不管孩子自己有什么喜好或兴趣;得A-或第二名是不够的,她们必须得A或成为第一名("除了体育和戏剧")。这样的生活听起来挺没意思的,不是吗?

有一次,在蔡美儿试图教她三岁的女儿露露弹钢琴时,露露只想用拳头砸琴键。她当然会这样:她只有三岁!蔡美儿很沮丧,把家里的后门打开了。当时是一个寒冷的冬日。她让自己的女儿做出选择:要么服从母亲,要么在门外待着。三岁的女儿考虑了一会儿,宁愿选择在外面待着。

我不得不说,我敬佩这个小姑娘的精神。我也敬佩蔡美儿对女儿教育的投入。很明显,如果没有对女儿深切的关心,如果她不像我那样关心女儿,她不会做这些极端事情。然而,问题是,她的女儿们在自己的生活中有多少主动性(独立性)?她的女儿们的确在很年轻的时候就取得了极大的成功。其中一个女儿甚至作为独奏音乐家在卡耐基音乐厅进行表演,这是一项殊荣,但是孩子对此有多开心呢?还是说这与蔡美儿的快乐更有关系?露露表现出了叛逆,她曾在俄罗斯吃晚餐时大发脾气,说她讨厌自己的人生,然后把一个玻璃杯扔在地上摔得粉碎,这说明她感到自己被困在了不属于自己的生活里。

并不是只有蔡美儿一个人有这样的看法，许多父母也有类似的观点。每年12月的时候，我都会从我学生的父母那里收到来自布鲁明戴尔百货和尼曼百货的昂贵礼物，以及自制的美味食物。我很感激他们送给我的礼物，也对这些礼物所代表的意义——对教师的衷心感谢——心怀感激。但问题在于，我们在老师的职责方面看法不一致。这些家长习惯于管控严格的教育环境，而我则全心全意地支持独立自主。

媒体报道我们的辩论时，给我贴上了"熊猫妈妈"的标签。当然，他们需要一个与"老虎妈妈"对应的称呼，但我觉得这个比喻不太恰当。熊猫以吃饭睡觉闻名，没有别的特长。在人们的印象中熊猫很"懒"，而我的教养方式并不懒惰，虽然不会放手不管，但我的确坚信独立的力量。"铲雪车式育儿"与蔡美儿的育儿方式类似，这种说法多么惟妙惟肖，因为在我看来，这种方式就意味着扫清孩子可能会遇到的一切障碍和挑战。现在我们大多数人都听说过所谓的"直升机式育儿"（"过度育儿"），朱莉·利思科特－海姆斯（Julie Lythcott-Haims）在她的畅销书《如何让孩子成年又成人》（*How to Raise an Adult*）里深入地探讨了这个话题。她在书中融入了自己作为斯坦福大学招生办公室主任的多年工作经验，以及她和那些"尚未成人"的大学生在一起的工作经历。那些学生"似乎在四下寻找妈妈和爸爸，缺乏条理，缺乏过好自己人生的能力"。

利思科特－海姆斯下的"诊断"是什么？那些父母对孩子的生活干涉过多，因此孩子无法独立生活。导致这种结果的原因有很多，包括文化中日益增长的恐惧、媒体对孩子面临的威胁做出的歪曲解读、家庭规模的缩小，以及所谓的"自尊运动"（这种运动可能会变得非常极端）。我们知道有些父母会在孩子读大学的城市租房，甚至陪孩子去参加面试。我真希望我是在开玩笑。

当我跟利思科特-海姆斯讨论这种糟糕的教养趋势时,她强调,父母对孩子生活的过度介入,通常出自好心,我也同意这一点。父母想要孩子取得成功。对父母来说,看到自己的孩子遭遇失败,是一件非常痛苦的事情。他们想:"插一下手有什么坏处呢?保证自己的孩子不必苦苦挣扎又有什么坏处呢?"其实,坏处数不胜数。利思科特-海姆斯告诉我:"这会让孩子变得一无是处。他们就像温室里的花朵。他们虽然有成就,看上去很可爱,但不知道怎样像成年人一样思考。"她在书中有力地论证了过度保护的教养方式会如何导致孩子焦虑、抑郁以及面对成年生活时的极度无能。

作为一个老师,我观察到孩子们正在变得一年比一年更缺乏信心,更依赖他人,更害怕。他们害怕表明自己的立场,害怕犯错,不敢调查有争议的问题,尤其害怕失败。他们的主要动力来源似乎是害怕:害怕让他们的(往往是保护欲过强的)父母失望。他们受到的教育是,完美的得分与完美的大学是唯一重要的事情。有些进入新闻业的孩子害怕把自己的名字署在自己的文章下面。为什么?他们担心其他人会怎么想。他们缺乏信心,而且他们缺乏在21世纪生存的技能。我写作本书的一个主要动力就是面对这种教养中的危机。

现在让我们回到"辩论"的话题。事实证明,那次对话也算不上什么辩论。我们当时总共只有30分钟,蔡美儿花了前15分钟谈论她自己的观点。她回忆了自己的童年故事:蔡美儿的父母要求她在家只说汉语,她只要在家里说出一个英语单词,就会被父母用筷子打手;她考试得了99分(满分100分),母亲就会关注那丢失的1分,以便确保下次考试得满分。我们也能在蔡美儿的书中瞥见她父亲的形象:"在八年级的时候,我在历史竞赛中获得了第二名,于是邀请家人来参加颁奖典礼。获得吉瓦尼斯俱乐部㊀全优学生奖的人却不是我。事后,父亲对我说,'永远不要再这样让我丢脸

㊀ 吉瓦尼斯俱乐部(Kiwanis)是一个致力于改善儿童生活的国际性公益组织。——译者注

了'。"蔡美儿在书中和在讲台上都宣称自己父母的教育方法是有用的，而她与父母的关系很融洽。我毫不怀疑她在那种苛刻环境中的成长经历让她学到了许多东西。我的问题在于，这种经历是否值得重复。

蔡美儿也花了不少时间为自己如何将这些教育方法用在女儿们身上进行辩护。她一度承认："养育女儿是我做过的最难的一件事。"对于她来说，这段经历是一场艰苦的斗争。她觉得自己在两种文化中左右为难，她似乎相信自己必须控制自己的女儿们，以免她们在美国式的优渥生活中泯然众人。"如果你不在家里做警察，"我告诉她，"那么你在养育孩子的时候也不会这么艰难了。"我养育女儿的经历与她恰恰相反。我告诉听众，教养对我来说是一件有趣的事，不一定非得变成令人疲惫的斗争。当然，这也不是说教养里没有挑战，但我真心地享受这个过程。

我不赞同蔡美儿教育方法的一个主要原因在于：这种做法没有为她的两个女儿培养出独立性或对某些事物的热爱。她的女儿们并不知道自己真正热爱什么东西，她们忙于听从指令，疲于奔命。蔡美儿会下达所有指令，说明女儿们并不需要自己独立思考。然而，在我的家中，我们把独立思考看作最值得表扬的能力。我最不想看到的事情，就是我的孩子在我没有为她们做出所有决定的时候，就变得不知所措。我们不要求女儿们在班上得第一名——那需要她们遵守并服从所有的规则。我想让她们在做自己关心的事情时找到快乐。我想让她们面对社会上的问题，并找到创造性的解决之道。我想让她们与生活中的其他人（包括父母）拥有温暖而充满爱意的关系。

没有人喜欢过那种由他人支配的生活。如果说我作为母亲和教师学到了什么东西，那就是所有年龄段的孩子都需要独立。

所以，现在的问题是：怎样独立？

"母亲决心让我们变得独立自主，"理查德·布兰森（Richard Branson）在自己的回忆录《致所有疯狂的家伙》（*Losing My Virginity*）中写道，"在我四岁的时候，她在离家几英里远的地方停了车，让我自己寻找回家的路。"四岁？尽管这可能不是最恰当的教育方式，但布兰森的母亲对于独立的重要性的看法是正确的。

我和那位年轻的母亲看法一致。也许这是因为我们都成长于20世纪50年代，那时美国的女性没有人权（真的没有）。我的母亲没有钱，也没有权力。她总是按照父亲说的做。她从来不敢挑战任何权威高于她的人。因此，她没有质疑那个拒绝治疗我弟弟大卫的医生。我原本也该像她这样生活。

然而，我没有屈服——我学会了如何做自己的衣服，而不是等着别人把穿剩下的给我；我在十几岁的时候就以3美分一个字的价格写文章，梦想有一天能成为记者（这个据说只有男人才能从事的职业）；我凭借做模特来支付大学的学费（这双又长又细的腿最终还是派上用场了）。然而，我在某个方面的确遵从了父母对我的期望：我结婚很早。

在我结婚的前一天晚上，我的婆婆告诉我怎样照顾未来丈夫的需要。"你要这样给他铺床。"她一边对我说，一边以十分精准的手法叠好被子，我从没见过叠得那么整齐的被子，也很确定自己做不到这一点。然后，我们讲到了衣柜，她告诉我该怎样整理丈夫的衣服。她还有关于早饭的指示吗？有的：炒蛋和小甜卷，再加上浓咖啡。这可不是我编的。此时此刻，我即将成为一个人的妻子，正在从一个接受过高等教育、有着哲学博士学位、倡导个人权利的先锋女性那里继承照料男性饮食起居的角色。

我想让自己的女儿们过上不一样的生活。这不是说她们不会成为妻子和母亲，只是意味着她们不会因为被人教导顺从权威而受到任何阻碍。她们不会因为自己依赖他人（尤其是依赖父母）而使自己的选择受限，我决定从第一天起就要培养她们的独立性。我的意思的确是从第一天起——从最开始，在她们还是婴儿的时候，在你认为她们最需要父母照料的时候。那就是独立的起点。

我们再回顾一下睡眠的问题：这是有婴儿的父母最困惑的一个问题。在第 2 章里，我告诉你睡眠是信任的第一课。它也是独立的第一课。睡眠是孩子学会自我安慰、独立满足自己需要的第一个机会，而独立是非常重要的。

帕梅拉·德鲁克曼（Pamela Druckerman）在她享誉全球的畅销书《法国妈妈育儿经》（*Bringing Up Bébé*）中谈到过法国人的"暂停"，这是法国人养育孩子时的一种传统做法，就是在安慰半夜哭泣的婴儿前先等一会儿。法国父母中流传的一种说法是，不要立刻冲上去安慰孩子，而是要给孩子学习如何自己睡着的机会。他们认为，即便是新生儿也对家庭负有一定的责任。他们必须学习如何睡觉，这样父母才能睡觉。

我对这种"暂停"的育儿方式一无所知，而事实证明，它与我照顾女儿的方式非常相似。她们小时候在法国和瑞士待过一段时间，也许我在无意识中受到了这些文化的影响。近期的研究支持了法国人看似直觉的认识：《儿科学》（*Pediatrics*）在 2017 年刊登的一项研究发现，在四个月与九个月大的婴儿里，那些与父母分房睡觉（睡在自己的卧室里）的孩子，总睡眠时间更长，表现出了更多的"睡眠固化"（单次的睡眠 – 觉醒时间更长）。[5] 不幸的是，我们许多人都不知道这一点。

珍妮斯塔·诺兰医生是加州门洛帕克的著名儿科医生，她说自己经常看到 8～10 个月大的孩子依然在夜里频繁地醒来。有些一两岁甚至三岁的孩子无法一觉睡到天亮。为什么？因为没有人教他们怎么睡觉。"有时父母害怕给孩子学习的机会，"她说，"我们害怕伤害他们，害怕自己没有给他们所需要的支持。"诺兰医生告诉我,孩子在三四个月大的时候,会产生一种"自己是一个独立个体"的认识。"突然间他们明白了自己与父母是分离的,"她说,"在他们产生这种意识之前,你应该让婴儿睡自己的床,最好让他们睡在自己的房间里。"德鲁克曼说过,法国人对于四个月大的婴儿也有一个相似的理论:如果他们在这个时间段没有学会如何睡觉,那就很难再教他们了。他们会知道,如果自己大吵大闹,你就会马上出现。有些婴儿(尤其是爱哭闹的婴儿)更难照顾,但是大多数孩子在早早学会如何睡到天亮后都会受益匪浅。最重要的是,这样他们就朝着独立自主迈出了坚实的步伐。

如果你有一个年纪较大的孩子,可他却还不能睡到天亮,那么我推荐你做的第一件事就是和他谈话,向他解释:孩子要在睡觉的时候长身体。他可能不会完全理解,但沟通是重要的第一步。安排一些适合孩子年龄的睡前例行事务也能有所帮助。读书(尤其是有关睡觉的书)和唱歌是很棒的睡前仪式行为——既有趣,又能让孩子放松。最重要的就是,父母不要在孩子半夜醒来的时候,就立刻去安慰他。请练习"暂停"。

如果让孩子睡觉的关键在于放手,那么对付孩子发脾气的关键就在于设置规则。你知道发脾气是为了什么吗?控制。没错,孩子想控制自己和身边的环境,这是走向独立的必要步骤。孩子在幼儿期无法控制的是自己的情绪,所以才会有这么多哭泣和动手打人的行为。然而,只要给孩子一些时间和耐心,他们就能学会如何开口提出要求,而不会情绪崩溃。

当孩子发脾气时

在有些情况下,你可能应该直接给孩子他们想要的东西,而不做过多的讨论,只要他们想要的东西是有价值的即可。如果一个孩子哭喊着要去图书馆,我就会容忍这种行为,因为我想培养孩子对读书的热爱(不过我们可以再改进一下哭喊的行为）。有一次，当我们在迪士尼乐园玩的时候，女儿们想去玩水上娱乐项目"小小世界"（It's a Small World）。她们想在那儿玩一下午。你知道吗？那个项目只有15分钟而已。我们肯定至少玩了十几次。"小小世界"的背景音乐一连几天都在我脑子里挥之不去，但女儿们很喜欢这首歌，我觉得这首歌传达了一种很有力量的信息：这是一个小小的世界，我们都是一样的。在我看来，她们学到了很重要的一课。我的确有一条没有商量余地的规矩，尽管这条规矩可能让女儿们很生气：不允许在公共场合发脾气，尤其是在她们想要某些东西，而我认为这些东西不重要的时候。有一天我们在梅西百货的时候，珍妮特看见了一个她想要的玩具，她非要那个玩具不可。那场面变成了我与她的对决。你肯定从没见过有人能像她那样发这么大的脾气。她尖叫起来就好像我在拿针扎她，我不得不带她离开商场，走得远远的，她才放弃。我并没有说父母能避免这种情况！如果你对此定下牢不可破的规则，最后即便是最顽固的孩子也会学会守规矩。

孩子大约在两岁的时候就会开始发脾气，在这个时期孩子开始独立做事，比如自己穿鞋、自己梳头，或者自己穿衣服。如果你胆敢帮忙，那就要小心了！他们很可能会大发脾气，坚持从头做起，而且一定要自己做。我有什么建议？给他们一个机会。这样会更费时间，也让人非常沮丧，而他们依然可能会把衣服穿反，或者把鞋穿反。我已经数不清有多少次让女儿们穿得像小疯子一样出门，但我想让她们感到自己独立完成了穿衣服的任务。这对于培养独立性来说太重要了。你可能不是每天都有时间这么做，但也要计划偶尔这么做一次，给他们所需要的时间。我建议在20%的时间里，让孩子自己穿衣服，或者自己做其他简单的事情。记住，"他想独立自主"是一个好兆头。

当面对真正棘手的闹脾气行为，比如你得把一个乱踢乱打的孩子从梅西百货拽出来的情况时,你需要和孩子讲道理。孩子有时是非常缺乏理性的。有时逻辑根本不管用,尤其是对于很小的孩子。然而,他们需要学习如何控制自己,才能学会如何独立。我鼓励自己的女儿"把自己的需要说出来"。我会告诉孩子:"我知道你很伤心,我也知道你想要那个东西,但只要你继续发脾气,我就帮不了你。"小孩子依然有思考的能力(只不过大脑还在发育中)。"告诉妈妈,你想要什么?"我会这么说,而且不止一次说过。孩子会逐渐学会说出自己的情绪。我很确定的一件事是,我不能让步。否则她们就会学到,只要做出糟糕的行为,我就会让步,那就真的麻烦了。请父母务必注意这种情况,要设置明确的界限。婴儿车里那个可爱的小家伙完全清楚自己在干什么!如果我们让步了,孩子便会控制我们。

　　从积极的角度来看,只有孩子感到与你相处足够安全,才会发脾气。请想想看。他们不会对一个自己不认识或是相处起来不舒服的人发脾气。他们会等到你回家之后才发脾气,因为他们信任你。这是走向独立的过程,尽管这个过程既吵闹又不愉快。对此,父母可别往心里去。

　　有时,孩子的反抗是有一些智慧的。1973~1974年,我们住在瑞士,珍妮特和苏珊都在日内瓦的联合国学校上学。(当时苏珊五岁,珍妮特三岁。)她们都既独立又聪明,但珍妮特决心要做到苏珊做的每件事。甚至在苏珊刚刚开始学说话的时候,她也几乎在同一时期开口讲话,可见她的决心有多坚决!

　　到了入学的时候,她不喜欢被分配到年纪较小的群体里,但联合国学校不同意——如果你只有三岁,那你就得上三岁孩子的那个班。然而,这种规定对珍妮特毫无约束力。

　　珍妮特不经学校允许就自己进入了五岁孩子的班级。我到现在依然不知道她是怎么做到的。当珍妮特在那个班级上了六周的课之后,老师才发现她不是那个班的孩子，而这只是因为有人听到她说自己只有三岁。

学校把珍妮特送回了三岁孩子的班上。她可一点儿都不开心。珍妮特从来不会不加抵抗地面对羞辱，她宁可退学，也不愿意和那些年纪小的学生一起上学（她觉得太丢人了），而且她的确是这么做的。不论我们说什么或做什么，她都拒绝回去上学。最后，我们把她送进了一所全法文教学的学校。学校把她分配到了同龄人的班级，她虽然不高兴，但那儿至少是用法文上课的，也算给了她一些挑战。

我们在次年回到加州的时候，她认为自己已经年纪够大，可以去上学了，但是公立学校不接收四岁的孩子，所以我们送她去上福特乡村走读学校（一所私立学校）。她是对的，她果然名列前茅。她热爱有关阅读的一切，在一年级即将结束的时候，她几乎修完了五年级的数学课程。

孩子的兴趣爱好从哪里来

珍妮特告诉了我，孩子往往知道什么对自己是最好的。我们父母要做的就是倾听——在合理的范围内倾听。是的，你需要在他们提出危险或非理性的要求时进行干预，例如不会游泳的孩子想跳进泳池的时候，或者孩子因为冰激凌太凉而大哭的时候。然而，如果他们的要求是理性的，但客观条件不允许，那么你可以考虑与他们达成一项协议："我很愿意让你再滑一次滑梯，但我们已经答应去和奶奶吃午饭了，我们最好不要迟到。我们明天再来吧。"如果他们真的想要接受某种挑战，或做某些他们热爱又让他们兴奋的事情，那么你大可给他们尝试的机会。

当孩子不再是学步期的幼儿时，父母需要与孩子协商如何让他掌控更多的事情，以及他们在追寻自己的兴趣时需要遵守的规则。对于我来说，放权要建立在安全的基础上。那是我作为母亲的首要关注点。我们家侧院有一个泳池，即便泳池四周有围栏，在女儿们小的时候，我也始终担惊受怕。所以，我决定尽早让她们学会游泳，我是指真正的游泳，而不是在水里划着水走路。我想要她们能够从泳池的一头跳进水里，游到另一头，然后在无人帮忙的情况下自行爬出来。我不认为自己需要雇一个老师，或带她们去上游泳课。我买了一本名叫《婴儿游泳教学》（*Teaching an Infant to Swim*）的书。书中的黑白图片让教学看上去很简单。我从书中学到，婴儿会自然地屏住呼吸，而且他们对游泳的态度就像许多其他事情一样，是受父母影响的。我们先从把脑袋放进水里开始，再学狗刨式，然后学自由泳。当然，虽然她们的表现并非完美无缺，但她们在水里非常有劲儿。我的三个女儿都在两岁的时候学会了游泳。珍妮特在13个月大的时候就会游泳了。另外，孩子学习事物的年龄和速度是不一样的，父母应该始终考虑到这一点，并且把安全放在第一位。

有时我会带她们去斯坦福校园娱乐协会（Stanford Campus Recreation Association，SCRA）去见见朋友，那里是一个教职工的游泳和网球俱乐部。在四月的一个下午，我们正在享受一年中最早的温暖春日，当时珍妮特大约15个月大，她正在泳池区和苏珊追逐嬉戏，苏珊当时三岁。珍妮特突然跳进了泳池。我不担心，因为她会游泳（我亲自教的），但有一位坐在一旁的年纪较大的绅士立刻从椅子上跳起来，一个猛子扎进泳池去"救"她。你真该看看珍妮特脸上的表情。她吓坏了。这位男士见义勇为，非常值得敬佩，但珍妮特想自己游泳。他向珍妮特（一个15个月大的孩子）道了歉，就游走了。然后，我告诉在场的每个围观的人，珍妮特会游泳。

游泳安全是不容忽视的问题，但在进行其他活动时，我会在大部分时间让女儿们来主导活动的进程。这是我与那些"直升机式父母"的真正区别。我最不想做的事情就是强迫孩子花很长时间去做自己讨厌的事。尽管我们想鼓励孩子尝试新鲜事物，而且不要在遇到困难的时候放弃，但我们依然要尊重他们的感受。我们必须记住孩子参加这些活动的初衷：激发他们对于生活的兴趣与投入，并培养他们良好的性格品性。对于我的女儿们来说，她们想参与任何活动都行，只要她们不是无所事事就好。

尽管音乐对于丈夫和我来说很重要，但我的女儿们始终对音乐不感兴趣。她们学过一段时间钢琴和小提琴，但不太喜欢。我说小提琴可以随身携带，她们对此毫不在乎，把每周两次的课程减少到每周一次，也没起到多大的作用。安妮想滑冰，珍妮特喜欢游泳，苏珊喜欢网球。所以，我让她们选择自己的活动。对我来说，最重要的事就是让她们去追寻自己喜欢的事物。

对差异的欣赏是很重要的。我的外孙雅各布是个才华横溢的音乐家和作曲家。在他高中的最后一年里，他在曼隆高中进行了一场出色的音乐剧表演，演出的剧目是《一和零》(*Ones and Zeros*)。他自导自演，并创作了音乐和剧本。然而，这不意味着他的弟弟妹妹要和他一样。雅各布的妹妹阿梅莉亚虽然不会演奏任何乐器，但是个有多年经验的舞者。他们的弟弟利昂很擅长下棋，还是个会打高尔夫球的乐高专家。年纪最小的两个妹妹艾玛和艾娃喜欢芭蕾。世上可做的事情实在是太多了。

另外，坚持做一件事固然很重要，但父母要允许孩子的兴趣发展和变化。如果一件事开始变得像繁重的劳动，那么孩子需要暂停一下，重新思考自己对这件事的兴趣。如果他们依然想要放弃，我就会让他们再看看还有什么其他的事情可做。阿梅莉亚是个很棒的舞者，多年来赢得了许多国际比赛的奖项。她曾经在晚上花好几个小时训练，并且和自己的舞蹈队在全国各地奔波，但是她在去年决定把精力放在足球上。她的父母劝她坚持到那年年底——教导她不要在赛季中退出也是很重要的。当然他们也问了她真正更喜欢哪项活动。在赛季结束的时候，阿梅莉亚就退出了。控制欲更强的父母可能会强迫她坚持下去，争论说她已经在舞蹈上投入了那么多时间和精力（以及那么多来自父母的金钱），现在放弃就太可惜了。也许她甚至应该成为一个职业舞者。然而，如果事情真的朝这个方向发展，她过的是谁的生活呢？她又有多少独立性呢？她会幸福吗？

如何对孩子合理放手

几十年来，加州的四年级学生都会参加"加州使命项目"（California Mission Project）。这是社会学习的一部分，学生通过这个项目能学到关于加州历史的知识。他们的学习任务很简单：用方糖块制作手工制品。这听起来像是很有趣的项目，也能让学生在日常生活中接触历史，对吗？

错了！

你应该看看有些项目作品，简直是精心制作的艺术品——拱顶走廊、钟楼、倾斜的瓦片屋顶。猜猜这些是谁做的？这些不是学生做的，通常是学生父亲做的。当今的父母极度热衷于竞争与控制——我们简直难以相信他们觉得自己有必要插手孩子的作业。有些老师彻底不再带学生参加这个项目，因为他们知道学生不会自己完成任务，为什么要开展一个让父母来做的项目呢？还有些老师会提前发出警告，强调孩子应该自己完成这项任务。这似乎是一种有效的方法——在一定程度上有效。许多父母虽然表示会与孩子合作，但依然时而会替孩子做出那种应该在博物馆里展示的精美作品。我们都知道那是谁做的。在我女儿们上四年级的时候，她们的作品就是自己做的。在我带着她们的作品到班上去的时候，才意识到竞争有多激烈，而在此之前，我从没有想过要帮她们做。安妮的作品看上去刚遭受了一场地震的侵袭。在我看来，她至少在还原历史方面做得不错。

我始终认为，她们的作业归根结底应该是她们自己的作业。她们在房间里各自都有一张大书桌，我知道她们每天下午都在那儿做作业。她们不需要别人的督促就可以完成作业。那是每天的例行事务。当然,那时还没有手机或平板电脑这样的东西来分散她们的注意力,但她们喜欢做作业,并及时完成学习的任务。没做完作业是她们自己的问题。不过我在她们提出请求的情况下,依然会给予帮助,而且这个过程对我们来说都是很有趣的。涉及项目作业的时候,我没有像其他那些远比我干涉更多的父母一样劳神。我告诉女儿们:"我相信你们,你们能做得足够好,不管你们做成什么样我都喜欢。"如果她们想要我的帮助,我就会同意帮忙,但只有在"她们为主,我为辅"的情况下才行。我拒绝替她们完成任务。

我的朋友梅耶·马斯克(Maye Musk)是一位营养学家、一位成功的模特,也是埃隆·马斯克⊖(Elon Musk)的母亲。我在和她谈话的时候得知我们的看法是一致的。她从来不检查孩子的作业。她做不到。她当时为了养家糊口,在同时做五份工作。当孩子的作业需要家长许可时,她让孩子练习模仿她的签名,以便自己来替她签字。"我没有时间,"她告诉我,"那是他们的作业。"

这就是孩子所需要的:不是时刻受到父母的控制或过度保护,而是得到允许去为自己的生活负起责任。

对于父母来说,这意味着赋予孩子责任——人们从很早就开始经常这么做。换句话说,这就意味着放手。你需要提供指导和指引,但他们能比你想象的做得更多,而且在很小的时候就能做到。在苏珊18个月大的时候,她就正式成了我的小帮手。当时还没有婴儿监视器,而我们住在一栋大房子里。她的职责就是做"婴儿监视器"。每当珍妮特哭起来时,苏珊就会叫我:"妈妈,珍妮特哭啦!"苏珊还有些口齿不清,但没关系。她负责照看妹妹,而她对此非常自豪。她觉得自己是家庭里重要的一分子。她也

⊖ 埃隆·马斯克是美国太空探索技术公司(SpaceX)CEO、特斯拉公司(Tesla)CEO、太阳城公司(SolarCity)董事会主席。——译者注

会帮忙叠好尿布。她以为这是一个游戏。好吧，真相是我把这活儿变成了一个游戏。虽然她不太擅长叠尿布，但对我来说已经够好了。我想让她为自己做的事情感到骄傲。毕竟那只是一些尿布而已。我建议所有孩子都应该有一些专属于自己的任务。他们会学到独立所需的技能，并且学习如何帮忙做家务——这对男孩和女孩来说都是重要的一课。

后来，苏珊自告奋勇地成了"珍妮特的老师"。她给珍妮特拿玩具，告诉珍妮特应该怎么玩沙槌，并且确保珍妮特始终有事可做。几年后在日内瓦的时候，苏珊给安妮喂香蕉泥的情景实在是非常有趣——大部分香蕉泥都被抹在了安妮的脸上。然而，苏珊很高兴能为家里做贡献，哪怕是一点点贡献。

洗盘子是我们家里另一项重要的家务。每次晚饭后，我的三个女儿都会站在水槽旁的小凳子上洗盘子。她们洗的盘子并非一尘不染，但这活儿的确教会了她们为家庭负责。我的孙辈们至今依然延续着这项传统。艾娃虽然现在只有四岁，但也会站在小板凳上帮哥哥利昂洗盘子。我也要求女儿们每天早上都要把床铺好。哈哈！孩子铺的床并不整齐，看上去就像她们还在睡懒觉一样，但我没有说她们。只要她们铺了床，我就没有意见。

每当我们去购物的时候，我都会叫女儿们去拿约 1 千克的苹果，放进购物车里。现在商场里已经有了一些儿童用的购物车，但在当年还没有，所以女儿们需要应付的是大车！她们要称好苹果，而我教了她们怎样挑好的苹果。她们也知道我们的购物预算。当我们预算超标的时候，她们就会帮我决定把哪些东西放回去。

我认为给她们一定程度的自由是很重要的，即使她们当时很小。我让她们掌管的一件事就是（在一定程度上）装饰自己的房间。她们能决定自己房间的摆设，然后她们就必须住在这样的房间里。在当时，全覆盖的地毯很流行。我们去了地毯店，让她们选择自己的地毯。六岁的苏珊选择在房间里铺满鲜艳的粉色长绒地毯，既然如此，她就必须住在这样的房间里。（苏珊一向喜欢这种地毯，而我却无法欣赏这种美感。）多年以后，苏珊买了自己的房子，她至少也算有过室内设计的经验了（我很感激她这次选择了更为百搭的中性色调）。遇到了装饰房间的机会，珍妮特也不甘落后，她选了宝蓝色的地毯。我更喜欢这个选择，但那是她自己的房间，她的选择才是最重要的。等安妮到了六岁的时候，她也有了选择地毯的机会：橙绿色的长绒地毯。

需要明确的一点是，我并不是说要给孩子一些他们无法理解或没有能力负担的责任，我也没有说要让孩子到不安全的街道上玩耍，或者穿过危险的街区步行去商店。我也不会把小孩子单独留给大孩子照看，除非大孩子是十几岁的青少年。这种过早的独立经历可能适得其反，甚至可能会带来创伤。然而，有时候我们会做得过了头。在马里兰，一对十岁和六岁的兄妹走在离家数个街区远的地方时，他们因没有父母陪同而被警方带走了。据报道，一位芝加哥的母亲被称为"母亲界的羞耻"，因为邻居发现她八岁的女儿在独自遛狗，并为此报了警。近期《纽约时报》的一篇专栏文章讲述了这样一个故事：一位母亲因为把四岁的儿子单独留在车中五分钟而被捕（当时天气凉爽，车窗留了透气的缝，车门用童锁锁上了，还设置了报警器）。她匆匆地前往商店去买东西，而路人拨打了报警电话。所幸还有一些好消息。在2018年5月，犹他州通过了一项关于"儿童自由活动"（free-range kids）的法案，允许孩子从事一些之前是违法的活动，例如独自走路上学，或在外独自玩耍。犹他州决定重新定义"忽视"的罪名，以免将许多人认为是儿童基本自由的事情包含在内。

对于我来说，独立应该包括协助和支持。孩子在完成家务或承担责任时，需要父母的指导，并被允许做得不那么完美。在邻里（确保安全的情况下）玩耍的自由，应该与打电话报平安的义务结合在一起。我的女儿们过去会在当地的游泳池附近用付费电话联系我。她们得踮着脚尖才能够到电话。现在的手机就方便多了。孩子应该知道一些紧急电话——人们可以把这些号码贴在墙上，但最好的情况是孩子能记住重要的电话号码以及你的地址。他们应该了解一般的紧急状况的处理方式，这不仅仅是为了应对独自在外的情况，和父母在一起的时候也需要知道这些（万一出事该怎么办）。不要忘记自己的邻居，在培养孩子的独立性时，邻居也是很好的助力。第一次把孩子单独留在家里的时候，你要确保他们有你的手机号码。给他们一些做事的建议，并且告诉他们你在什么时候回来。为他们总结好应对各种情况的方法。这样他们就能逐渐学会如何照顾自己，但他们在一开始需要一些指导。记住，孩子只不过是正在接受训练的大人。

你还需要明白一些别的事：一旦孩子开始掌握主动权，必然会带来一些混乱。每当我在校报的生产周进入新闻与艺术中心时，那里的景象都会提醒我这一点。这栋楼看上去像是大学校园的一部分，但它就在这里，坐落在帕洛阿托的一个公立高中里。这栋楼开放于2015年。新闻课的全体老师永远对校董会和帕洛阿托市民在建造这栋楼时给予的支持心怀感激。新闻与艺术中心建造之前，我一连30年都在临时教室里上课，那里的空调时而会发生故障，地上铺着破损的漆布。有些读者可能不知道，那种临时房屋就像可以用拖车拉走的活动式房屋。好吧，它们不是像活动式房屋，而就是活动式房屋。学校给一些建筑装上轮子，推进校园，接上电，然后管它们叫"教室"。

在典型的生产日，混乱大约始于下午3点半。那是孩子们开始把文件归档的时候，有些孩子已经在那儿待了一整天，或者前一天晚上就守在那儿了。他们抱着电脑靠在懒人沙发里，或者在研究室里围在电脑面前，寻找应该改正的错误，抱怨"重点关注"版面上的配色，或者担心没有及时刊登的广告。多种不同的音乐混在一起，而这是青少年保持全神贯注的方法，我们成年人对此表示无法理解。现场还有很多食物。我会确保他们一下午都有零食可吃，而且我们还为其他父母准备了晚餐。有时候我们会准备 In-N-Out 汉堡。在其他时候会有各式各样的食物，包括印度菜、埃及菜自制意大利面和千层面。在过去的许多年里，我们举办过许多颇具传奇色彩的晚餐会，有一回史蒂夫·乔布斯（Steve Jobs）、劳伦娜·鲍威尔·乔布斯（Laurene Powell Jobs）以及他们的女儿莉萨也带饭菜来吃晚餐，并给大家上菜。在 20 世纪 90 年代中期，莉萨也是我在新闻课上的学生。

虽然那时的场面看上去（听上去）很混乱，但颇有成效。我能很自豪地说，在过去的 36 年里，从来没有一期报纸未能发行——一次都没有。好吧，有几次报纸晚了一天发行，因为有些学生错过了截稿时间。在这种情况下，他们必须自行筹集延迟印刷而产生的 500 美元额外费用。不过报纸总能及时出来，看上去总是很棒，几乎每次都很棒。在 25 年前的一个晚上，有一个学生觉得，在那周报纸的校董会成员照片上画上犄角和胡须会很有趣。这是个玩笑，而他也打算在报纸发行之前把图片改回来。不过，他忘了。当我看到样报的时候，我想："我的天啊！我们该怎么办？"我开车去塔吉特商场，买了 100 支黑色记号笔。孩子们从下午一直忙到晚上，把 2500 份报纸上的犄角和胡须都涂掉了。当时我们不觉得好玩，但现在我能看出其中的幽默。

那次犄角事件涉及我心目中父母与老师重要的处世之道：精通法则。这种法则建立在真实的学习过程之上，许多父母与老师居然对此毫无概念，让人感到非常意外。其核心就是：失败是学习的一部分。如果你第一次就把某件事情做到了极致，那么这不是学习。我们应该鼓励犯错。还记得硅谷的格言吗？快速试错，频繁试错，试错前行。孩子在小的时候就应该犯错，这样他们长大成人之后才会少犯错。家和学校应该是支持学习的环境，这就意味着允许犯错。可是有太多的孩子害怕，如果自己数学考试成绩不好，就无法进入大学。如果他们不被选为班长，他们的父母就会失望。许多孩子都在两难的情绪中挣扎：他们既想独立做某事，又想把这件事一次做好。这一切到何时才是个尽头？我们还需要孩子有多少完美无缺的表现？我们还想让真正的学习过程延迟多久？如果孩子那么害怕失败，那他们还能做成什么事，还怎么可能独立自主？

精通意味着在足够多的练习之后把某件事做好。精通不是自动产生的结果，而是一个过程。教授写作课的经历教会了我这个道理。在20世纪八九十年代，我还在摸索自己的教学方法。在当时，除了完全掌控课堂，好老师的标志还有让你的课程变得很难，让许多学生都不能及格。你的绩效取决于每学期挂科的学生人数。在今天听起来有些难以置信，但这的确是真的。

我不能忍受这种情况。这与我的本能和良知背道而驰。如果孩子的第一份作业就得了"F"，这对他们来说是很难复原的打击。他们会因此缺乏提高的动力，因为他们从一开始就已经那么落后了。我会给学生修改作业的机会，他们想改几次都行——想想那是一种什么情况！他们最终的分数是根据他们的最终成果而打出的。这才是我想要鼓励的学习和努力，我并不追求第一次就成功。这样一来，"作家的瓶颈"完全消失不见了。因为学生们不再害怕犯错，所以他们在写作时就没有那么多挣扎。英语教学部指责我的课程太简单，说我的学生没有学到足够的东西。但遇到考试的时候，我的学生在全州的统考中名列前茅，超过了91%的学生。

在做母亲和教师的过程中，我意识到让孩子知道我也会犯错，是很重要的。毕竟学无止境。如果我在讲课的时候感到困惑，我就会道歉，说我搞错了，然后重新再来。有时学生会对我对文章的改动提出不同意见，或者不赞同我对于"应该刊登哪篇文章"的想法，我会承认自己的错误。多年以来，我让孩子试过各种各样的新式电脑软件，许多都没什么用。真糟糕。那又怎么样呢？请告诉孩子，你并没有所有的答案。这能产生超乎寻常的效果，我很难用语言向你形容这有多大的作用。孩子经常把老师和父母放在神坛上，以为我们是完美无缺的，以为我们从不犯错。一旦了解事实，他们就会变得更好：没有人是完美的，而人人都能进步。

我们都会犯错，尤其是孩子。然而，你知道吗？孩子往往能提出最佳的解决方法，甚至比你的方法都好。几年前，我们一大家人（包括九个孙辈）去纳帕谷的一处风景如画的旅游胜地度假，那个地方叫卡内罗斯。那里有许多孩子能参加的活动。唯一的问题在于，孩子总是玩手机。当你想给孩子看某些特别的东西时，孩子却像黏在手机上一样，想必父母都能体会到这种感受——你可能会生气。

科技十诫：如何让孩子更好地使用科技产品

我的有些家人认为，最好的解决办法就是没收手机。里约热内卢以及全法国的学校就是决定这么做的。2017年，法国政府宣布禁止中小学学生在教室内使用手机。虽然我同意有些研究者的看法，即小学生在校内应禁用手机，但我认为不应该对大孩子实施这种禁令，因为科技为我们提供了一种教孩子自我控制的完美方法。如果我们试图禁止某种东西的使用，这只会让人更想要它。你还记得禁酒令[一]吗？

我决定和孩子们谈谈。"要不你们想想我们该怎样管理手机，好吗？"我说。当我建议他们来做决定的时候，你真应该看看他们脸上放出的光芒。他们围成一团商量起来，甚至还吵了架，最终提出了一个计划。你想知道他们的决定吗？他们决定在白天禁用手机，从早上9点到晚上9点！你能

[一] 1920～1933年，美国政府曾宣布禁止国内生产、进口、运输和出售酒精饮料。——译者注

相信吗？这比我预想的严格得多，我们都遵守了他们为自己制订的规则。

科技问题是很多父母常问我的事情。他们的担忧不无道理。一项2017年的研究发现，青少年在电子产品屏幕前的时间越多，抑郁症状就越多，自杀概率也会越高。[6]这是一场危机，我们应该学习如何遏制这种趋势。为此，我希望我的"科技十诫"能帮助到各位家长。

1. 你可以与孩子一起制订使用计划，而不要替孩子制订规则。

2. 不论是在家里吃饭，还是在与他人聚餐时，不用手机。一项2018年的研究发现，在吃饭时用手机的被试更多地感到心不在焉，体验到的快乐更少。[7]

3. 上床后不用手机。孩子需要睡觉，手机会影响睡眠。我们应该向他们解释睡眠对于大脑发育的关键作用，并提醒他们，他们会在睡觉的时候长身体。

4. 为年幼的孩子规定使用手机的合理范围。从四岁起，我们就应该教小孩子如何使用手机，以防紧急情况，以及教他们怎样求助——他们很聪明，有学习的能力。从三年级起，我们就应该教孩子如何在家以及在写作业的时候合理使用手机。

5. 在一家人去度假的时候，在周末活动或任何有孩子在场的社交活动中，应该让他们自己制订有关手机使用的规则。请确保他们制订了违背规则的惩罚措施（减少手机使用时间是教他们遵守规则的好办法）。

6. 对于年幼的孩子来说，家长的管控可能是很重要的，但对于八岁以上的孩子来说，他们能学会自我控制。如果他们辜负了你的信任，或违背了约定，家长就要重新控制孩子对手机的使用。

7. 如果父母希望孩子如何利用科技工具，就应该做出表率。我看到有些父母时刻都离不开手机,而他们却管这叫"陪伴家人"。这不是陪伴家人。

8. 你可以和孩子讨论哪些照片可以拍,哪些声音可以录。有时孩子是缺乏常识的。你可以告诉孩子,不论他在网络上做什么(通过文字或其他形式的媒介),都会留下数码痕迹,所以他应该与全世界分享那些让他感到骄傲的东西。

9. 你可以向他们解释什么是网络暴力,帮助他们理解网络暴力的负面影响,不仅包括对他人的影响,也包括对他们自己的影响。你不知道孩子可能会认为什么东西是有趣的。教孩子幽默的界限是很难的,但也是很重要的。我的规则是,和你的朋友一起欢笑,而不是嘲笑你的朋友。

10. 请告诉孩子不要泄露个人信息。

如何培养孩子的好奇心

在20世纪80年代,我的女儿们在托尔曼街道是出了名的"柠檬姑娘"。有一天,她们注意到了邻居家的柠檬树,而邻居也很好心地同意她们用这棵树来做生意。她们以50美分一颗柠檬的价格,挨家挨户进行出售。她们甚至还把柠檬卖给那棵柠檬树的主人。当她们装满了存钱罐之后,就把积蓄花在了她们最喜欢的帕特森廉价商店里。

我猜,这种企业家精神是我们的家族传统,我的外孙女米娅也是个卖泥巴的商业大亨。没错,她在卖软绵绵、黏糊糊的烂泥。然而,孩子们喜欢玩泥巴,尤其喜欢那种亮晶晶的、七彩的泥巴。米娅在设计新型泥巴方面很有天赋,在九岁时就把自己的好主意推向了市场。我的外孙利昂13岁时就开始在洛斯阿尔托斯当地的一家名叫Area 151的电玩游乐场工作。在那儿工作是他的主意,不是他父母的主意。利昂把游戏币卖给顾客,并告诉他们游戏怎么玩,甚至负责维修和重启一些游戏机。他最近迷上了比特币。请相信我,他在加密货币方面是个自学成才的专家。

所有这些探索都源于好奇,好奇源于独立思考。你知道我的学生最难完成的任务是什么吗?想出自己文章的标题!他们觉得最基础的自由写作几乎是不可能完成的任务。他们总是抱怨说不知道有什么有趣的主题。他们最想知道的一件事是,自己"有趣的想法"能不能得到"A"。我告诉他们,只要他们对自己的想法感兴趣,任何想法都能得"A"。因为如果他们自己都不感兴趣,别人为什么会想看这篇文章呢?

在20世纪90年代,我是英语课的教学主管,缺乏好奇以及无法自由写作,在这时是学生普遍存在的问题。因此我在帕洛阿托高中的英语教学部门制订了一项政策,让每个学生每天都进行自由写作。我等到塔吉特商场搞开学季特价的时候,买了2000个笔记本。我觉得他们应该没见过像我这样的客户。他们当时没有单人购买限额(现在有了),我买了那么多,让他们很惊讶,于是他们问我是不是个二道贩子。"不是,"我说,"我是个老师,我是给我们高中的学生买的。"他们听到我的回答后,十分乐意帮忙。

在政策最初施行的几周里,你可能会以为我在让学生做什么困难的数学题。我想让他们做的只不过是在课堂的前10分钟里自由地写一些任意主题的文章。那能有多难?事实证明,非常难。有时我会提到报纸上的主题。"看看昨天发生了什么,"我有时会说,"你们对此有什么看法?"他们甚至不知道报纸里讲了什么。然而,他们有一天突然开始认真起来了,他们开始关注世界,并形成了自己的观点。他们逐渐喜欢上了那些笔记本,每天的写作仿佛变成了一种受人欢迎的仪式,提高了他们的自信和语言流畅度。这项练习是他们独立思考的起点。

学生往往不知道自己为什么要学习某件事情。问"为什么"对于孩子来说是很重要的，我们应该给他们更好的答案，而不仅仅"因为考试会考"。到了孩子上中学的时候，他们就不再提问了，而是专注于如何得到更高的分数。为了培养孩子的好奇心，恰当对待"为什么"的问题是很重要的。我们为什么要读《哈姆雷特》(*Hamlet*)？我们为什么要解二次方程？当老师回答这些问题的时候，会促使孩子更加深入地思考学习的意义。

家长也能用类似的方法培养孩子的好奇心。我们不必随时都有正确的答案，但我们需要鼓励孩子提出正确的问题。如果我们不知道该怎么回答，可以这么说："我们来查一查吧。在谷歌上搜索一下，然后再继续深入研究。"我外孙诺亚总是问关于恒星、行星以及世界的问题，还会问"什么是黑洞""声障是什么意思"之类的困难问题。这些问题应该让我做物理学家的丈夫来回答。诺亚也会问数学问题——复杂的、充满哲学意味的问题。这些问题同样该由我丈夫回答，或者最好让诺亚的父亲谢尔盖来回答。

当我们在培养孩子的好奇心时，其实是在培养他的想象力。这个过程最终会带来创造力——独立与好奇的美妙副产品。不幸的是，在创意与创新方面，我们的孩子并没有得到足够的培养。在一项研究中，研究者根据美国国家航空航天局招募工程师和顶尖科学家时的筛选方法编制了一套测验，他们用这套测验来衡量儿童的创造性与创新思维。在五岁时，拥有天才级别想象力的孩子大约占总受测人数的98%，但到了十岁时，这一类别中的孩子仅占30%。想知道有多少成年人在接受我们的教育之后还保有创造性思维能力吗？只有2%。难怪埃隆·马斯克说："我小时候讨厌上学，那简直是折磨。"他非常讨厌上学，以至于在教育自己的儿子们时，他决定开办自己的学校。他的学校叫作"逐星学校"(Ad Astra School)。这所学校把重点放在自我激励的学习、问题解决以及进取精神方面。他们甚至开了一门关于人工智能的伦理课。马斯克的解决之道适用于他自己的家庭，还有许多其他家庭也在寻找自己的解决方法，其中包括家庭教学，这在过去的几十年里已经越来越流行了。为什么？因为父母小时候在学校里有过糟糕的经历，他们在为自己的孩子寻找更好的教育方法。

Leangap 是一个青少年创业孵化器组织，其 CEO 钟德华（Eddy Zhong）在 16 岁时就以 120 万美元的价格卖出了他所创立的第一家科技公司。钟德华也有过类似的学生经历。他说学校让孩子变得更傻，更缺乏创造性。他在 TED 演讲时说："事实上，世界上有太多的人热衷于告诉孩子应该去上大学，去找份好工作，去取得所谓的成功，而告诉孩子去探索更多的可能性、成为企业家的人却不够多……从没有一个改变世界的人是按照世界告诉他的那样去做的。"

即使学校不鼓励你的孩子发挥创造力，作为父母的你也可以这样做：我曾经在餐桌上摆上各种各样的美术用品，有记号笔、彩纸、书、橡皮泥、编织用的纱线以及其他的工具。她们放学回家后，就能用这些工具做自己想做的任何东西。我总是在市面上寻找她们能自行组装和设计的玩具。在 YouTube Kids 这款手机应用软件里，你能找到任何你能想到的创意项目。我的外孙女艾玛画了一些很棒的动物——她在七岁时画的画，大概可以拿去卖钱了。她是怎么学会画画的？根据 YouTube 视频的指导。你还能找到不少供孩子观看的科学实验视频，比如我外孙利昂喜欢的那些视错觉视频。丹·拉塞尔（Dan Russell）是负责谷歌搜索质量和用户满意度的计算机科学家，他原本对于女儿上网时间太长很不满意，可是他后来发现女儿居然自学了五门语言！

这样的项目能让孩子去想象、实验，最重要的是能让孩子去玩耍。创意往往从玩耍的状态中产生，而玩耍是特别容易教会孩子的事情。我有一个小窍门：让他们自由玩耍。他们不需要你的任何帮助，就能创造出自己的想象世界。想想孩子在沙滩上的自娱自乐，他能创造出各种精彩的游戏——收集贝壳和石子，堆沙雕，打水漂，在小浪花里玩水。这是让孩子最开心的事情，也能为他培养未来所需的技能。遵守规则从来都不是玩耍，除非你在假扮警察。不要忘记跟孩子一起玩耍。我的一个孙辈最近把我评选为家里"最疯狂的人"，因为我能让自己变得和他们一样。大家都知道我会和孩子一起躲在桌子下面，和狗一起叫，与猫咪"促膝长谈"。谢尔盖也有着相同的娱乐精神，所以他被评选为家里"第二疯狂的人"。史蒂夫·乔布斯也有着类似的生活态度，他甚至告诉自己的女儿莉萨，学校会扼杀创造性。我还记得他来过我们那个狭小的教室，靠在灯芯绒的米黄色懒人沙发上。他和学生一起聊天、玩电脑、闲逛。他总是在玩耍和探索，我们都知道他那惊人的想象力创造出了什么。

我身边那些独立自主的孩子，后来怎样了

我知道有些人会觉得这像是一句疯话，但这就是我作为老师和父母的目标：让自己变成废物——我想让孩子独立自主，最终让他们不再依赖我。传统的教育把老师变成了"讲台上的圣人"。老师什么都懂，学生的职责就是听从教诲。那既不是我的目标，也不是我的风格。好吧，也许在孩子们小的时候，我更像一个老师，但即便在那个时候，我的目标也是引导他们独立思考。被动地接受指导，或者观看别人的演示是最糟糕的学习方式。著名的教育心理学家约翰·杜威（John Dewey）在20世纪初就说过："要在行动中学习。"杜威的理念非常有道理。如果你不能亲身体验某件事情，你就无法完全理解它。这样一来，你也无法独立地做好这件事。这就是为什么我只会"在一旁指导"孩子。我的理念并非要他们忽略我，或不在乎我；我认为他们在独立做每件事的时候会感到充满力量。这不意味着我不想参

与他们的生活，也不意味着他们不爱我或是不尊重我。这意味着我想要他们充满自信和力量，能够自如、自在地独立行动。虽然我会向他们提供支持和帮助，但我不会控制他们的行动，我也不会替他们做事。

那是一幅什么样的景象？我的主编负责管理课堂。他们负责点名，主持课堂，营造课堂氛围，决定当天的课程安排。为什么不呢？他们不需要我就能完成这些任务，这样能让他们发挥主动性。他们坐在教室前面的五把椅子上，主持讨论会。他们决定应该刊登哪些文章，应该淘汰哪些文章，以及应该在最后关头做出哪些修改。每当学生发现这就是我上课的方式，他们都会感到惊讶不已。

我还记得我的第一个主编。对当时的学生和我来说，新闻出版都是一个新鲜的概念。学生们写的第一批报道刊发于1991年，其中一篇文章谈到怀孕的青少年在以惊人的速度增长。这个话题对他们来说是重要的。事实上，他们还写过一篇讨论学生为何需要学习做好性行为保护措施的文章。我们当时觉得这篇文章有些大胆，但我们也知道这很重要。

1988年，美国联邦最高法院对于黑兹尔伍德学区诉库尔迈耶案做出裁决，这项裁决限制了学生记者在宪法第一修正案中的权利。简单地说，校长或校报导师可以合法地审查学生想要在校报中发表的任何文章。因为我觉得这项审查制度很荒谬，也很不符合美国精神，所以我决定不执行，加州政府也是这么做的。当州议会投票反对这项审查制度时，我心中充满了感激（不过，现在这项审查制度依然在36个州是有效的）。学生为什么不能像所有公民一样拥有同等的权利呢？若非如此，他们如何才能为自己发声，为社会做贡献呢？

这些关于性行为的文章对学校的政策产生了重要的影响。在那一系列的报道之后，帕洛阿托学区决定为学区内所有的学生开设一门叫"生活技能"的课程。在 30 多年之后，这依然是一门必修课。这门课的重点是如何保护自己免受性传播疾病的传染，避免意外怀孕，不过也会教授其他重要的生活技能，如烹饪和财务管理。

这一切都是因为学生能够自由地报道对他们重要的话题。

一旦学生感到充满自信和力量，投入自己所做的事情当中，他们的成就便会不可限量。在女儿们长大的过程中，不可思议的事情就是看着她们如何渐渐成为充满热情和创意的变革先行者。她们的目标是为所有人、所有国家、所有经济体，把世界变得更加美好。苏珊把 YouTube 视为改变生命的平台，因此她说服谷歌买下 YouTube，并努力成了 YouTube 的 CEO。她的愿景是把视频变成民主的工具，让全世界的人都有机会分享自己的生活、工作、观点、理念、产品和服务，给每个人以发声的机会。YouTube 相信，只要我们去倾听、分享，借助故事来构建共同的社区，世界就会变得更美好。在教育中传达这种信息也是同等重要的，我很荣幸能与苏珊合作，将 YouTube 带入课堂。

与此同时，珍妮特正在全力投入消除儿童与成人肥胖症的工作中，她的首要目标在于汽水行业。她在全世界积极奔走，前往最偏远、最需要帮助的社区，传播关于糖类的危险性知识。除了关注糖类对未来人群的负面影响，她还将关注点放在孕妇、婴幼儿和少年儿童的健康上。到目前为止，她已经围绕健康的多个主题发表了 100 多篇论文，涵盖领域从肥胖症对于母乳喂养的影响，到阿拉斯加州原住民的慢性病，她的关注范围非常广泛。

至于安妮，她离开了华尔街那个由男性主导的世界，创立了 23andMe 公司，在医疗行业开创了自己的道路。她关注的是如何为消费者赋能，帮助他们获取自己需要的、关于自身健康的信息，以便做出更为明智的选择。"没有人比你更关心你自己的身体"正是她的座右铭之一。要说服美国医师学会（American Association of Physicians）和美国食品药品监督管理局（FDA），让他们相信自己的事业并非易事，但安妮设法与他们合作，向他们展示患者在了解自己罹患帕金森病、阿尔茨海默病和乳腺癌等慢性病的风险之后，能产生什么样的益处。她认为，一旦我们掌握了这些信息，就能选择更健康的生活方式，极大地降低患病风险。23andMe公司完全改变了患者知情权与赋能领域的局面。这是一个开创性的理念，而她的工作才刚刚开始。

关键在于，我们现在比以往更需要有创意、能独立思考的人，以及引领时代潮流的变革者。我们的孩子会面对那么多的挑战，他们需要试错、冒险并独立思考，才能生存下去。然而，如果我们控制他们的一举一动，对他们过度保护，他们就无法做到这些事情。我们应该把孩子的自由还给他们，这样他们才能在这个最为变幻莫测的世纪里茁壮成长。

CHAPTER 5
---------第 5 章

给孩子以坚毅

孩子遇到挫折,怎么办

加迪·爱普斯坦做事,不达目的决不放弃。他的哥哥阿米尔曾经是我班上的学生,而且加迪也想来上课。问题是,加迪的事情太多了,实在无法把初级新闻课塞进自己的日程表里,但这并没有打消他立即开始上课的意愿。虽然他当时只有 14 岁,但他具有刨根究底的精神,充满干劲、坚持不懈。当我见到他的时候,我就喜欢上了他。

我们商量好了给他单独上课,就只有我们两个人,在他空闲的时间里上课。这对于他来说是个很棒的机会,对于我来说是件有趣的事。我喜欢给独立自主的学生上课,因为我能真正了解他们和他们的兴趣。加迪会在午餐的时候来找我,询问我对于他刚写的一段话的意见。他腿脚很利索,常常在校园的另一头就能发现我,并跑来找我。他的努力让我印象深刻。

从第一天开始,他就喜欢上了写作与新闻。他也喜欢读报——我为新闻课买了许多份报纸,包括当地的报纸,有时还有《纽约时报》。加迪总会来参加我们的讨论会,并带来许多关于文章的想法,而且他愿意反复修改,直到写出满意的文章为止。

在 11 年级的时候,加迪进入高级新闻课程班。他在团队合作中表现得非常出色,并且在当年的春季学期里,他决定竞选五个主编职位的其中之一。这很合理,毕竟他充满热情,工作努力,而且很有天分。我预计他能成功当选。加迪也是这样想的。这个选举过程完全由新闻课的学生自己掌控,其中也包含现任主编投票的环节,尽管加迪的写作和领导力水平在同学中的评价很高,他最终却输掉了选举。

不管参加竞选的学生多么才华横溢,这种事情也是难免的。显然,加迪感到很沮丧,我也如此,但我必须尊重学生们的意见。

在那几周里,我有些担心加迪。他真的非常失望。毕竟,他想成为一名记者。不过,有一天他说:"我依然会努力让《钟楼报》成为最好的校报。""很好。"我说道。我对他的说法虽然心怀敬佩,但依然保持谨慎。青少年的想法随时都可能发生变化,但加迪的确说到做到。加迪带着明确的目标投入工作,后来同学们不论遇到什么问题,都会去找他帮忙。每个人都会去询问他的意见。他的文章写得最好,而且愿意帮助任何前来向他求助的人。他甚至和班上的同学奥利弗·韦斯伯格(Oliver Weisberg)一道,设计了一个圈套,揭发了一家当地音像商店向未成年人出售色情影片的违法行为。由于他们写了那篇报道,警方查处并彻底关闭了那家商店。

在他高中的最后一年,加迪决定申请进入哈佛大学。他的绩点并没有达到 4.0,而且他也没有被选为校报主编,但他决定试一试。我有幸为他写推荐信,我在信中分享了那次主编竞选的故事,并写了他随后的表现,以及他在团队合作中的热情。我讲到加迪没有被困难打倒，成了一位出色的作家。我猜哈佛大学的人一定是被我的热情打动了，因为他们给我打来电话讨论加迪的事情。我很惊讶，因为在此之前从来没有招生办的人给我打过电话。我对他们说，加迪不论遇到什么困难都会做到最好。

哈佛大学非常喜欢这种精神。加迪虽然没有花哨的头衔，甚至没有4.0的平均绩点，但成功地被哈佛大学录取了。哈佛大学的老师之所以录取加迪，是因为他们被他的品格与决心打动了。

我还有许多关于主编选举的故事，这类竞选成了学生如何应对失败和逆境的试金石。我每年都会给学生讲加迪·爱普斯坦的故事。这是一个关于如何应对失败的故事、如何在你没能获胜的时候不被打倒的故事，最重要的是，还是一个无论如何都不忘记目标的故事。这个故事让我们每个人都能有所收获，因为我们会不断地面对失望。你对那些失望做出的反应是最重要的，而你的反应是你能够控制的东西。其实，那是你唯一能够控制的东西。

加迪进入了哈佛大学，就读于国际关系专业，并追逐自己的梦想，成了一名记者。他在业内做过几份工作，包括在《巴尔的摩太阳报》（*Baltimore Sun*）和《福布斯》（*Forbes*）等报社和杂志社任职。他在《福布斯》杂志社的时候，曾担任北京分社的社长，他目前是《经济学人》杂志社的媒体编辑。

加迪·爱普斯坦并不是个例。我的班上始终有像他一样的学生，这也是我多年来热爱教学的原因。加迪心中有一个充满意义的目标，他在这个目标的激励下，投身于新闻事业。使他获得成功的是他的愿景和坚毅的品质。

坚毅是教养与教育领域的流行概念，其含义是不论有多困难，或陷入何种逆境，都要坚持不懈，最终达成目标。这是我下的定义。心理学家安杰拉·达克沃思（Angela Duckworth）在她 2014 年的畅销书《坚毅：释放激情与坚持的力量》(*Grit: The Power of Passion And Perseverance*) 中提到，通过调查西点军校学员、芝加哥市内高中学生、推销员以及全美拼字比赛的参赛者，她研究了让各行各业的人在未来取得成功的因素。她发现，"不论在哪个领域里，最成功的人都有一种惊人的决心。这种决心表现在两个方面。第一，这些令人钦佩的榜样有着异于常人的韧劲和刻苦精神；第二，他们对于自己想要的东西有着非常深刻的认识。他们不但有决心，还有方向。正是这种热情与毅力的结合让这些成功者变得与众不同。简而言之，他们非常坚毅"。近年来一些研究者认为，坚毅是尽责性与毅力的结合，这两种人格特质长久以来一直是人格心理学领域的研究主题。尽责性与毅力对于坚毅来说的确是不可或缺的，而我在想到坚毅的时候，也会想到自我控制、延迟满足、耐心和勇气，我们会在后面探索这些坚毅的方面。我的看法与达克沃斯的理论相似：最强有力的坚毅必定离不开热情。

有时热情或动力是天然的。想想那些移民，像我的父母以及其他很多移民，都以惊人的动力著称。在"移民的坚毅"这个概念背后，是那些背井离乡的移民，他们依靠奋斗，重新开创自己的生活，他们拥有真正的决心和专注。蔡美儿担心自己的女儿们失去那些帮助她自己获得成功的优势。在《虎妈战歌》中，她是这样描述第三代移民的：

> 这一代人出生在上层中产阶级的家庭里……他们有些富裕的朋友会为了得到 B+ 的分数而付钱。他们也许会进入私立学校，也许不会，但不管怎样，他们都会看到身着昂贵名牌服饰的同学。最有问题的一点是，他们会觉得自己拥有美国宪法所承诺的权利，因而很可能会违抗父母的意愿，忽略他们给出的职业建议。简而言之，所有的因素都说明这一代人正面临着退步的危险。

好吧，也许这些孩子并没有"面临着退步的危险"，但他们的生活的确缺乏培养坚毅品质的经历。这和那句老话"富不过三代"有异曲同工之妙——农夫的儿子上了大学，当上了白领，下一代顺利地继承了父辈体面的事业，到了第三代，孙辈们从小享受了太多舒适，缺乏动力，最后又回到了出卖体力过活的日子。也有一些证据表明，移民的第三代子孙可能会较先辈们退步，并且也赶不上新来的移民。有一项研究调查了 10 795 名青少年，结果表明，与在美国本土出生的孩子（不论他们的父母出生于美国以外还是美国当地）相比，生于美国以外的孩子具有更高的学业成绩和学业投入水平。[8] 对此，我并不感到意外。要在美国站稳脚跟，的确需要一定的热情，这种热情会随着时间的流逝而消失。商业领域的潮流也表现出了类似的趋势。单看科技行业，在 2016 年，有一半价值 10 亿美元的初创企业都是由美国的移民创办的。美国创业中心（Center for American Entrepreneurship）在 2017 年的一项研究发现，在世界 500 强企业中排名前 35% 的公司里，有 57% 是由移民或移民的孩子创办或联合创办的。谢尔盖·布林就是移民，埃隆·马斯克也是。请不要忘记还有阿尔伯特·爱因斯坦。诚然，需要考虑的因素有很多，但移民内在的坚毅以及坚毅带来的成功是不容忽视的。

逆境本身就能培养一种内在的坚毅。你要么在逆境中屈服，要么拼尽全力克服逆境。在这种情况下，坚毅基本上就是你求生的意志。关于"创伤后成长"（post-traumatic growth）的研究表明，早年罹患过严重疾病的儿童在长大成人后往往会更积极，更具抗逆力。我们不缺乏这方面的例子，比如奥普拉·温弗瑞（Oprah Winfrey）。她小时候遭遇了性虐待，在一个老城区的贫困家庭中长大，最后成为一个身家数十亿美元的媒体大亨，许多人认为她是世界上颇具影响力的女性。索尼娅·索托马约尔（Sonia Sotomayor）也是这样的人。她在 7 岁时患上了 1 型糖尿病，不得不注射胰岛素。她的父亲是一个只有三年级教育水平的酒鬼，他在索尼娅 9 岁时就去世了。她唯一的出路就是接受教育，和我一样。在 2009 年，她成了美国第一位拉美裔女性法官。

2018 年夏天，一支泰国足球队因山洪暴发而被困在"睡美人洞"中，全世界人民都为他们担忧不已。其中一名队员是 14 岁的阿杜尔，他是一个得过奖学金的无国籍学生，他的父母把他从缅甸送往泰国，希望他能过上更好的生活。阿杜尔在这次救援中起到了至关重要的作用，因为他能用英语与英国的洞穴搜救人员沟通。在那之前，阿杜尔一直都是坚毅的典范：他出生于一个贫困的文盲家庭，离开父母移民到泰国，与一位牧师及其妻子生活在一起，这样他才能上学。尽管条件艰苦，他却茁壮成长起来，成了那里最优秀的学生，还获得了许多运动奖项。难道不是逆境使他变得坚忍不拔、勇气过人的吗？

这些人都激励了我，我在他们的身上看到了一点点自身经历的影子。正如我女儿安妮所说，我是个有信念的人。我在长大的过程中具有真正的抗争精神。在我生活中发生过许多糟糕的事情，但我教导自己的女儿，你要么让这些事情控制你，要么尽力让自己的余生变得更美好。

凡事都迎难而上，这不是坚毅

我并非在呼吁人们把创伤或苦难强加于儿童。很明显，逆境可能产生严重的身体或精神上的负面影响，这些影响可能会持续终生。然而，我的确想要指出，克服困苦能让我们变得更强大，有时这个过程是自动发生的，而处在逆境之中的孩子往往最后能培养出坚毅、顽强、耐心等品质，以及很多重要的生活技能。

我们其余的人呢？生于舒适环境中的孩子怎样培养坚毅呢？你是否更多地赞扬孩子的努力而非天赋？你教过他挫折是学习的必要过程吗？

答案是：很可能并没有。"直升机式育儿"让孩子不知道怎样为自己做事，更不要说克服恐惧、挑战和失败了。他们只要得不到自己想要的零食或玩具就会放声大哭。尽管这不是什么值得悲伤的事情，但他们会让你觉得这是。他们习惯于父母向自己妥协，在有些时候，甚至习惯于父母迎合他们的所有要求。没有人会要求他们去做任何不舒服的事情，因此当他们成为青少年时，会变得更加保守、更加胆怯。一想到冒险就能让他们心惊胆战。

教育系统只看重成绩，这样的学校教育对现状毫无帮助。当今大多数老师只关注考试和成绩，因为他们的绩效取决于学生的分数。他们所受的训练就是听从指示、服从上级。整体的教育模式建立在"不要失败"的基础理念上，不提倡冒险。如果说学生在入学时具有某种坚毅的品质，那一定是忍受教育体制摧残的坚毅，而不是追寻自己所热爱事物的坚毅。我并不是说所有的学生都缺乏决心和毅力，因为所有老师都能看出，许多孩子的确都具有可贵的奋斗精神，这种精神让他们受益匪浅，但像加迪那样迎接挑战的孩子却越来越少了。如果他们没能成功，就会把责任推卸到别人身上。当每一学期开始的时候，走进教室的学生们看上去都像羊羔一样，这是我亲眼所见，千真万确。他们害怕。他们需要有人来帮助他们找到自我，为他们赋能。当学生愿意冒险的时候，才能开始真正的学习。否则，那只能叫作记忆。

我不是唯一注意到学生行为变化的人。最近，我前往斯坦福大学拜访了卡罗尔·德韦克（Carol Dweck）。在我们如何应对挫折方面，她是最权威的专家。她的著作《终身成长》（*Mindset*）出版于2006年，她在书中提出了开创性的、关于人类成功的心理学观点。德韦克在书中描写了两种不同的信念系统（"思维模式"）：固定型思维模式、成长型思维模式。具有固定型思维模式的人相信，我们的内在能力是不变的。有些人是天才，有些人不是天才，而且他们不论做什么都无法改变这种现实。他们为什么会这么想？因为那是父母和老师教他们的。正如德韦克的研究所揭示的那样，这些被试认为"你要么聪明，要么不聪明。失败就意味着你不聪明，事情就是这么简单"。

相反，拥有成长型思维模式的人相信，努力和专注能带来成功，失败并不是放弃的理由。拥有这种思维模式的人，从小受到的赞扬是有关努力与奉献的，而非"聪明"。德韦克解释道，拥有成长型思维模式的被试"知道人类的品格（例如心智技能）是能够通过努力来培养的……他们不但不会因为失败而气馁，他们甚至不认为自己遭遇了失败。他们认为自己只不过是在学习"。这听起来和我说过的关于精通的法则类似：学习就包含了失败，你应该不断努力，直到做对为止。德韦克的研究表明，教人们养成成长型思维模式能完全改变他们对于挑战与失败的看法。成长型思维模式能赋予我们坚毅，而这种思维是能够学习的。

德韦克跟我讲了她在自己的学生中观察到的一种趋势。"我认为'直升机式育儿'并没有让孩子变傻，"她告诉我，"而是让他们缺乏成效。他们随时随地都有人保驾护航，却没有丝毫的自由。如此一来，他们日后怎样做才能在世上有所成就呢？许多人都不去追求终生的事业了。他们只是在各处打打零工。我并不怪他们，因为他们一辈子都在竭力试图达到某种标准，一直都感到很焦虑，而他们想要的，只是不要再焦虑下去而已。"回避焦虑听上去像是良好的动力来源，像是追求有意义的正确心态吗？这能让孩子坚毅起来吗？

德韦克接下来跟我讲了她从 2005 年开始上的一门新生写作课程的故事。她每周都给学生布置一篇个人写作练习，这篇文章只由她一个人阅读。在她刚开始布置这项作业的时候，她偶尔会看到有些学生在文章里提到自己很紧张、很害怕。"大概从五年前起，"她说，"所有人，不论是男生还是女生，都在说自己害怕犯错，害怕暴露自己的不足，害怕被人发现自己的弱点。"在我的课堂上也发生了相同的变化。德韦克给这些感到害怕的新生提出的建议是："你们之所以感到害怕，是因为你们认为，斯坦福大学录取你，只是因为觉得你是个天才。你大错特错了。你不是天才，只是斯坦福大学认为你能为学校做贡献，为世界做贡献。"当她对学生说出这番话的时候，学生都大大地松了一口气。

商界的领袖也给我讲过类似的故事。斯泰茜·本德·艾斯纳（Stacey Bendet Eisner）是一名成功的时装设计师，也是 Alice+Olivia 服装公司的创始人。那是一家高端女装公司，他们认为现在比以往更难招聘到合适的员工。"我总是在说，我想培养一批比我更强的、懂得更多的新人，"斯泰茜说，"我想招募更好的员工。然而，当今的父母总是替孩子解决所有的问题，不论他们是否拥有这种经济实力。这些孩子在进入社会之后，无法接受批评，不能独立做事，他们总想从别人那儿索取一切，这在职场上就是一场灾难。"

杰米·西蒙（Jamie Simon）是塔万加营地（Camp Tawonga）的执行董事。塔万加营地是约塞米蒂国家公园附近的一处很棒的野营地。整个营地里的一切活动都建立在坚毅的基础之上：孩子需要为自己的团队负责，肩负各种各样的责任，包括确保每个人都涂好防晒霜，按照团体活动的时间安排服药，制定规则以确保活动有趣且人人友好相待。他们甚至允许 7 岁的孩子露营过夜，而且孩子们要自己打包、搬运装备（包括防熊喷雾剂），并且自己做饭。我希望每个孩子都能有这样的经历。讽刺的是，即便这个营地十分关注坚毅品质，西蒙也注意到那些 20 岁出头的营地辅导员身上产生了一些变化。营地里的心理学家过去只要照顾年龄小的露营者，而现在还要照看辅导员。为什么呢？因为辅导员没有信心，感到抑郁，缺乏坚毅的品质。这不是他们的错，他们就是这样被养大的。

另一个同样令人头疼的问题是对于缺乏坚毅的矫枉过正。试想，"虎妈""虎爸"和直升机式父母为孩子设定的无数不切实际的目标,那是一种怎样的情况。有时这种做法能奏效。如果父母希望孩子在所有活动中都做到最好,这样的确能给孩子灌输一种坚毅的品质。这样的孩子在未来要成为完美的学生,要进入理想的大学,要成为下一个莫扎特。许多孩子都在重重压力之下接受了这项挑战。他们达成了这些不近人情的目标,甚至做得更好。他们的坚忍不拔令人敬佩,取得了惊人的成就。几乎对所有在这种环境中长大的孩子来说,他们坚毅的来源是恐惧——对失败的恐惧。他们害怕自己如果带着 B+ 的成绩回家,就会失去父母的爱。他们害怕自己无法真正成为下一个莫扎特(这几乎是毫无疑问的)。他们的坚毅与决心让他们无法过上有目标的、幸福的生活。他们接受了太多外界的安排和控制,被迫过上了一种缺乏自主的生活,他们所有的人生目标都是由他人设定的,偏离既定的事业轨道就意味着彻底的崩溃。

与此相反的是因孩子的热情而生的坚毅。这些孩子的父母把孩子看作独立的人——他们拥有自己的观点、兴趣和目标。孩子的目标可能与父母的不一致,但这是孩子自己的选择。父母鼓励孩子去追寻自己的兴趣,设定自己的目标。遭遇失败是不可避免的,当孩子失败时,父母会教导他,失败是学习的内在部分,而他应该保持专注。困难不会吓倒他。他会变得足够坚强,能够忍受前进道路上的一切艰难险阻——失败、无聊、诱惑、威胁。不论发生什么,他都会勇往直前,因为推动他前进的是热情而不是恐惧。他的动力源于内在的目标,而不是外在的压力。由此产生的坚毅品质,是今天我见到的许多出色孩子的内在动力。比如,有一个来自开罗的、17 岁的软件开发者,他现在正在开发一款应用程序来帮助聋人。这不是一件容易的事,我相信他也不止一次感到失望,但是他一心要取得成功,一心要帮助那些失聪人士。简而言之,他是不可战胜的。

这就是我们想要在孩子身上激发出来的品质:真正的坚毅品质源于不

可动摇的强烈动力,能够帮助他们克服任何障碍。这种坚毅与坚忍不拔、坚强、永不放弃的精神密不可分。

在我看来,这就是我们孩子所需要的坚毅。

坚毅是可以教授的技能

坐落在斯坦福大学校园东边的是宾格幼儿学校（Bing Nursery School）。因为那儿的教室里有许多游戏和玩具,还有宽敞的户外活动区,所以备受大众的喜爱。苏珊在宾格幼儿学校大约上了两年学。在1972年春天,她受邀参加了一项教育实验,听起来很有趣。当时苏珊只有四岁。

"我们今天吃棉花糖了,"苏珊在我们走向停车场的时候说,"我吃了两块。"她告诉我,老师今天把她带到了一间特殊的游戏室里,还给她吃了棉花糖。"如果我能忍住不马上吃掉,就能得到第二块棉花糖。"她说。她感到非常自豪,因为她的自制得到了奖励。她一说起那些棉花糖就停不下来。

我后来才发现,原来苏珊参与了著名的棉花糖实验。如果你用谷歌查一下,就会找到200万个描述沃尔特·米歇尔（Walter Mischel）的开创性实验的搜索结果。米歇尔想考察孩子延迟满足和自我控制的能力,而且她想弄清这些品质如何影响他们成年后的生活。也就是说,他决定在一定程度上"折磨"这些幼儿园的孩子——好言好语地"折磨"。他的研究团队把四五岁的孩子带到学校的一间空教室里,然后在他们的桌上放上一块点心——通常是棉花糖,有时也有M&M巧克力豆、奥利奥饼干以及其他的好东西。研究者告诉孩子,他们可以现在就吃掉棉花糖,也可以独自等待,等研究者回来之后（15分钟对小孩子来说简直像一辈子那么久）,他们就能得到两块棉花糖。有些孩子立即就向诱惑屈服了。棉花糖实在是太诱人了。那些等得最久的孩子找到了各种各样的方法来分散自己的注意力——唱歌、跳舞、坐在自己的手上，或者东张西望，但就是不看棉花糖。最引人注目的是他们的后续追踪研究。米歇尔和他的研究团队在之后的40年里发现，那些能够在很小的时候做到延迟满足的孩子"在成为青少年后，其认知和社会能力更强"，体重指数更低，成年后的人际问题更少。9

正当我要开车离开宾格幼儿学校的时候，其中一位研究者跑到我的车前，告诉我在该校的所有学生中，苏珊在等待棉花糖奖励时的坚持时间是最久的。他看上去相当自豪。尽管我当时不理解这个实验是怎么回事，但我现在明白了。苏珊是我见过的很有耐心和逻辑很清晰的人。她在压力下能表现出惊人的冷静。没有什么事能让她乱了方寸。她的自控力非常强。她总是与她信任和尊敬的同事在一起。在她还是一个小女孩的时候，她就拥有了这些品格，并非因为她生来如此，而是因为她有了多年的练习。

坚毅是由多种不同的技能组成的。我把这些技能看作拼图的一部分：每一部分都很重要。其中的一个关键在于足够了解自己，以便控制自己的情绪和行为，只有这样，你才能坚持自己前进的方向，不会被任何事情左右。我并没有刻意去这么做，但在苏珊受到棉花糖的考验之前，我就在家里下意识地教过她如何延迟满足。比如，女儿们知道需要按照一定的顺序进食。我会把主菜和一小块糖果同时给她们，但她们只能在吃完饭后才能吃糖，无一例外。我的另一个窍门是：只要她们想要某个东西，我都会提出获得那个东西的方法，但通常会花一些时间。比如，如果她们想去游泳，我就会说："我们等到天气暖和一些再去，好吗？"她们也常常向我提出这样的请求："我们现在能出去玩儿了吗？"我的回答是："你们给'松露'（狗的名字）喂食了吗？""你们画完昨晚的那幅画了吗？"我说不清自己为什么要这样做，但我觉得她们应该尽早学会控制自己，即便在面对糖果或其他点心的诱惑时也是如此。

耐心是其中的另一块拼图。我也教了她们这个：等待和存钱是我们生活中的一部分。在她们小时候，我们家里没什么钱，所以当我们想要买东西时，就要存钱。她们每人都有一个存钱罐，一次存入1美分，逐渐把存钱罐装满。每周日我们都会把报纸上的购物券裁剪下来。安妮甚至发明了一种特殊的购物券整理系统，这样我们就能在购物时很轻易地找到所需的购物券了。

下面这种做法与耐心截然相反：让孩子随时随地地用智能设备上网——在车上、在饭店里、在餐桌上。要是我建议你们在开车的时候没收孩子的上网设备，教他们什么是耐心，我就相当于在反对90%的父母每天都在做的事情。我能理解。在当今世界，这既不实际也不现实，但我的方法可能的确值得一试。让孩子给你讲讲他在手机上做什么，或者让他拍摄一部关于你们旅行的短片。尝试过一次"时光倒流"日，假装家里没有手机或iPad，看看孩子们能想出什么主意。你可以这样宣布："我们假装自己是爷爷奶奶小时候的样子。你们觉得他们在车里会干些什么？"接下来你要做好唱歌的准备。

即使你在追寻自己热爱的目标，你也一定会有无聊的时候。学会应对无聊是培养坚毅的重要一步。在课堂上，尤其是在我讲课的时候（没错，我的确会在初级新闻课上讲课，教学生基本的技巧），学生有时会抱怨我不能一直吸引他们的注意力。我和孩子们建立了足够开放的关系，所以他们愿意直接向我指出："你讲得太久了，我觉得无聊了。我们能做点儿别的吗？"好吧，当你站在全班同学面前的时候，这话听起来挺不是滋味的，但我从不对他们生气。我把这看作一次学习的机会。我是这样说的："我想让你们回家去问父母一件很重要的事情，问问他们有没有觉得工作无聊的时候。如果你得到的答案是'从来没有'，那你明天回来上课的时候，就不用听我讲课了。"这样通常能让他们集中精神。"无聊是在为生活做准备，"我告诉他们，"而你现在就是在练习。"他们笑了，但他们懂了。生活有时，或者说，经常是无聊的。

不过，我也会教他们如何更好地利用这些无聊的时刻。你可以数天花板上的图案，或者做白日梦。你可以思考自己的目标。接下来还有哪些事要做？未来可能会遇到哪些阻碍？还有什么新的目标？什么时候你最兴奋、充满希望？在所谓的无聊时刻，这些想法都可能会出现在你的脑海里。事实上，无聊能带来意想不到的效果，也能让你找到新的热情。

学会反击

勇气是坚毅最强有力的表现形式。勇气伴随一种无私的决心，其中包含着自我克制与耐心，始终要求我们保持强烈的自我意识，并且愿意为正义挺身而出。

在佛罗里达州帕克兰市的那场可怕的校园枪击事件之后，许多当地和其他地方的学生挺身而出，为自己的人身安全进行抗议。这样的抗议需要勇气，需要成为公众人物的勇气，需要与成年人进行辩论的勇气。全美的孩子都看到了可能发生的事情，他们同样也能站出来公开支持自己所相信的事情。他们并非只能接受成年人告诉他们的一切。所有学校都应该意识到辩论、新闻和戏剧课程的力量。这些课程教会了帕克兰的学生为自己发声，维护自己的权益。他们写博客，在网上发帖。他们在集会上发言。他们上街游行。一群帕克兰学生发起了名为"为我们的生命游行"（March for Our Lives）的活动，他们前往全美各地，要求进行枪支管制的法律改革，努力让全美人民团结在一起。他们是美国民主进程的强有力的参与者，也是其他学生的楷模。

2018年3月29日（帕克兰枪击事件已过去6周），帕洛阿托高中的办公室接到了一通不同寻常的电话。在办公室的珍妮接到了这个电话。电话的那一头传出一个男性的声音,他发出警告:"学校里有一个人带着枪,他打算今天下午在学校里开枪。"

学校立刻进入了封闭状态。这 90 分钟对于学生来说就像地狱一般煎熬。他们等待着,不知道自己的教室、学校会不会变成下一个连环枪击案现场。后来我们发现这通电话是个恶作剧。新闻杂志《翠绿》(Verde)是帕洛阿托高中新闻与艺术中心发行的十种刊物之一。在那期的《翠绿》杂志里,每一页都印上了弹孔的图案,看上去像是一颗子弹穿透了这本 80 页的杂志。不论你翻到哪一页,都会看到这个弹孔。这就是我们的真实感受——受到了不幸的影响。那期杂志的编辑是朱莉·康菲尔德(Julie Cornfield)、艾玛·科克雷尔(Emma Cockerell)、索林·霍尔德海姆(Saurin Holdheim),他们全是 17 岁的学生,他们的导师是保罗·肯德尔(Paul Kandell)。那期杂志在全国出了名。CNN、CNBC 和 ABC 等电视台都做了专题报道。那期杂志表现了美国学生每天感受到的压力与恐惧,也表现了学生们敢于批判性思考、主动争取、以不拘一格而充满创意的方式回应暴力的勇气。

如何培养敢于向世界发声的孩子

我们想培养出充满勇气的孩子,想培养出敢于发声、敢于挺身而出、敢于让世界听到自己想法的孩子。我们先要谈论那些勇敢的人,让他们分享自己勇敢的故事。你需要做的只是随便找一天晚上,看看电视,寻找愿意捍卫自己信念的榜样。作为父母,你也能通过为自己坚信的价值观仗义执言来表现自己的勇气,哪怕这些观点并不受人欢迎。你的表达不必带着恶意,事实上,如果你礼貌而坚持,你的言语就更有力量。这样一来,你的孩子就能看到具体行动中的勇气。

我们要鼓励孩子为正确的事情挺身而出——从他们很小的时候就要这

样做。只要孩子保持着对父母的尊敬，他们顶嘴就是正常的。让孩子闭嘴的父母其实在教孩子一些错误的技能。他们在教孩子在那些对自己重要的事情上保持沉默。尊重是很重要的，但发出自己的声音同等重要。要教自己的孩子去和那些不受欢迎的孩子做朋友，去和那些可能与自己有不同想法的孩子做朋友，还要谈论与他们有关的事情。即便看起来不那么酷，也要教孩子帮助老师，学会与同学分享。当孩子表现出勇气的时候，一定要给他认可。当他站出来为人人都在讥讽的孩子说话时，他既表现出了勇气，也表现出了同理心。

尽管我们不屈不挠、勇气可嘉，但有时坚毅也意味着知道应该何时放弃。到了应该大方让步的时候，我们就更需要坚毅了。这种能力赋予了我们做出改变的勇气。苏珊是在开发谷歌视频的时候学到这一课的，谷歌视频是谷歌公司在2005年1月25日推出的一项免费视频托管服务。到了2006年，苏珊发现市面上已经有了一款名叫YouTube的产品，而且它的发展速度比谷歌视频快。YouTube也提供免费的视频托管服务，而且有一些谷歌视频所不具备的特点。苏珊此时面临着一个非常艰难的抉择：是继续完善谷歌视频（谷歌公司已经在这个项目上花了许多时间和上百万美元），还是收购YouTube这款发展迅速的产品。在审视现实因素之后，她承认自己必须改变原有的计划。接下来，她需要说服谷歌的管理层收购YouTube。这不是一件小事，因为当时YouTube的标价是16.5亿美元。我们今天都知道，这是一个正确的决定，但对当时的苏珊来说，放弃自己的项目，冒险买下竞争产品需要极大的勇气与坚毅。

我们需要让孩子知道，如果某件事无法带来理想的结果，那么放弃和失败也是正常的。学习如何快速试错，迅速看清并承认某个项目没有出路，这里蕴含着一定的智慧。还记得我教写作时的精通法则吗？我认定一篇文章在第一遍写作的时候不会很完美，甚至在第二遍的时候也是如此。编程也是这样的，在多数情况下，最初完成的程序中有许多漏洞。有些父母听说过失败的重要性，并真的问过我这个问题："我该怎样为自己的孩子安排一次失败的经历？"我没开玩笑。虽然这些父母的心是好的，但他们不应该这样做。不该由我们来安排一场失败。我们要做的是允许孩子独立完成自己的事情，允许他们自己决定何时寻找新的方向。

失败是学习的必要组成部分，而学习就意味着独立做事。如果你遭遇了失败，那么你并不孤单。大多数人都会在某一时刻在某件事情上失败。只有那些重整旗鼓继续努力的人会最终取得成功。

家境会影响坚毅的培养吗

美国国家贫困儿童中心（National Center for Children in Poverty）调查发现，21%的美国儿童生活在特困家庭，43%的儿童生活在低收入家庭，这些家庭还在为基本的生活开支挣扎。贫穷很可怕，我有过亲身的经历。然而，凡事都有积极的一面，贫穷的积极面就是坚毅。如果你拥有的资源很有限，或者什么资源都没有，要想获得自己想要的东西，就需要运用极大的想象力，除了发挥自己的创造性，你别无选择。我在十几岁的时候，想要一个床头柜，我家却买不起。所以，我从食品店把装橙子用的不要钱的板条箱拿来，涂上鲜艳的颜色，把它们做成了床头柜。它们看上去还不错。我小时候只有一双鞋，因为鞋子很贵。我父亲过去常说："你为什么需要两双鞋？你只有两只脚。"我每天晚上都会把我那唯一的一双鞋擦得发亮。我依然很穷，但我的鞋子看上去总是像新的一样。我敢肯定当今贫困的孩子能讲出更富有创造力的故事。

我小时候养成的坚毅让我受益终身。这是一种如何看待世界、如何把世界变得更美好的思维方式。如果你的家境也是如此，那么生活就是一场不间断的抗争。我们所有人都必须共同努力来解决这个问题。请记住这一点，如果孩子能在生活中坚持不懈，他们就能培养出重要的应对技能和坚毅品质。这些技能和品质会在一生中都让他们受益匪浅。

缺乏坚毅品质的人往往处于财富分配天平的另一端。许多孩子拥有了太多的东西——电子游戏、乐高积木、高科技自行车，以及满房间各式各样的玩具。即便对低收入家庭的孩子来说，他们所拥有的玩具也是绰绰有余的。我们都想让孩子过上更好或更富裕的生活，而过度的放纵可能会剥夺他们努力赢得某些东西的进取心。如果孩子要什么有什么，他们就不会努力奋斗，也不会理解追求理想的真正价值，更不会培养自己的创造力与坚毅。

然而，这一切并非不可避免。我们能做的第一件事就是不要再买那么多玩具了！（这是我作为外婆需要复习的一课。）先确保孩子充分享受自己已经拥有的东西。购物什么时候变成与孩子一起做的主要活动了？仅仅是把他们带到商店去，都会诱惑他们想要更多东西。去公园或者去郊游怎么样？让他们在家里找点事做或者出门去和朋友玩怎么样？花些时间陪陪他们，一起玩玩桌游或一起做饭怎么样？

如果他们喜欢做饭，那么你可以让他们给自己烤生日蛋糕。办一场奢侈的生日聚会是个很有吸引力的想法，但现在有些生日活动的奢华程度已经与婚礼相差无几了。我曾见过一场奢侈的《冰雪奇缘》（*Frozen*）主题的"公主聚会"，现场甚至有一个演员扮演成艾莎（《冰雪奇缘》的女主角）；我还见过一场精心准备的马戏团主题聚会，他们甚至真的弄来了几匹矮种马。好吧，孩子的确喜欢这些聚会，但你知道他们还喜欢什么吗？答案可能是：筹划自己的聚会日，想出聚会主题，一起装饰聚会场所，负责聚会的一切事物。你可以给他们一定的预算，然后让他们决定怎样安排一天的活动。让他们上网去找自己想要的东西。让他们去比较各商家的价格，做出明智的购买决定。如果他们想要一场魔术表演，那就看看他们能不能雇用邻居家的孩子来当演员。

孩子应该为自己受到的教育负责,而不论学费是谁付的。当孩子负责时,他们才会关心这件事。你会如何对待租来的公寓?如果你真的拥有那间公寓,你的行为会发生哪些变化?我并不是说,你不应该支付孩子的大学学费。我们家能付得起女儿们的大学学费,已经足够幸运了,我们相信教育的价值。然而,我们让她们自己支付了读研究生的学费。我记得当我们告诉苏珊,我们不会帮她支付研究生的学费时,她有多不高兴。我们知道她能获得奖学金,或者助教劳务费。如果她实在无法赚够学费,我就会把钱借给她,而不是直接给她。这其中有很大的差别。苏珊是我们的长女,不论我们为她做了什么事,都必须为珍妮特和安妮做。我们觉得她们已经成长到能够搞定这些事情了,而学费也的确没有难倒她们。苏珊和珍妮特都为研究生教育付了学费,或者获得了奖学金。尽管这对苏珊来说很不容易,但比起我们直接为她支付学费来说,她学到了更多关于如何平衡研究生学习与工作方面的事情。更不用说她也获得了极大的成就感,她应当感到自豪。她做到了。

如果你已经花了几十年时间为孩子的大学学费存钱,那就继续这样做吧,但我有一个建议:即便钱出自你的账户,你也可以让孩子来支付学费。他们可以写支票,然后由你签字。仅仅是在支票上写下那些金额,都能让孩子意识到你的付出。他们能看到真正的成本。这样能产生极大的心理冲击。他们不会忘记这件事情。我真希望当年在我女儿上大学的时候,我能想到这个主意(尽管她们不需要我这样做,毕竟她们对待教育的态度非常严肃)。

不论家里的收入状况如何,我都强烈建议所有的青少年都应该去找工作。要了解真实世界的运行方式,没有比工作更好的办法了。我的三个女儿在上高中的时候都一直在工作。苏珊负责调配垃圾车,她还在帕洛阿托的"鱼市"海鲜餐厅做过服务员，那是一份有趣的工作，因为她所有的朋友都会去那儿吃饭。珍妮特和安妮都做过保姆。风险投资家、企业家海迪·罗伊森（Heidi Roizen）在上高中时，曾专门为别人的生日聚会表演木偶戏。她能靠木偶戏每月赚进800美元，而她在从斯坦福大学毕业之后的第一份工作，只赚得比这稍微多一点点——每月1000美元。

我喜欢雇用青少年——他们是最热情、最有创意、最坦率的员工。他们会告诉你他们的想法。我的学生设计了我的网站，我刚刚雇用了一名当地的青少年来帮我给花园浇水。我愿意成为他们工作的起点。他们在我这里做完第一份工作，然后就能到广阔的世界里大显身手。很早以前，安妮的基因检测公司23andMe公司就雇用了许多我的学生来帮他们组织会议。我的学生甚至还在斯坦福大学组织过一次参赛选手都在50岁以上的老年游泳比赛。我也为外孙雅各布感到骄傲，他在上大学之前，找到了一份为期十周的夏令营厨师的工作。他每天要站八个小时，每次活动期间要为300个孩子上菜。我见过他工作的样子，虽然那活儿很累，但他的态度很积极，而且他学到了许多关于坚毅的事情。

请记住这一点：你能决定自己为孩子做出什么样的表率。我家的经济条件不好，而且我做的许多事情都是出于必要，但这些理念对于来自任何背景的孩子都是有效的。

坚毅是我性格的一部分。生活在20世纪50年代末期的洛杉矶，意味着你必须有一辆车。在我16岁生日那天，我拿到了驾驶证，我像所有洛杉矶地区的16岁青少年一样庆祝这件事：父母花了300美元给我买了一辆1948年款橄榄绿的斯蒂庞克汽车——这车很旧，而我的父亲是一个业余汽修工，他教我该如何打理这辆车。他的观念是，因为我们付不起养车的费用，所以我就必须一切都自己动手做。我学会了如何换机油、换轮胎、换火花塞，我能把车的性能调试得很好。多年以后，我们住在斯坦福大学的校园里，当邻居在街道上看见我躺在车下换机油时，他们不由得大吃一惊。大家都知道我会爬上屋顶清理排水沟。我从小就是这样被养大的。女儿们把这一切都看在眼里。她们把自己的母亲看作（几乎）无所不能的人。

她们也把我看作坚持不懈和自控力极强的人。在食物方面，我有很强的自控力。我猜，我在成长的过程中学会了重视食物，那时全家人总是吃不饱。我也意识到了这是一件我能控制的、关于健康的事情：我吃进肚子里的东西。这件事别人都不能控制，只有我自己能控制。我能坐在豪华的饭店里，美食当前而不吃一口。我的想法是，如果我不饿，我就不会吃东西。我也把相同的自控力教给了女儿们。我不想让她们用吃东西来发泄情绪。在我们家里，食物是用于补充营养的东西。

我的女儿们从我这里还上过一节有关坚毅的课：一旦我脑子里产生了某种念头，无论如何我都会设法实现它。我的决心不可阻挡。在我们刚搬进来的时候，我们家的厨房和客厅铺着漆布地板。这是我的错：那漆布是我选的，可我当时不知道高档的地板看上去应该是什么样的。几年之后，我越来越看不惯这种地板。我真的非常讨厌这样的地板。我想把地板扒掉，我想要硬木的，但我们无论如何也买不起那种昂贵的地板。我们家几乎没什么家具，预算也已经超支了。斯坦觉得漆布地板没什么问题，所以很难让他支持我的想法。然后，我就自行付诸行动了。慢慢地，在整整一年的时间里，我每周从我们的食物预算中节省出一小笔钱。我的女儿们目睹了整个过程，她们看到了我的坚持和决心（当然，我是悄悄做的）。那年夏天，斯坦要去欧洲出差两周，是时候实施我的计划了。因为我不想给斯坦争论的机会，所以我就擅自行动了。我事先调查了最佳的价格，找了一家很棒的公司来做装修，然后安排在斯坦离家的那一天动工。当他回家的时候，一走进厨房和客厅的区域，看到漂亮的硬木地板，感到大吃一惊。"看上去不错，对吧？"我说。斯坦惊讶得说不出话来。他起初不敢说自己喜欢这地板，大概是因为他不确定这钱是从哪儿弄来的，但他承认我干得不错，在知道我已经把费用付清之后，他也感到兴奋不已。我们家的地板40多年来都没再换过，看上去依然很漂亮。

我也试着教女儿们为何要明智地购物，以及在商店里发现问题时该如何讲话。我始终抱着这样的态度：我们既要改善自己的体验，也要改善他人的体验。有时商店会在广告里宣传某件商品的折扣价，但当我们结账的时候，店员却要收更多的钱。"抱歉，"他们会这样说，"价格现在已经改过了……之前的价格肯定是标错了。"这种话对我不起作用。我会据理力争，叫经理出来，坚持要按照广告里的价格付款。我总是随身携带那些广告。我觉得，如果没有人投诉这些问题，商店就会一直对所有消费者做这种事，不是只有我才会遇到这种问题。我想，他们怎么能打不符合事实的广告，用虚假的借口把顾客骗到店里来？女儿们会躲起来，她们感到很尴尬。现在的商店对于标价非常谨慎，如果它们标错了价格，你就能得到折扣。我认为这种政策就是由像我这样的人争取来的！同时，女儿们学会了如何不受误导，如何为自己以及其他小人物挺身而出、仗义执言，也明白了公司应该诚实地打广告、公平地对待顾客。

也许坚毅最有力量的方面在于，它会成为你的核心品质。虽然把坚毅看作个人品质是很吸引人的想法，但当我们意识到坚毅不仅能改变我们，还能改变世界时，我们会受到更大的鼓舞。坚毅带来的改变既能体现在小的方面，也能体现在大的方面。加迪为校报社的每位同学奉献了全部的力量，帕克兰的孩子利用他们拥有的广阔平台，试图最终改变那些影响我们每个人的法律，他们都带来了改变。成功并不是一件孤立的事。相反，坚毅是一种流动的品质，超越了我们自身的利益，形成了我们影响世界的力量。只要我们拥有足够的适应能力，在团结中发现力量，就能改变世界，改善每个人的生活。

T
R 合
I 作
K
COLLABORATION

CHAPTER 6
—————第6章

教孩子合作

合作的前提是相互信任、尊重、独立

在成为老师的第一年，我就已经到了崩溃的边缘。我每天要给5个班的125个学生上英语课和新闻课，而我必须监督他们每个人。他们必须听我讲课（从写作、语法到新闻伦理等所有内容），而我必须假装对自己讲的内容感兴趣。虽然我和其他英语老师一样喜欢语法，但我被迫每天讲五次同样的内容。这就是高中老师的工作：每隔一段时间就要讲重复的内容（前提是你只教一门学科）。有些人很擅长做这种事，但我不擅长。我会觉得无聊。教案会事无巨细地告诉我每天该做什么，而我从不擅长按照这样的指示做事。当我给某个班上课有点困难，或者需要多花一点时间来理解新概念时，我并不觉得这是问题。然而，比无聊更糟糕的是，我每天从早到晚都必须假扮成"权威"的形象。我想和我的学生们合作，而不是想办法对付他们。

在我不讲课的时候,学生们要独立学习。他们每个人都有书要读,他们(大多数人)都记笔记,而且需要完成教材每章末尾的练习。我经常用打字机捣鼓出额外的练习题,然后在早上用油印机印成许多份,所以我的手上总是有紫色的污渍。为什么要费这个劲呢?因为一旦孩子做完了书里的练习,我就需要找些事情来让他们做。当他们终于做完了世界上最无聊的练习题(编写语法教材的人应该去上一堂关于创造力的课程)之后,却发现我拿着更多同一主题的练习走向他们的课桌,你真应该看看他们脸上的表情。"学习"就是记忆,而我们都因此受苦。

到了 11 月的时候,由于压力过大,我得了肠胃病,还感冒不断。一位老教师对我说:"你应该休息几天,你看上去病得很重。"没错,我的确生病了,而且我的感觉跟我看上去一样糟。但最重要的是,我感到很困惑。我一直尽职尽责地遵循学校的指示,按照我在读研究生时学到的内容做事。我和所有 20 世纪 60 年代加州大学伯克利分校教育学院的教师一样,接受过同样的训练。其要点就是:老师说了算。我上过好多门关于如何管理学生的课。事实上,我们有一本书就叫《如何管理课堂》(*How to Maintain Control of Your Classes*)。我们的考核标准中就有课堂管理这一项——学生是否守规矩,是否"专注",以及在发言前是否举手。这样做的目的是让学生牢记要服从老师。你可绝对不要质疑这一点。我从学校行政人员那里得到的印象最深刻的建议就是"不要笑,除非今天是圣诞节"。这可不是我编的。问问那些 2000 年前毕业的老师就知道了,不论他们是在伯克利还是其他任何地方上的学。

我的学生不仅不用心,还很害怕——害怕我惩罚他们,更害怕我让他们挂科。我也害怕——害怕自己原形毕露,暴露出自己的谐星本质,我特别想开玩笑,而我觉得如果我真的放飞自我,学校就会开除我。有一次,一个学生看见我走来，就立马拿起了铅笔，假装自己对某个语法练习很感兴趣，然后见我回到自己的桌前，他又深深地吸了一口气。就在这个时候，我决定做出改变。当我试图控制一切，控制每个人的时候，我无法保持理智。我斟酌了自己的选择：为了自己的健康辞职，去做心理咨询来保护自己的心理健康，或者按照自己的想法去做，然后等着被学校开除。

出人意料的是，这个决定很容易做。我做的第一步是：不再把课堂的每一分钟都用来讲课，而是给学生一定的时间，让他们分组学习。如果他们必须阅读《沃里纳英语语法与写作》(*Warriner's English Grammar and Composition*)，从中学习语法（这听起来可不怎么有趣），那么他们至少还能一起做。请注意，这既不符合老师一贯的做法，也不为学校所接受。这简直就是渎职。我这个初来乍到的老师，已经在试图破坏规矩了。这可不是个好主意。然而，如果我不能把学习变得有趣，就无法教孩子任何东西。所以，学生们选择了自己的搭档，开始分组合作，学习语法和拼写。

我觉得自由一些了。于是，我那不受拘束的幽默感开始显现出来了。我编了一些类似情景喜剧的荒唐故事，让学生给这些故事加上标点符号。我也让学生写一些自己的文字材料。在他们周一早上进入课堂的时候，我经常会说："告诉我这周末你干了什么。请把这些事写出来，然后和搭档一起加上标点符号。"学生们可以如实地讲述自己的故事，也可以添油加醋，我都表示赞同。学生们交上来许多关于"水杯乒乓球"⊖的故事（虽然我没玩过那个游戏，但我觉得自己是个专家），还有许多关于奇怪事迹的故事（比如，有个学生说自己一口气吃了 25 块糖），还有许多（也许你已经猜到了）与性有关的故事。尽管学生们有些不乐意，但我还是在这里亮出了底线。"你们的父母认为你们连性是什么都不知道，"我说，"所以别让我惹

⊖ "水杯乒乓球"是一种桌上游戏。一方玩家要把乒乓球扔进对方的水杯里，如若成功，对方玩家就需要喝掉那杯水，先喝完水的一方就输掉了游戏。——译者注

上麻烦！"虽然我的课堂里有许多欢笑，但我在管教他们的时候并不感到担心。我成功地吸引了他们的注意，因为我总是做这些奇怪的事情，而且我成功地赢得了他们的信任。

有一天，校长突然进入了我的教室，在最后一排找了个位子坐下来。他环顾教室，发现学生们都分成了两三个人的小组。我有些惊慌失措。我满脑子只有两个字："讲课！"所以，我赶忙跑到教室前方，开始讲解分号的美感。学生们用异样的眼神看着我，仿佛以为我发了疯。我是说，尽管他们经常觉得我发了疯，但这次明显不同。他们不知道发生了什么。我知道，控制课堂才是最重要的事情，所以尽力装出在读研究生时学到的讲课风格，一本正经地说道："放下铅笔，听我说。"有些学生很合作，但有两个学生不以为然。校长在关于我的"观察记录"中写道："课堂失控，许多学生在交头接耳，不认真听讲。"这在当时是很严重的问题。

校长给我三周的时间"管好自己的课堂"。管好课堂的意思就是让学生们排列整齐，安静地坐着。在我讲话的时候，不允许有其他人讲话。每个人都要记笔记。整节课都是如此。我很难受，再次开始考虑辞职。也许我不适合做老师。今天的许多老师也有同感。教育体制为了提高考试成绩，给了他们太大的压力，导致他们能做的只是一遍又一遍地教授同样的内容。现在他们用电脑来辅助这种重复的教学，但教学方法依然一成不变。教学毫无灵活性，毫无创意，师生之间很少有合作的机会。

我心中的反叛精神让我琢磨出了一个不同寻常的主意。我决定告诉学生我之前遇到了什么情况。下次校长来给我做评估的时候，他们需要安静地听讲，这样我就不会被开除了。我就这样把实话告诉了他们。我信任他们，而且我已经无所畏惧了。"如果你们不想让我改变上课方式，如果你们仍然想让我做你们的老师，你们就要帮帮我。"我说道。让学生参与我的"阴谋"是个大胆的做法，而如果我们能齐心协力，那么我想我们也许真能成功。

我打算按照自己的方式教学（合作学习），直到校长出现的时候为止。只要校长一露脸，所有的学生都要闭上嘴，面朝前方，然后我开始讲课。几天后，我瞧见校长正在走廊里向这里走来，我们就立即做了一次"演习"。我几步小跑，窜到教室前方，然后学生立即停止了讲话。完美！他们很喜欢这种参与"密谋"的感觉。加州大学奇科分校的雕塑艺术副教授劳伦·鲁思（Lauren Ruth）曾是我的学生，他说："沃西所做的最主要的一件事，就是重塑了课堂的层级结构。她总是喜欢打破陈旧的系统结构。沃西在我们心目中拥有一个非常特殊的地位，她与父母不一样。她是我们的'犯罪同伙'。她需要对我们有足够的信任，才能成为那个'同伙'。当时的那段经历给了我们一种非常愉快的感觉。"

三周以后，校长回到了我的教室，再次观察我的课堂教学，而在这时，整个教室鸦雀无声。我是说，静得连一根针落在地上都能听见……静得像一间停尸房。我这次通过了考核，评分高得离谱。"我很高兴看到你能管好课堂。"他说。他想知道我如何能在几周之内就完全改变了自己的学生。我告诉他："我让他们记住课堂上我说了算，我收起了自己的笑脸，就像以前在读研究生时学过的那样。"

在那之后，我的胆子渐渐大了起来。

1986年，我路过了洛斯阿尔托斯购物中心的一家店铺。那家商店的橱窗里摆着一台麦金塔电脑㊀。屏幕上出现了"你好"两个字，好像电脑在对我说话。我从来没见过这样的东西，但我很肯定这比我学生用的老式打字机要好。用那种打字机打印校报上的文章，需要花上好几个小时。我得用每小时1美元的价格雇用一个学生来替那些不会打字的学生们打出那些文

㊀ 麦金塔电脑（Macintosh computer）是苹果电脑中的一类个人电脑。——译者注

章。一旦打印出现了错误,整篇文章都必须重新打印。那台麦金塔电脑就像天赐的礼物。

然而,我没有采购经费。后来机缘巧合,我得到了一个申请加州政府特殊经费的机会。我填写了申请表,申请获得七台麦金塔电脑的经费。学校行政人员警告我,这些经费的竞争相当激烈。虽然他们的态度不太友善,但猜猜谁得到了1987年秋季的拨款?七台漂亮的电脑出现在了我的临时教室里。虽然我连怎么开机都没弄清楚,但我当时欣喜若狂。这些电脑一连几周都静静地待在教室的后面,有一天我向全班同学宣布:"我很高兴地告诉你们,我得到了州政府的拨款,我们现在有了七台新电脑!"他们知道电脑是什么,但他们从没有近距离接触过麦金塔电脑。学校里没人会用电脑。学校的行政人员说,这些电脑只会"流行一时",他们找不到任何人来帮我。也许我该放弃,或者感到害怕——我只学过政治学和英语,没学过科学。我甚至无知到了这种程度:当我第一次尝试使用麦金塔电脑的时候,都不知道屏幕上的文字到哪儿去了。原来我把文本框往下滚动太多了。我甚至不知道"滚动"是什么意思!不过,学生们比我更熟练,他们很乐意帮忙。

"没关系,"我对行政人员说,"孩子们和我会弄明白的。"

我们利用放学后和周末的时间研究电脑的安装设置,学习如何使用电脑。我想起了吉尔双胞胎兄弟,想起了他们与其他学生一起研究神秘的苹果电脑的情景。吉尔兄弟的父亲是阿图斯公司的员工,他在一个周六来到教室,教我们如何使用一款名叫 PageMaker 的软件。这款软件非常适合用于设计报纸的布局。我们欣喜地收下了阿图斯公司的软盘,开始使用 PageMaker 来设计我们的报纸《钟楼报》,那款软件后来变成了一个功能非常强大的数字化平台。之后我们还要弄清如何储存数据。孩子们把这个也搞定了。

我们花了六周的时间才设置好七台电脑，找来一台打印机，接上电脑，并且开始整理文件。我们是货真价实的电脑先行者。一旦有东西坏了，或者我们需要帮助（我们经常需要帮助），我就会带几个孩子去弗莱商店，那是当地的电子用品店。后来，我们逐渐熟悉了那家商店，而孩子们也成了相当熟练的 IT 技师，那时还没什么人知道 IT 是什么呢。如果你还没有去过帕洛阿托的弗莱商店，真的应该去一次，那会是一趟不同寻常的经历。一进店门，你就能看见一匹骏马抬腿直立的巨大雕像。在我看来，这尊雕像代表了科技革命即将带来的兴奋之情。一场巨大的变革正在发生，而我们正参与其中。

就是在那一年，我萌生了给新闻课的学生定制 T 恤的想法。运动队里的孩子都有 T 恤，而我们也是一个团队。我能很骄傲地说，在过去的 30 年里，我们有过许多出色的设计方案，而这些方案都是由学生设计的：有我脚踹学校行政楼的图案，还有在 T 恤前面印上一个大硬币状图案，在后面印上"相信沃西"的字样，而最近 T 恤背后的字样变成了"像沃西一样"。在校园里和在帕洛阿托的街道上，到处能看到穿着这种 T 恤的孩子。

从我最初教英语语法的时候开始，一直到今天科技含量很高的新闻课，我的课堂始终围绕着合作的主题。只有打下了信任、尊重与独立的坚实基础，合作才会成为可能。孩子也需要一个确定的目标、一个他们热爱的目标。所有这些要素必须结合起来，孩子们才能团结合作、相互帮助。我的学生每天都会练习这些技巧，而他们相互支持、相互教育以及相互鼓舞的能力都让我深深地惊叹。

为了打造一份高质量的校报，学生们必须清楚新闻业的里里外外。这不是一种理论学习。他们不是在为了考试记忆学习材料，几天后就忘得一干二净。他们在设计一份完整的报纸，为报纸写文章，而他们必须掌握相关的技能。我过去曾在课堂上讲过奥多比公司的 PageMaker 和 Photoshop 这两款软件该怎么用，学生们也曾认真听讲、记笔记，但是他们去了电脑室之后，依然不知道怎么用这些软件。这样学是没有用的。仅仅听某人讲述一款软件怎么用，你是学不会的。所以，我换了一种更具互动性的授课方式，我先会讲解软件的某个功能，让学生去练习应用，然后再讲下一个步骤，在讲授和练习之间不断切换，这样效果会更好。然而，最好的办法是让学生们相互教学。

我想出了一个办法，让每个低年级的学生与一个高年级的学生组成一个小组。我们把低年级的学生叫作"小伙伴"。那是个充满善意的昵称。每个人都有个"小伙伴"。每个高年级的学生都要挑选他们的同伴，而他们必须负责教会同伴做所有的事情。我负责提供课程安排，我会宣布"今天我们专门来改善专题文章"，或者"今天我们来提高评论文章的写作"。然后，我们就会一起阅读样例文章，每个"小伙伴"要在年长学生的帮助下，打一个文章的草稿。在多数情况下，这个办法能起到很好的效果，但事情并非总是一帆风顺。如果一个"小伙伴"上交了一份不太理想的作业，我就会告诉他的搭档："嗨，你小伙伴的新闻导语写得不太好。再回去帮帮他吧。"多数情况下，他们会照做，但如果他们说"我帮不了他"或"我不知道还要怎么改"，那么我们就要再进一步谈谈，直到他们明确了该做的一切为止。基本上，我就是在尽可能地让学生承担更多的职责，结果非常成功。拜伦·张（Byron Zhang）是我现在教的一名学生，他在七年级的时候从中国移民到美国，他告诉我这种学生导师制度大大改善了他的学习。他总是对自己的书面英语和口语不太自信，但他的学生导师帮助他对自己的能力产生了自信。他也很看重与其他年级的学生交朋友的机会，这种机会在我的课堂之外是很少见的。

在我教学的这些年里，从来没有一个孩子被这种方法难倒。只要你信任自己的学生，帮助他们规划课堂时间与任务，他们就能成功；如果你感到害怕，不相信他们的能力，那么他们就可能失败。

后来，我把这种学生导师制应用到了写作课上。我没法每天给 150 个学生提出修改意见，但他们能给彼此提意见。在一年之后，学生们都有了长足的进步，他们自己和同伴都为此欢欣鼓舞。幸运的是，我当时要给谷歌的一款名叫 Writely 的软件提反馈意见，学生们可以用这款新式软件进行合作写作，编辑彼此的文章，后来他们成了谷歌文档（Google Docs）的第一批用户。谷歌文档后来成了他们以及数百万其他学生在今天仍在使用的软件。

我需要再次强调，一切都不是一帆风顺的。你在与青少年一起工作的时候，总会面临一些不确定的因素。人数众多的合作式课堂意味着你必然会面临一定程度的混乱，而我恰恰喜欢那种混乱。我猜这大概是因为我渐渐变得更能容忍混乱了吧。在生产周，孩子们会播放吵闹的音乐，在房间里隔着老远就开始相互喊话，并且随时关注三台设备的各种情况，而我就坐在这种混乱景象之中埋头工作。

我很难说清这种教学方法对孩子的影响。当学生觉得自己能与教师合作的时候，他们心中的自我形象就会变得很高大，他们也会感到充满了自信与力量。因为有人做他们的后盾，所以他们觉得自己无所不能。他们也能够忍受失望，因为他们知道不论发生什么，自己都是团队中重要的一分子。今年有一个非常出色的学生竞选主编，但是她失败了。尽管她非常失望，但是这种感受没有持续太久。作为校董会的学生代表，她有一个非常重要的职责，即出席每一次校董会会议，并传达所有与学生直接相关的决议。她也在我们的新闻课夏令营担任营地辅导员。她知道自己对我、对校报的所有人都很重要，那就是她所需要的全部动力。

你的教养风格是什么

这是一个不幸的事实：许多人认为，不论是在家还是在学校，教育孩子的最好方式就是控制他们的一切行为。我们觉得孩子太小，什么都不知道，父母必须为他们指明方向。虽然孩子喜欢一定程度的管束，但太多的管束不利于他们的心理健康。有一些研究探讨了教养风格及其对孩子行为的影响，这些研究已经证明了过多管束的不利作用。1971年，发展心理学家黛安娜·鲍姆林德（Diana Baumrind）对146名学龄前儿童和他们的父母做了一项研究。她发现了四种截然不同的教养风格：专制型（authoritarian）、权威型（authoritative）、放纵型（permissive）和忽视型（uninvolved）。我们先来分析前两种教养风格。

专制型父母强调孩子要服从和遵守规矩。这种父母常说"要么听我的，要么滚蛋"，完全缺乏变通。相较而言，权威型父母会与孩子建立一种积极、温暖而严格的亲子关系。最重要的是，这些父母愿意考虑孩子的看法，愿意与孩子讨论和辩论，这样可能会促进孩子社交技能的发展。正如硅谷的儿科医生珍妮斯塔·诺兰所说："虽然权威型父母会设置一些边界，但他是用关爱的方式设置边界的——他不是你的好朋友，不是一个不关心你的人，不是一个只想控制你的人，而是一个带着期望协助你成长的人。"鲍姆林德的原创研究发现，权威型教养与孩子的独立性、有目标的行为，以及社会责任感是相关的，不论孩子是男孩还是女孩，结果都是如此。[10]她在1991年的跟踪研究发现了相似的结果，研究表明，权威型教养保护了青少年免受药物滥用的影响，证明了教养风格对孩子有着深远的影响。[11]

我们能从名称上看出后两种教养风格的含义。放纵型父母往往会放任孩子的不良行为，无法用规则或期望来约束孩子，对孩子的生活采取袖手旁观的态度。有些人可能会误解我的育儿哲学，以为我倡导的是放纵型育儿方式或放养型育儿方式，但他们忽略了很重要的一点：我决不会给孩子毫无约束的自由。我不会让学生在新闻中心无法无天；我想让他们在寻找文章创意的时候天马行空，但必须严格遵守新闻写作的规则，并且在截稿日期前上交稿件。这中间的差别大着呢！我的期望很高。我想让学生弄清楚该如何满足我的期望。忽视型父母会逃避自己的职责，忽视孩子的需求，在孩子需要关注、关爱和指导的时候，对他们视而不见。很明显，他们是糟糕的合作者，也是不称职的养育者。

每种教养方式都有其适用的时间和地点，但在日常生活中通常是不需要那些极端方式的。如果你们身陷险境，你可能就需要命令孩子集中精神，服从你的指令。你不应该总是忽视孩子，也不应该叫他们出门去玩，却不知道他们会去哪儿或什么时候回来，但的确在有些时候，你需要让步并闭嘴。至于权威型教养，我认为你的确需要在孩子很小的时候，以及在刚刚开始学习 TRICK 的要素时，用坚定的态度来对待孩子。小孩子在知道有人说了算的时候，会感到安心。这样能给他们一些规则和指引。

如何实施合作型教养

我认为应该还有一种教养风格，我将其称为合作型教养。一旦孩子的年龄够大，能够理解基本的原则之后，合作型父母就会与孩子建立一种相互尊重的关系。举例来说，在粉刷孩子卧室的墙壁时，权威型父母会这样说："这是乳胶漆。你先看我怎么刷，然后再学着刷。"而合作型父母会赋予孩子更多的主动性："我们去漆店挑个颜色吧！你喜欢什么颜色？现在我们先挑几把刷子。"这种方法更费时间，但孩子会觉得自己更像个合作者，而不是个工人。只要给他们一点点选择权，就能产生很大的影响。

孩子似乎天生就能明白这一点。我们通常认为幼儿只关注自己的独立性，而一项 2017 年的研究发现，即便只有两岁大的孩子，在帮助另一个孩子达成目标时，也能体会到与自己达成目标时相同的喜悦。[12] 有些研究发现，当孩子即将满三岁的时候，他们就能理解何谓身为同伴的义务，除了自己的观点，他们也能考虑他人的看法。[13] 因此，合作是一种自然的倾向。

只有找到了团结协作的方法，人类才能生存下来；团结就是力量。合作具有强大的力量。

我们为什么要独断专行呢？我们为什么要控制一切呢？难道我们不想教孩子成为民主社会中的一员，与他人和谐相处与合作吗？原因在于，我们忘记了让孩子练习掌控自己的生活有多么重要，而那恰恰是我们身为父母，为了孩子乃至全家人的健康必须做的事情。

与所有的 TRICK 原则一样，合作的起点在于孩子的父母。如果你不知道怎样倾听他人的观点，或者觉得自己懂得最多，从而不断地攻击自己的伴侣，那么你很难为孩子做出合作的表率。你要记住，生儿育女本身就是一项团队合作。伴侣是你的搭档，不是你的对手，而你做出的榜样会带来相应的结果。孩子始终在观察着你。

你和孩子总会有发生争执的时候。孩子会犯错，有时甚至会表现得相当疯狂。他们并非天生就懂得何谓恰当的行为举止，而且他们往往是以自我为中心的。不过，在成长的过程中，如果他们看到了父母的良好示范，他们就能学会为他人着想。你需要决定在事情发生时做出何种反应，当孩子正在往地板上乱扔食物，或者在玩具店大发脾气的时候，要做这种决定尤为艰难。我的建议是：尽量不要对伴侣恶言相向（倒数 10 个数），而且一定不要在孩子面前与伴侣吵得不可开交。那该怎么处理日常生活中的恼火和意见不一的事情呢？不要隐藏这些事。孩子恰恰需要看到你是如何处理这些事的。通过观察别人如何表达不满并解决问题，孩子能学到很多东西。不要隐瞒自己的不快，但要示范如何用建设性的方式表达不同意见。

请想象这样的情景：你的伴侣回家后提议外出吃饭，而你已经花了一整天时间准备晚餐。伴侣坚持说道："总是在家吃饭，我都有些腻了。我想出去吃。"这是夫妻间的典型分歧。当时天色已晚,你们俩都有些暴躁。孩子正在一边看着呢!你的主要目标是什么?找到折中的解决之道。这才是亲密关系的要义。也许你们可以明天再出门吃饭,或者你可以把饭菜留到明天,今晚出门吃饭。要就事论事,不要小题大做。要保持冷静,寻找解决方法。毕竟这不是个天大的分歧。请记住,观察我们是孩子的一项"主要工作"。你想通过自己的行为教给孩子什么东西呢?

如何与孩子在沟通中合作

家庭里的合作建立在正确的沟通模式之上。在与孩子讲话时,把他们当作合作伙伴能让他们觉得自己是团队中的一员,而家庭就应该是一个团队。这可能是一件微不足道的小事,尤其是当你在和一个很小的孩子讲话的时候,但这能产生巨大的影响。你要改变自己的命令的口吻("穿好泳衣,你现在该去游泳了"),尝试换成建议的方式:"外面很热。你现在想和我们一起去游泳吗?"当然,在有些时候你必须独断专行。有些两三岁的孩子可以把家里闹得天翻地覆。然而,你不需要规定孩子下午该参加什么活动,可以让他说出自己的想法。即便他们年龄还小,你也可以借此让他们觉得自己得到了倾听与重视。"你想去公园还是动物园?你想玩乐高还是帮妈妈做你的零食?"我能想象出最有可能的回答:"我想吃冰激凌。"你得拒绝这种回答。然而,孩子的反馈是有用的。有些话我们决不会对朋友说出口,而我们也千万不要对孩子说这种话,尤其是发号施令的话。我经常在公共场合看到父母的这种行为。我知道父母有时会很生气,但是对于"上车""放下手机""给我过来"这些话,还有更具合作精神的表达方式。我们也不要对孩子说一些可能产生持久伤害的话,比如"这么做实在是太蠢了"。我们都会做出一些愚蠢的选择,而这么说只会让事情变得更糟。请记住这条黄金法则:己所不欲,勿施于人。你希望有人用你对孩子说话的方式对你说话吗?

并非只有在关键或要紧的大事上才需要合作。你可以把合作变成日常生活的一部分。举例来说，苏珊和她的家人每天晚上都会在一起吃饭。他们围坐在餐桌旁，每个人都会分享一件当天发生的事情。即便四岁的艾娃也会讲讲她的一天。这是一种促进家庭团结、让每个孩子感到自己很重要的仪式。

只要涉及劳动与职责，几乎所有的事务都能分解为可供合作完成的任务。在家里，孩子可以负责晚餐的协助工作：他们可以摆好桌上的餐具，选择菜单并协助做饭，也能帮忙在饭后清洗餐具。保持家庭的整洁卫生是一个需要合作的过程，而孩子应该在其中拥有明确的职责。谁来吸尘？谁来洗衣服？谁来倒垃圾？谁来洗车？谁负责铲雪？总的来说，大家应该有这样的觉悟：这栋房子属于我们所有人，我们应该共同努力，维护房间的清洁。我不是仆人，你也不是。我们每个人都有责任做好自己该做的事情。

在学校里也是一样的。日本学生打扫教室、清洁地板和倒垃圾的合作方式给我留下了深刻的印象。没有人去监督他们。他们通过合作保持教室的整洁。那些日本孩子做得很好，我们和他们还有很大的差距，但至少大多数美国学校都尝试让孩子在午饭后清理自己的餐具。在帕洛阿托的学校里，学生负责垃圾分类（可回收或不可回收），并帮助管理员维护校园的整洁。如果需要在学校待到很晚，新闻课的学生会全权负责准备食物，并且在吃完后收拾干净。他们在多数情况下都做得很好。另外，我会确保他们都认识并尊重管理员——我们都肩负着同样的责任，而且我们都关心自己的校园。

我最喜欢通过规划假期来教孩子什么是家庭合作——孩子很喜欢这项活动。你可以提出几个选择，然后让孩子去做研究、选择地点和活动。这是最棒的部分：接下来，你就不必强迫他们做任何事了。他们会预先做好所有的计划。在我家里，斯坦会带头为我们的假期做计划。他通常会提出很好的想法，而我们都信任他能做出很棒的旅行计划。我们从不跟团旅游。斯坦就是我们的导游，而他需要孩子们不断地给他提供信息。女儿们会就一路上要做的每件事提出建议。我们在苏珊五岁那年去西班牙旅游，而我仍然记得她为我们挑选饭馆的事情。这让她有事可做，并且保持兴奋的情绪。我不知道她究竟是怎样做出选择的，但我们吃的每顿饭都还不错。当我们到瑞士的阿尔卑斯山远足的时候，总有些需要选择的事情，而我们把这些选择教给了女儿们。"我们应该走远路还是近路？要注意，近路比较陡。孩子们，我们该走哪条路？"她们也会根据旅行手册的推荐来选择参观哪家博物馆。一旦参与了决策过程，她们就喜欢上了博物馆。不过，我也记得有时我们没有询问她们的意见，那可真是个错误。在那种时候，要带她们去博物馆，就像带她们去看牙医一样艰难。我和斯坦也有想要单独做的事情，所以我让女儿们选择自己的活动与活动时间。我会说："我们要计划一整天的行程，早上、中午和晚上。你们可以决定我们在其中的一个时间段做什么——你们想选哪个时间？"她们会进行一番激烈的讨论，并最终达成一致意见。我们总是尊重她们的决定，不过偶尔也有例外。有时斯坦会不同意她们的选择："我年纪最大，我可能再也不会有机会去那儿了。"女儿们通常会在这时做出让步。

友谊对孩子来说非常重要，我再怎么强调都不为过。生活就是一连串的合作关系：最初是与父母的关系，然后是与家人和朋友的关系，接下来是与老师的关系，长大后是与导师、同事以及广大社群的关系。女儿们每天都会与邻居家的孩子约在一起玩耍，或者一起参加各种艺术、科学项目。她们在学习如何交朋友、如何分享、如何与人相处。大多数邻居都是善良的人，而且往往是不引人注意的人脉资源，在当今这个繁忙、快节奏的世界里，我们很容易忽略邻居的存在。

除了与同龄人相处，孩子们还可以与其他年龄段的人交朋友。我们隔壁是一对老年夫妇，他们很喜欢我的女儿们，而我们是很要好的朋友，只要他们愿意，随时都可以前来串门。我们后来发现，邻居乔治·丹齐格（George Dantzig）是科技界的领军人物，而我们多年来一直都不知道，他也一直都没告诉我们。他和妻子安妮很接地气，待人非常友善。你肯定猜不到他们的真实身份。有一天我发现乔治的书房里满是奖杯和世界各地大学的荣誉博士学位证书。我有些纳闷，他到底是做什么的？我后来得知，他开发过单纯型算法，解决了互联网的线性规划问题，进而使网络开发成为可能。他是个非常谦虚的人。

在安妮大概只有两岁的时候，她在一天晚上决定带着洋娃娃去拜访丹齐格一家。我们的前门没锁，于是她就出门去了。唯一的问题在于，她当时光着屁股。她正处在不愿意穿衣服的阶段——完全不肯让步。当时正值盛夏，天气很热。我在楼上听见了开门的声音，就向窗外看去，发现安妮推着自己的婴儿车朝丹齐格家的车道走去。当时我已经没有精力再向安妮解释衣服的重要性了，所以就由她去了。我想丹齐格一家不会在意的。然而，我后来发现他们正在招待客人——从法国来的贵客。安妮按响了门铃，高声宣布："我是来玩的。"然后，她就大摇大摆地进了门。她光着屁股，坐在了餐桌旁边。她引发了一场不小的轰动，这件事成了邻居间流传的经典故事。

团体运动增强合作意识

当孩子渐渐长大的时候，团体运动就成了教他们团队合作、为他人负责的绝佳途径。每个孩子都应该在某些时候参与体育运动。单人运动项目能教给孩子坚毅、恒心和运动技巧，而团队项目就更好了，因为孩子能从中学会如何成为团队中的一员，并且意识到自己的表现对集体来说很重要。大约在五岁的时候，我的女儿们加入了斯坦福大学娱乐协会的游泳队。她们每天晚上都会在泳池里绕圈训练一个小时。游泳的确让她们晚上睡得很好。在周末的时候，她们会作为正式的队员参加游泳接力赛。你可以想象一支由五岁孩子组成的游泳队在蛙泳、蝶泳、仰泳和自由泳等各种项目中拼尽全力的样子。尽管那场面令人捧腹大笑，但那也是帮助孩子适应真实世界的很好的训练方式。

多年以来，我看到了女儿们在游泳、网球和足球中培养出来的处世态度如何影响她们生活中的其他方面。她们变得更体谅他人，更愿意在遇到分歧时理解他人，并且更乐于助人。不过，有些父母可能会让运动适得其反。如果我们让自己的好胜心卷入运动中，那么运动就可能变成父母竞争的方式——侮辱其他的参赛队伍，嘲讽其他的父母，或者当孩子错失得分良机的时候对孩子大喊大叫。我们不要忘记教孩子何谓良好的体育精神，而不论比赛结果如何，都要教孩子去祝贺对手的出色发挥。这说起来容易，做起来难，一旦我们陷入迷惑时，请提醒自己：这个活动与我们自己无关。

最后，不要忘记适时给孩子提出建议，这是一个合作的机会，而不是发号施令的机会。在上高中的时候，女儿们的物理成绩不太好。你能想象她们有一个做物理学教授的爸爸吗？那一点儿都不好玩。她们觉得自己怎么都学不会。

所以，我给她们提出了三个选择，让她们选择最好的一项：①在放学后留在学校，向物理老师求助；②让爸爸来帮她们，不过爸爸很忙，不会有太多时间；③请家教。她们选择了请家教，所以我们在大学的物理系张贴了一则广告，很快就找到一个物理学研究生，这个研究生每周会花三个下午的时间来给女儿们辅导功课。问题解决了，而且这是我们通力合作的结果。

在珍妮特决定参加啦啦队选拔的时候，我们也有过类似经历。她成功加入啦啦队，我为她感到骄傲。然而，出了一个小问题：她后来发现自己不喜欢啦啦队。我再次充当了她的决策咨询人。"既然这样,你想怎么做呢?"我问道。"我想退出。"她说。我们谈过这件事。"如果你现在退出,那么这会对啦啦队有什么影响?"我问她,"退出会让你有什么感受?她们今年选择了你,所以你也许应该坚持一下,遵守自己的承诺。"她明白我的意思,所以最终她坚持到了赛季结束。

孩子每天要面临不少挑战。父母都知道,总有需要解决的问题。我们能为孩子做的最好的事情,就是在他们做决定的时候指导他们、支持他们,而不是告诉他们该怎么做。我们必须保持耐心,而不要急于评判他们。

当孩子犯错时

说了这么多关于合作的事,听起来都不错,但孩子仍然会犯错,因为他们仍在学习。孩子就是这样的。他们在犯错的时候才能学得最快。犯错是不可避免的,一旦出现了错误,拥有良好的教育思维模式能让你事半功倍。每个问题、每次犯错都意味着孩子要学习新的经验教训,而你就是孩子的老师。

我的一个外孙喜欢咬人,他甚至在学校里咬了自己的一个朋友。这种事比你想象中的更常见。孩子之所以有这些行为(咬人、扯头发、打人),是因为他们不知道如何控制自己,而且他们依然在摸索如何与人互动。在这种情况下,我们真的非常容易生气。然而,你必须保持冷静,跟孩子讲道理,而且你必须与孩子坦诚沟通。

我女儿就是这样教育孩子的。她把孩子带到另一个房间里,让他坐下,问他为什么要这样做。女儿想知道是什么让孩子变得这么沮丧。沮丧的情绪是许多小孩不良行为的原因。这次外孙之所以生气咬人,是因为另一个孩子在玩他的玩具。对于一个幼儿来说,这会让他很难受。于是女儿告诉他，分享是很重要的，只有这样，别人才会与你分享。这是在世上与人相处的重要技能，而咬人并不是表达看法的合理方式。虽然这样不会在一夜之间解决所有问题，但外孙最终改掉了咬人的毛病。

当孩子年纪稍微大些之后，除了与父母讨论，我还会建议他们花些时间，静静地思考并写下他们的感受和行为。反思性写作是个很好的工具，我经常让女儿们这样做。如果孩子还不会写字，可以让他们画一幅代表自己感受的图画。关键在于让他们反思并表达自我。你可以让他们从被咬的孩子的视角出发来写一篇故事。这样能帮他们培养同理心，并制止不当的行为。

在此之后，我们要向前看。不要心怀怨恨，尤其不要记恨小孩子。他们还在学习。我们与其生气记恨，不如做孩子的学习搭档。如果又发生了相同的事情，我们就要重复这个过程（不要带着恶劣的态度）。当我们发现问题时，应该尽力理解孩子出现问题的原因，让他写一写自己行为不当的原因。孩子会学会恰当的做法，而这可能需要一些时间。

这就是我解决许多问题的方式，尤其是让许多老师头疼不已的抄袭问题。在我教英语课的时候，我会给学生布置一些非常少见的文章主题，导致他们很难抄袭，但有些孩子仍然能抄到别人的东西。我很庆幸这种事情很少发生在我的新闻课上。我提醒学生想想有多少人会看到他们写的文章——这就足够了。这就是能带来真实后果的新闻课程的美妙之处。不过，每当我处理学生的抄袭问题时，我做的最主要的一件事就是与他们谈话。我会在他们的文章上打 0 分，然后约他们在放学后见面，但我不会把他们送去见副校长、把他们赶出新闻课或者给他们 F 的学期成绩。学校很看重抄袭的问题。我觉得这是我与学生之间的问题，而不是行政人员与学生之间的事。我了解到的是：抄袭的孩子和作弊的孩子一样，都承受了很大的压力。我一向都把抄袭看作压力的外在表现。压力是从哪里来的呢？通常是有些父母要求孩子得到 A 的成绩，否则孩子就会遭受惩罚，这会给孩子很大的压力。他们终日惴惴不安，害怕遭受惩罚，也担心不知道该如何提高自己的成绩。

我把任何形式的抄袭都当作一次教育的契机。首先，我要弄清他们为什么抄袭，为什么他们觉得自己不能独立完成任务。然后，我会教他们怎样才能独立完成一篇文章。我会向他们解释，为什么抄袭很糟糕，为什么盗用另一个人的文字和思想是一种很不道德的行为。"我想知道你会怎么说，"我告诉他们，"而不是学习指南网站 CliffsNotes 会怎么说。"我也会尝试帮助他们看得更远一些，我希望他们明白，市政府在付钱让我教他们。"想一想，你要是错过了这个学习的机会，会浪费多少金钱、时间和精力。"我会这样告诉他们。这种方法往往能起到惊人的效果。

关键是，他们很害怕。"害怕"这个词有些轻描淡写。他们被吓坏了。帕洛阿托高中对于抄袭的惩罚是很严厉的，但我不想让他们觉得一个错误就会毁掉他们的整个求学生涯。我想让他们知道，他们很聪明，完全不需要抄袭。所以，在他们把文章修改到能够得 A 之前，我不会给他们打分。有的孩子只需要改两次，有的孩子需要改十次，但这无所谓。他们每次修改的时候，都能学到东西。我从 25 年前就开始实施这种制度了，在我的课堂上，抄袭现象很快就消失了，而学习动力与信任都得到了提升。

然而，即使你信任孩子，他们也会做出一些破坏关系的疯狂举动，至少会在一定时间内表现不好。在苏珊上大二那年的春天，就发生了一件这样的事情。当时应该是 1994 年。丈夫和我在周末出门游玩，把家留给了女儿们打理。她们承诺说会像往常一样打理房子，会给"松露"喂食，并且好好照顾彼此。苏珊当时是 16 岁，珍妮特是 15 岁，而安妮是 13 岁。斯坦和我在周末旅行时玩得很开心，我们很高兴终于能离开孩子独享二人时光。

我们在周日晚上回家的时候，看到家里非常干净，我们都感到非常惊讶。每个角落都一尘不染。看来有人把每个房间都用吸尘器打扫干净了。太棒了，我想。女儿们真棒。我信任她们是对的。她们居然打扫了卫生！第二天是周一，我像往常一样去了学校。在我上第一节课的时候，学生中有许多人在偷偷发笑。我发现一个学生穿着梅西百货卖的蓝色套装，我也有一套一模一样的衣服，而且这是我特别喜爱的衣服。她穿起来很好看。我问她这是在哪儿买的，学生们却发出了更多的笑声。

"是珍妮特给我的。"她说。

"真的吗？"我问，"那珍妮特是从哪儿拿的？"

"从你衣柜里拿的。你不知道那场狂欢聚会吗？"

"什么狂欢聚会？"

"周末在你家办的那场。我把饮料洒在衬衫上了，所以珍妮特就让我穿了你的衣服。"

我几乎当场昏倒。人人都知道我是个和蔼可亲的老师，所以这个学生才会放心地告诉我实情。我想，她可能很乐意告诉大家她被邀请去了聚会，还穿着我的衣服。这得有多酷啊！

那天晚上，我家的气氛有些凝重。斯坦的几件衣服也不见了。我不知道该怎么跟女儿们说，我知道发生了什么事情。我很生气，纵使在努力保持冷静，我还是不够冷静。

在她们来到厨房吃晚饭的时候，我说："关于上个周末，你们有没有想要告诉我的事情？"

她们面面相觑，沉默了片刻，然后摇着头说"没有"。

"真的？好吧，在我今天上第一节课的时候，我听说了聚会的事情。"

"我们没办聚会啊。"珍妮特说。

"是啊，"苏珊插话道，"我们只想把房子打扫一下。"

"你们在我们出门后办了个聚会，"我说，"而且我有证据。"

我跟她们说，班上有个女孩穿着我的套装。然后……我发火了。最后，她们承认有100多个孩子在我家聚会，而现场没有任何大人的监督。

"我们再也不会把你们单独留在家里了，"我告诉她们，"我会给你们找个保姆。"她们没有争辩，因为她们知道自己辜负了我们的信任，她们被关了一个月的禁闭。更重要的是，我们觉得必须让她们理解这一点，与她们严肃地谈一谈，而不是关她们禁闭。"你们知道为什么这么多人一起聚会很危险吗？"我说，"因为你们无法控制他们。这次没发生什么事，你们真的非常幸运，因为一旦有人在你家里受伤，你就是有责任的。"她们完全没想到这一点。她们当然不会想到，青少年不会像律师一样思考。

后来，我发现了她们这次聚会办得有多聪明，想到我是怎么发现的，我忍不住笑了起来。除了少几件衣服，家里没有任何东西被损坏，而且我完全不知道她们竟然这么擅长打扫卫生。我也意识到让她们周末单独在家是个坏主意。她们的朋友知道我们出门了，所以她们感到有些压力，觉得应该带朋友到家里来玩。顺便说一句，我们并不是唯一有过这种"遭遇"的父母。如果你家有青少年，你要想到他们会在你离家后举办聚会。此时，你可以给他们找个保姆，确保聚会顺利。一定要把你最喜欢的衣服藏起来！（对了，我把我的衣服要回来了，而斯坦的衣服一直没找回来。）

假设你的孩子做了一些比办聚会还糟糕的事情，比如偷窃（青少年常见的错误），在这种情况下，管教的责任就已经落在了警察的手中。你能做的只是配合执法工作,让孩子直面行为的后果。但在事后,你依然需要与孩子谈心,弄清事情的原委。孩子不良行为的原因是愤怒、压力,还是缺乏自控力?也许他们偷窃的原因是他们想要某件东西,但没有办法得到它。这些问题都需要家庭协力应对。有时青少年偷窃只是为了寻找刺激,尤其是青春期男孩,他们往往会冒一些愚蠢的风险。多年以来,我曾和好几十个遇到这种问题的父母合作过。在这种情况下,你依然需要找到能够教给孩子的东西,并且与孩子合作,确保他吸取经验教训。

在 2005 年开学前的那一周,我们当地一位受人欢迎的初中体育老师因为与学生的不恰当性行为而被逮捕。帕洛阿托的每个人都很震惊,也很不安,尤其是这个老师之前的学生——这些学生中有许多人后来都进入了帕洛阿托高中。这种新闻是报纸必须报道的,但那位体育老师的儿子是《钟楼报》的一员。他是个好学生,也很受人欢迎。这件事对他和其他学生的打击都很大,正如当时的主编、我之前的学生克里斯·刘易斯(Chris Lewis)所说:"要说这事是个'不容忽视却难以启齿的问题',简直是在轻描淡写。"没有人想要让这名学生感到难过,他已经受到了极大的打击。我们该怎么办呢?学生们不知道,我也不知道,但我告诉他们,运营报社是他们的职责,他们必须想清楚。

因此,他们在放学后进行过多次讨论。刘易斯回忆道:"当时沃西跟我们说了一番话,我感到很惊讶。她说'你们是编辑,这是你们的报纸,这是你们的选择'。从没有人跟我说过这么有分量的话,也从没有人给过我这么大的权力。我们已经很认真地对待校报工作了,但当我们面对这个真实事件,考虑到真正的人际关系、现实的处境时,我们的心仍有所动摇。我们试图努力做出决定,我们讨论过很多次,也向外寻求过帮助,但归根结底,选择权在我们手中。"主编们和那个体育老师的儿子谈过话,询问过他的感受。他们让他自主决定是否参与这件事情。最终,主编们在头版文章里谈论了那个体育老师的事情，而那个体育老师的儿子写了一篇关于无罪推定重要性的社论。对于这个几乎进退两难的问题，这是个完美的解决办法，而这是他们自己想出来的办法，也是他们合作的结果。如果我们经常让高中的孩子有机会去思考事情的解决之道，他们就能为面对成年人的世界做好准备。

为合作创造机会

有人认为，到了 18 岁这个能够投票的年纪，生活才真正开始，而之前的一切都只是练习。这是一个误解。在 18 岁，你能够投票，但你必须到 21 岁才能喝酒，想想也是挺有意思的。真有人相信孩子在 21 岁之前不会喝酒吗？从孩子出生的那一天开始，他们就是这个真实世界的一分子。我们只是往往不这么想而已。孩子的生活已经开始了——他们的生活轨迹与你类似，只不过处在一个不同的层面上。所以，为什么不让他们参加一些活动，增强他们对这种相似性的认知，帮助他们用更广阔的真实世界的思维方式思考，并且让他们明白自己已经是社会中的重要成员了呢？

在 2015 年夏天，我收到了一封邮件，发件人是我从前的学生詹姆斯·弗兰科。他说，他想和我以及帕洛阿托的青少年一起拍一部电影。我喜欢这个主意……由詹姆斯和我作为老师和辅导者，与孩子们一起拍一部长篇故事片。我还没回过神来，就已经和詹姆斯、他母亲贝琪（一位儿童文学作家）、他兄弟汤姆（一位演员、艺术家），以及汤姆的女朋友艾丽斯·托里斯（Iris Torres，一位很有成就的电影制片人）一起来到新闻中心了。这部电影是根据贝琪的长篇小说《变形记：高三》（*Metamorphosis: Junior Year*）改编的。这是一个 16 岁男孩在长大成人的蜕变中挣扎的故事，这个故事的讲述借助了著名古罗马诗人奥维德（Ovid）的艺术作品与神话史诗。这个项目太适合高中生了。

在开工的第一天，詹姆斯和我把贝琪根据小说改编的剧本分发给学生。孩子们一点儿都不害怕分享自己的看法。"这听起来不太真实。""青少年不会这么讲话的。""这情节需要改一改。"

"好，你们来重写剧本。"贝琪说道。她已经在帕洛阿托的儿童剧院授课多年了，所以她知道该怎么和青少年一起工作。

我们下次碰面的时候，孩子们已经修订好了剧本。在詹姆斯和贝琪的带领下，我们一页页地阅读了剧本。他们把剧本大声地朗读出来，并且继续做出修改，不过他们要征得所有人的同意。尽管这非常花时间，但剧本很棒。詹姆斯和贝琪都很兴奋，而且贝琪也认为改过之后的剧本比原来好很多。

然后，我们就要拍电影了。詹姆斯、汤姆、艾丽斯和我一共创作了40个角色——每个孩子都有要扮演的角色。每人都有一个头衔，就像真正的电影片场一样。我们想让他们都肩负起一定的职责，并且对团队做出重要的贡献。我想说，这部电影可能是我参与过的最复杂的项目，而且参与时间长达一年。我们有五名导演、许多演员和编剧，而且孩子们还要承担各种各样的职责，包括选角、配乐、摄影、剪辑、服装设计、艺术指导、摄像机、动画、音效以及特技。学生们每周有三天要在放学后参与拍摄，周末也要忙个不停。我很快就发现，我们不仅需要团结协作，还需要确保设备正常工作、天气适合拍摄。每天都会遇到一些问题：某个孩子出现在了不该出现的地方，有人拿错了摄像机，不知道该怎么用照明设备。然而，所有人都在学习生活中最艰难的课程：在某件事出问题的时候，如何设法解决问题；在千头万绪的情况下，在面对许多相互矛盾的意见时，如何团结协作。这是一部真正的电影，不是为了尝试拍电影而迈出的一小步，而最终电影拍摄得非常好。这部电影甚至参加了好几个电影节，包括旧金山湾区的米尔谷电影节。

我们在进入职场前需要接受真实的合作训练，在这种训练中，我们要以出乎意料的复杂方式合作。作为 23andMe 公司的 CEO，安妮把招聘工作做得很好，但她从没想过自己会与对手合作。然而在 2013 年 11 月，安妮得知 FDA 认定 23andMe 公司开发的唾液基因检测工具是"医疗器械"，需要通过一系列非常严苛的上市许可测试。在一夜之间，安妮发现自己卖了六年的产品被禁止出售了。

如果安妮不是我见过的特别坚毅的人，她绝对无法渡过这个难关。她拒绝放弃。她的战略眼光非常高明。除了她的坚强品质，最终拯救公司的还有她的合作能力。简而言之，她不得不说服 FDA，让他们相信：自己产品背后的理念既是重要的，也是有效的；消费者能够且应该掌握自己的基因信息，并对自己的健康拥有决定权。这种产品尚无先例，所以必须由安妮与 FDA 展开合作，让他们理解自己所做的工作，以及自己为什么要这样做。

23andMe 公司的品牌与营销副总裁特蕾西·凯姆（Tracy Keim）回忆说："安妮有一种不竭的动力，她不断地征求 FDA 系统内部人员的意见，并试图理解和尊重这些看法。她意识到自己在个人层面上根本不了解这些工作人员，这让她想去认识、理解并尊重这些个体。"她向 FDA 说明，要让消费者明白基因风险的相关概率是可被检测的。这需要全公司付出很大的努力。"公司在那个时刻展现出来的合作精神和善意是很不可思议的，"凯姆说，"安妮既表现出了高超的领导力，也非常善于倾听他人。在这种情况下，员工之间高度的合作精神才发挥了真正的效用。每个人都想做赢家。每个人都想携手共赢。"

23andMe 公司成功地阐明了自己的观点，在 2017 年春天的时候，他们获得了 FDA 的授权，FDA 允许他们出售评估许多疾病基因风险的测验工具。他们后来将一些其他的遗传标记加入了检测，包括与乳腺癌、卵巢癌和前列腺癌相关的 BRCA1 和 BRCA2 基因。这不仅是 23andMe 公司的胜利，也是那些现在能直接购买自己基因信息的消费者的胜利。

在困境之中，安妮意识到 FDA 并不是自己的敌人。他们是一群对医疗行业有着不同看法的人，但就像她一样，FDA 的目标是保护消费者。她既不蛮横无理，也不独断专行。她是个真正的合作者。

在当今的社会环境中，对于我们每个人来说，记住这条原则是有益无害的：尊重你的对手，理解他们的立场，寻找共同点，并寻求合作的解决之道。不论我们生活在美国、墨西哥，还是中国，我们都想让自己的国家变得富强，而合作是唯一能达成这个目标的方法。

寻找共同点比我们许多人想象中的还要重要。也许在今天，这比以往都更加重要。我们相互之间要找到共同点，就需要耐心、变通、付出和倾听，需要我们关注彼此、考虑他人，需要容忍混乱和不确定，尤其是在涉及孩子的时候。如果我们能做到这一点，如果我们能团结合作，我们就能解决复杂的问题，在面对道德上的难题时做出正确的决定，并从众多相互冲突的观点与观念中汲取力量。这样一来，我们也会更加注意自己对待孩子的方式。我们真的在与他们合作吗？我们重视他们的想法与热情吗？我们通过自己行为，教给了他们什么东西，他们知道如何在成年人的世界中生存吗？这是世界上最为重要的一种合作，因为我们是什么样的父母，就会决定孩子成为什么样的人。

当然，我们的孩子成为什么样的人，决定了未来的一切。

CHAPTER 7
第 7 章

孩子会效仿你的行为，
　　不会听从你的言语

父母焦虑，孩子也会焦虑

克劳迪娅站在我的办公室门口，泪珠正在她的眼眶里打转。就在上个周末，我不得不通知她没有当选为主编的消息。不论是自己打这种电话，还是让主编们替我打，我都感到害怕。在我当老师的前几年里，选主编很容易，因为班上的人很少，通常会有一个很可能当选的候选人。现在完全不同了。就在上次的竞选里，共有多达 28 个学生竞选区区 5 个主编职位。竞争非常激烈。安慰输家这种事，一年比一年困难。

"我不敢相信，我竟然没有当选。"克劳迪娅哭着说道。她是个很聪明的学生，也很有成就，为校报写过许多重要的文章。我真的不愿意看到她这么难过。

我让她哭出来，然后尝试安慰她从长远来看，这次竞选并不重要。"即便没有当主编，你将来也会进入大学，前途无量。"我说。我能看出来我没能说服她。

第二天，她很明显对当选的孩子心怀嫉妒。这对班级的和谐氛围不好，对她也不好，所以我决定与她的父母谈谈。当她母亲接通电话的时候，我惊讶地发现，她竟然在哭泣。"我做错了什么？"这位母亲说道。她把这次竞选看成了对她教养水平的投票表决，以及对女儿价值的评估。我见过太多次这种情况了，但每次都让人很沮丧。她决心阻止这种失败再度发生。"我怎么才能确保我另一个孩子赢得竞选？"她问道。我决定使出我的秘密武器：加迪·爱普斯坦。我跟她讲了加迪竞选失败的故事，告诉她，即便加迪没能赢得主编的头衔，但依然为校报竭尽心力，努力做出更好的报纸，最后进入了哈佛大学。"这件事的关键在于学会有风度地接受失败，"我不断地重复，"这比做主编重要得多。"

我不确定她是否听进去了，而且我很担心克劳迪娅能否在这个学年全心投入新闻课程。我见过有些学生不能从失败的阴影中走出来，最终选择了退出。我不想看到相同的事情再次发生。

克劳迪娅最终挺过来了。她面带微笑，积极面对工作，而且正如我所料，她进入了一所很好的大学。在这件事情上，和许多例子一样，我都必须解决"母亲的问题"。然后，孩子就奇迹般地复原了。

几年后，我班上有个学生学习很刻苦，但她每次参加标准化测验的时候都会呕吐。她的时间很紧张，因为她上了四门大学预修课程，还要忙于课后功课辅导。她很尊敬自己的父母。有一次，她无意间偷听到他们讨论自己的成绩，她的压力很大，这不是个乐观的状况。

父母对女儿的状况忧心忡忡，他们为女儿申请了504号方案。该方案规定，学校要在考试时为残障的学生做出一定的调整。他们希望女儿在参加学术能力评估测试的时候不必遵守一般的时限。调整考试安排对于患有学习障碍的学生来说是必要的——我对此没有意见。然而，忧心的父母总会不计代价地为子女的成功做任何事情。这个学生没有学习障碍，她只是有情绪障碍。

我和她的父母见了面，谈到他们可能把自己的焦虑投射到了女儿身上。他们立刻开始为自己辩解。"这不是我们的问题，"他们告诉我，"而是学校环境的问题。"很多人都这样辩解——我听得太多了。父母不想承认自己可能导致孩子产生任何问题。我很理解，但事实是，他们错了。

这对父母最终成功地为女儿申请到504号方案中的特殊待遇。有趣的是，一旦这个学生发现她能在不计时的情况下考试，她的呕吐和焦虑症状就消失了。我觉得这根本不是计时的问题。我发现，她的父母放松了，女儿也就放松下来了。

在这两个故事中，父母都犯了同样的一个错误：他们忘记了，在养育孩子的过程中，孩子的表现来自你的感受和你做出的示范。这是自然而然、显而易见的事情，所以我们经常忽略这种现象。尽管几十年来的研究和常识都证明了这一点，父母和老师依然会犯这个错误。孩子不但会习得外显的行为，还会接受无意识的暗示。在20世纪60年代的时候，著名的斯坦福波波玩偶实验（Bobo doll study）研究发现，观看成年人侵犯行为（例如用锤子击打玩偶）的孩子，更容易表现出侵犯行为。《行为研究与治疗》（*Behavior Research and Therapy*）在2010年刊登了一项研究，该研究发现，如果父母表现出更多的焦虑行为与思维方式，孩子在这种示范作用的影响下，也会对学业测验表现出更多的焦虑与回避行为——这与我多年观察发现的现象一致。[14] 还有一些其他的研究表明，孩子会通过观察父母学习情绪调控，如果父母能表达出的情绪种类较多，孩子就能更好地管理自己的情绪。孩子其实是你的镜子，这既可能是好事，也可能是坏事。

示范经常在无意间发挥作用。我们能在自己为人父母的行为中发现这一点。举例来说，我父亲曾有一条规矩：在生病时不许洗澡。这条规矩也是后来我家里的铁律，因为这是我在成长过程中学到的。我从未怀疑过这个规矩，直到有一天我孩子说道："妈妈，这条规矩真傻。"我愣住了，开始思考我为什么要坚持这一点，以及我父亲为什么会有这种想法。也许那是乌克兰的民间智慧，我父亲一个世纪前曾在那里生活。如果你生病了，在严冬外出洗澡可能是个很糟糕的主意，但我们住在加州。我们有暖气，热水也从不短缺。所以，我们取消了这条规矩，女儿们让我意识到了它缺乏意义。

即使我们能意识到自己的行为，我们也经常言行不一。我们中的一些人完全是伪君子（有时也包括我）。我们经常超速驾驶，却希望年轻的司机慢速缓行。我们在吃饭时看手机，却在孩子效仿我们时呵斥他们。我们对孩子大发脾气，却不知道他们为什么会顶嘴。这些事听起来耳熟吗？

在我们为孩子做出的示范中，焦虑与不安全感是最能剥夺他们力量的东西。不幸的是，我们经常表现出焦虑与不安全感。在刚刚成为父母的时候，你就开始这么做了。数不清有多少次，年轻的父母在研讨会上找到我说："我需要跟您谈一谈。我完全不知道怎么做父母，我需要指导。"然后，他们会就睡眠、吃饭、管教儿女等方面提出一系列问题——凡是你能想到的，他们都会问。我很理解他们。他们不理解做父母的真正含义。这就是我写作本书的原因。因为没有正确的支持与信息，我们就会变得缺乏安全感。我们担心自己的不足会让孩子无法获得成功，我们时刻围着孩子转，是因为我们害怕犯错。至于考试焦虑的孩子，他们的父母往往过于执着学业上的成功，这恰恰反映了同样的问题——一旦父母把自己的恐惧投射到孩子身上，孩子就会因为这些恐惧而寸步难行，无法发挥自己的能力。在小孩子学习如何独自睡觉时，也会产生同样的现象。他们会感受到父母身上的不安全感，以至于无法独立完成这件简单而自然的事情。这就产生了一种依赖共生的现象，这是一种失常的关系。在这样的关系中，双方的边界变得模糊，而一方会促使另一方做出不健康的行为。人们通常以为依赖共生只会出现在恋爱关系中，但父母和孩子之间也会出现相同的问题。我们自己的焦虑可能会伤害孩子，我们会让他们失去勇气与力量。

对于这种焦虑与不安全感，以及所有的言行不一与混乱无助，其核心是一个非常简单的愿望：让孩子茁壮成长。我们希望孩子比我们更强，不要遇到相同的困扰，不要染上同样的恶习，不要因为某些我们能够避免的事情而失败。毫无疑问，这个目标是高尚的。然而，父母是凡人，我们都会犯错。我们都会产生影响孩子的焦虑，我们都会在孩子面前说一些或做一些后来会懊悔的事情。没关系，这是不可避免的，孩子最后也不会有问题。我最不想做的事情就是让你变得更加焦虑。我想讨论的是，我们该怎样成为更好的榜样，以及我们怎样让教养对于孩子和成人来说，都变得更加容易。因为只要我们愿意反思自己的行为，这就是完全可能的。

用12类问题考察你是否给孩子做了不良示范

为人父母能带来的最大的好处，就是让自己变成一个更好的人。当然，教养有时充满了挑战和沮丧。你必须坚持正确的信念与行为方式。你必须面对自己身上那些不喜欢的东西。然而，这段为人父母的经历最终会改变你。这是我们产生积极改变的最佳契机。记住这一点之后，我想让你思考如下做法。你会发现，我们中的许多人都在为孩子做出适得其反的示范。（我自己也做过许多次。）关键在于意识到我们给孩子展示了什么东西，以及我们想要改变的方面。

1. 你是守时的人，还是经常迟到的人？守时意味着尊重他人的时间，习惯性的迟到则不然。身在硅谷，我非常熟悉这一点。财富会让这种习惯变得更糟糕。不知为什么，有钱人认为仅仅因为自己拥有财富和名望，他们就能单方面决定自己的赴约时间。这就好像他们在说："我很忙，也是个很重要的人物，所以我能自主安排自己的时间，而全世界都必须围着我转。"我见过有些人迟到两个小时以上，还期待一切都按计划进行。不幸的是，他们往往能如愿以偿。许多普通人也会习惯性地迟到，并且缺乏条理。我总是告诉学生、女儿和孙辈，像守时这样简单的事情是非常重要的。如果你不能按时赴约，至少要打电话或发短信，好让对方知道。这是一般的礼节，这说明你愿意从对方的角度来看问题。

2. 你的衣着打扮如何？你对外界展现自己的方式能在很大程度上说明你的信心、能力以及对他人的尊重。如果你穿着打篮球的短裤去参加鸡尾酒会，这就对主人不太尊重。这与收入和社会经济地位无关——这与自尊、对他人的尊重，以及对特定场合中恰当行为的理解有关。

观察你的做法，是孩子学习的最佳方式。我不是说你要教他们外表是最重要的东西，而是说你应该教他们何谓体面与职业化的外表。我总是在想，为什么我的女儿们总是不太喜欢化妆，然后我意识到我在大多数时候也不化妆。在她们成长的过程中，我从来没教过她们，也没有关注过这一点。她们在出门前从不需要画上全套的妆容，不过她们的确需要洗澡，打理好自己，并穿戴整齐。我总是看上去既整洁又具有职业形象，但从不觉得需要穿上时下最流行的服装。这也影响了我的女儿们——除了安妮那次穿着人字拖去面试。我想她还有些东西需要学习。幸运的是，用人单位考虑的是她的成就，而不是她的着装。

3. 你是如何与他人互动的？一般而言，你是否友善待人？你会邀请别人到家里做客吗？你如何对待孩子的朋友和老师？你如何对待服务员和收银员？你打电话时的礼节如何？在接电话时，你是否能保持职业和礼貌的态度？

电话礼节能很好地衡量孩子学到了什么。我总是尽力做好示范，并让女儿们练习接电话，以便她们到时知道该说什么。也许是因为我出身贫寒，我总是特别注意认可并感谢身边所有做好本职工作的人。我做得并不十全十美，在忙碌的时候，我有时会失去耐心，或者忽略他人，但我总会尽力。

4. 你在弄乱东西后，是否会收拾干净？我知道许多家庭的父母都要工作，需要雇用帮手来打扫卫生。这没关系，你依然能自行打扫一些房间，并保持整洁。我也建议你和孩子每月做一次大扫除。这样能帮助你为孩子示范这些重要的技能，并强化孩子对于自己生活环境的尊重。

迟早有一天，你需要把青少年单独留在家里，让其负责看家，照顾宠物。他们要是不知道怎么做，那该怎么办？我认识一个青少年，他被单独留下看家，却不知道洗碗机专用清洁剂和洗洁精之间的差别，他把洗洁精放进了洗碗机。如果你还没试过这招，千万别尝试。泡沫溅得到处都是，导致地板需要修补。如果你一直把孩子捧在手心里，你就不会让他们承担重要的责任，那么这样的年轻人长大后就没有负责任或保持房间整洁的经验，而你将会是有幸造访他们租下的第一间公寓的人。

5. 你能合理使用科技产品吗？这是个重要的问题。研究表明，一个美国人平均每天看手机 80 次。你能相信吗？作为一个高中教师，我完全相信这个结果。科技专家琳达·斯通（Linda Stone）认为，这种看手机的强迫性行为导致了"持续的注意力不集中"。我们总是处在一心多用的状态，而没有完全集中在任何一件事上。我们常常在吃午饭时回邮件，同时还在听播客。对于需要专心做作业的孩子来说，这种行为很糟糕，在养育孩子的时候，这种做法就更糟糕了。《发展科学》（*Developmental Science*）上的一项研究发现，年幼孩子的母亲使用手机越多，孩子就越难以从情感压力状态中复原。[15] 我们接受的关注和照料的多少，与我们处理自身情绪的能力的大小之间有着明确的关联。有一项研究调查了 6000 个孩子，发现其中有 54% 的孩子认为父母过于频繁地使用手机等电子设备。[16] 当父母使用手机的时候，有 32% 的孩子觉得自己"不重要"。这真让我难过，而且我很担心——不仅担心那些孩子，还担心我们这些大人。在我们这些成年人中，有多少人曾经在谈话时看到别人看手机而感到自己不重要？我知道手机很容易让人上瘾，但为了孩子和自己，我们不得不设定一些界限。

6. 你的饮食健康吗？你会经常运动，并在大自然中散步吗？你会熬夜看电视，并疑惑孩子为什么会养成同样的习惯吗？你压力大吗？如果压力很大，你会如何应对？你能照顾好自己吗？照顾好自己是让孩子养成健康习惯的最好做法。锻炼、足够的睡眠、放松是很重要的。我发现幽默也能很好地应对压力。尽管很多人不这样想，但我们在不堪重负、无法再往时间表里塞进任何一件事情的时候，完全可以说"不"。我们也需要花时间和朋友相聚，偶尔做点有趣的事情，在遇到困难的时候从朋友那里得到一些建议。

至于饮食方面，许多父母都可以做出更好的选择。在我家里，我们告诉外孙和外孙女，并不是所有食物都对你有好处。他们很早就学会了看食物的标签，他们知道如何避开加工过的垃圾食品。在我的课堂里，学生们知道我会没收碳酸饮料。没有例外！在新学年开始的时候，以及在学期中任何我觉得必要的时候，我都要呼吁全班同学"别喝汽水"。他们的健康对我很重要，因为我关心他们。

7. 你怎样对待自己的亲人？你会在多大程度上把家人放在首位？你如何对待前任配偶？孩子学到了哪些关于家庭关系重要性的东西？即便是在离婚家庭，父母也应该成为合作的榜样，他们应该为了孩子而合作。

我们一家很幸运，因为几个孙辈都住得很近，关系和睦。他们在一起吃饭、玩耍、度假，还经常到对方家过夜。然而，我女儿小时候并没有其他家人在身边。她们的表亲住在俄亥俄州，在她们长大的这些年里只见过几面。所以，我们的大家庭是由我们自己挑选的朋友和邻居组成的。我们和他们一起度假，一起野营，每周都聚餐。他们当中的许多人也没有住在附近的家人。时至今日，他们依然像我的家人一样，而我也很高兴能够借此告诉女儿，创造并维护一个社群有多重要。

把家人放在首位也意味着与彼此分享自己的经历，不论这些经历是好还是坏。对于如何明智地应对压力，家人具有很重要的作用，他们对于孩子来说是有力的支持系统。有了家人，就意味着有人可以说心里话，有人可以帮你应对任何问题，有人可以支持你。

我始终认为家人间的积极互动对孩子的幸福至关重要。要告诉他们家庭有多重要，最好的方式就是一起玩。积极的体验越多，孩子就能感到越多的支持。家人可以在一起玩桌游、逛公园、跳蹦床。我们家很幸运能有一个像外孙女阿梅莉亚（现在她17岁了）这样的孩子，她非常喜欢社交，也非常善于带着其他孩子一起玩耍。她曾经带着孩子们想象自己在火星上，从大人的衣柜里找出各种各样搞笑的服装给每个人穿上。我们所有大人坐在客厅里看他们玩耍，常常笑得前仰后合。我们有时会看到阿梅莉亚在屋外的草地上，所有的孩子都跟在她身后，好像她是个会变戏法的"孩子王"。

8.你愿意讨论有争议的话题吗？你会向孩子示范如何谈论重要的话题，如何尊重他人的看法但保留不同意见吗？你表现出了倾听与协商的能力吗？

我们经常和孙辈谈论世界上发生的事情。我们倾听并尊重他们的观点。

我们经常在餐桌上进行热烈的讨论。我们家的家庭氛围很活跃，没有哪一天是无聊的——没有一个人会呆坐着一言不发。我们经常跟伊桑和利昂辩论，他们现在13岁了，每周都会读《经济学人》杂志，而这并不是我们要求他们读的。他们想知道世界上正在发生什么，他们觉得《经济学人》杂志是最好的消息来源。当然，只要有辩论，就不可避免地有人理屈词穷、败下阵来。艾玛和米娅常常会加入辩论，提出不同意见。这是最有教育意义的时刻。作为成年人，我们要尽力表现出自己考虑新信息、改变固有观念的能力。我们不会回避热烈的辩论，但我们想让孩子看到，理念与想法会不断发展，就像人一样。

9. 你会对孩子撒谎吗？我认为所有父母都会偶尔对孩子撒谎。我们会说一些诸如"冰激凌店现在没开门"或"爸爸真的很累，想要回家"（其实他只是想去做点其他的事）之类的话。一段时间之后，孩子就会明白父母在撒谎，但这类谎言并不会真的伤害孩子。有关重要问题的谎言才会真正破坏信任关系。如果家人因为不想带孩子看表演，就告诉孩子没有人会去看表演，而孩子却发现所有人都去了，这就是个大问题。他们会逐渐不再相信你，而我们都知道，信任是所有关系的基础。

10. 你会大喊大叫吗？好吧，我们每个人都会在某些时候朝孩子大吼，而你是否在不经意间告诉了孩子吼叫是种可以接受的沟通方式？你是否会说脏话，并且在孩子爆粗口的时候火冒三丈？

没有人是十全十美的，也没有人能时刻控制住自己，但有些人比其他人更喜欢大喊大叫，这仅仅是因为他们生气了。吼叫即提高自己的音量。用被激怒的消极口吻讲话也许不算吼叫，但依然能让孩子很难受。我们都需要真诚地对待孩子，伪装或隐藏自己的情绪没有益处，发泄愤怒也不会让事情好转。无论我们是否选择朝孩子大吼，挨骂都是一种我们不想让孩子体验的经历。

11. 你会如何应对逆境？如果你遇到了障碍，你会坚定自己的目标，并寻找其他达成目标的途径吗？你会很轻易地承认失败吗？

在生活中，有些时候事情不会如我们所愿。有时仅仅是向右转弯，而没有向左拐，就会遇上交通事故。你有时会与恋人分手，但你原本应该努力维持这段关系。我们都会犯这些"错误"。然而，这些事并不是真正的错误，这是"命运"。运气有时候会在我们的生活中起到很重要的作用。运气会让你在正确的时间出现在正确的地点。我能肯定地说，苏珊就是因为运气才在门洛帕克市买下了一栋房子，而且不得不出租其中的一部分房间才能付得起按揭贷款。如果她不需要出租自己的车库，她就不会遇到谷歌的联合创始人拉里和谢尔盖。每件事都有积极的一面，都有值得学习的经验教训，只是有些时候，这些积极面很难被我们发现。

12. 你愿意承认自己的错误，并从中吸取教训吗？你愿意原谅他人吗？许多人都不愿意。阻碍和解的是我们的面子。我们都会在嘴上谈论善意与宽恕，但这不代表我们知道如何将其付诸实践。在我做老师的几十年里，我学会了不管发生什么，都能原谅自己的学生。这不意味着没有惩罚，只是说明我始终会给他们改正错误的机会。尽管承认自己的错误很痛苦，但我发现这没有掩饰自己的错误那么痛苦。没有人会永远正确，甚至没有人能做到在大多数时间都是正确的。这就是为什么我们需要谦卑和开放的思想。虽然我们不是十全十美的榜样，但我们可以重视谦卑与开放，并向孩子展示这些品质。

当你不是孩子理想的榜样时

你的确有些缺点，那又怎样？你已经发现了一些自己想要改变的行为。也许你暴躁易怒，经常发火。与其感到内疚和挫败，不如想想这一点：你可能是孩子最棒的榜样。为什么呢？因为你的改变过程能让孩子受益匪浅。

如果父母时刻都是完美无缺的（当然，没有这样的父母），那么孩子便无法从那种不断重复糟糕行为的父母身上学到改变。其实你挺幸运的：你有一个绝佳的机会。你可以身体力行地教孩子如何成为一个更好的人。我并不是说这很容易。抱歉，我给你泼冷水了。这种转变可能也不会在一夜之间发生。这可能需要好几个月。然而，只要你愿意付出时间和耐心，我相信任何事情都是可能的。如果孩子看到你在改善自己的脾气，他也会学着改善自己的问题。摆正心态，相信行为模式是可以改变的，并且告诉孩子你正在他的帮助下努力进步，这一切都能向孩子证明，改变是完全可以发生的。

有许多关于个人成长与改变的理论和方法，但父母要改变自己，归根结底要遵守三个重要的原则。

一是，留意自己的行为，决心做出改变。做出任何改变的第一步，都是留意自己的问题。你必须先认识问题，才能解决问题。你需要先停下脚步，研究自己的不当行为。你为什么这样做？这种行为是否在很大程度上是无意识的？这种行为是不是跟自己父母学的？这种行为是否源于自身的焦虑或不安全感？不论你为何会做出这种行为，请尝试从中习得经验教训，努力发现自己陷入的固有模式，然后尝试打破这种模式，原谅自己。这样一来，你会节省许多时间，免去许多痛苦。我依然记得亲口承认对女儿做了错事有多艰难（我做过许多错事）。我并非时刻都是自己理想中的母亲。有时我会发脾气，或者用错误的方式惩罚女儿；有时我会完全丧失耐心。然而，我们每个人都会有这种时候。对我个人来说，我意识到了这种模式是从父辈那里继承而来的。不过，一旦我意识到了自己想要做出的改变，我就下定了决心。我相信自己。我从请求她们的原谅并承认自己的错误做起（就像我偷看珍妮特的日记时那样）。我们一直在学着如何做父母——事实上，这门学问永无止境。只要我们下定决心，我们就能改变。我们永远能变得更好。想想你的孩子，想想他们对你有多重要。他们值得你付出努力！

二是，发现问题并与孩子分享你的目标。每次只选择一件需要改变的事情，不要贪多求全。我建议你从对孩子影响最大的行为开始做起。在孩子准备开学的时候，也许你需要变得更加耐心。也许你需要开始锻炼身体，并向孩子展示健康习惯的重要性。也许你想与自己的母亲重归于好，借此给孩子好好上一堂关于宽恕的课程。不论你的目标是什么，请把这个目标与孩子分享。你可以对孩子说："我的目标是在早上对你更耐心一点。你能帮我想想我应该先注重哪方面吗？你最不喜欢哪一点？为什么我们总在早上闹得不愉快？"这些话充满了对孩子的关爱，能让你敞开心扉，也一定能帮你抓住孩子的注意力。对他们来说，这是一个很好的机会，能让他们看到爸爸妈妈是有血有肉的人，有着自己的希望、梦想、失败和缺陷。大多数孩子都想帮助自己的父母。即便安妮的女儿索菲只有七岁，但她总能提出很棒的建议。她会说："妈妈，你可以让我和朋友在一起多做一些事情。孩子们知道自己想做什么，你只需要让他们去做就好了。"你可以向孩子解释，每个人都想做得更好，你作为父母也是一样。同时你也要告诉他，你为什么想要做出改变，你想让孩子看到你的哪些表现，你想教给孩子什么东西，这件事为什么对你这么重要，你为什么从这个目标开始做起，你为什么要在现在做出改变。

三是，在解决问题时灵活应变。尽管你心怀好意，但又跟儿子发脾气了。你因为加班，没有按照约定和女儿去跑步。与母亲之间的关系比你想象中的更难以修复。没关系。就像很多事情一样，你可能不会在第一次尝试的时候就成功改变自己的行为，但这不是放弃目标的理由。成年人改变自己的行为模式与写作有很多共同之处。你必须先打草稿，斟酌自己想说的话。然后，你需要反复修改，找出文中的病句和逻辑上的错误。如果你不指望自己一开始就做到完美，那么你的感觉会好很多。虽然你要坚持自己的目标，但也要懂得灵活应变。也许你采用的策略不管用。为什么不管用？是什么阻碍了你？你该如何解决这个问题并继续进步？有没有你还没想到的窍门？孩子能帮你一起解决问题吗？他们能在这个过程中发挥重要作用吗？在上学前一天的晚上，也许你可以让儿子拿出自己在第二天想穿的衣服，或者在孩子出门晚了几分钟的时候，让他提醒你深呼吸。不要害怕向孩子寻求帮助和支持。这样一来，你就会让他看到做出改变需要多大的决心。请不要忘了记录你进步的过程，这样你就能回顾过去，看到你已经做出了多大的改变。记录能让你充满动力、坚持不懈，而写作能让你产生更多的想法，对自己的计划做出明智的修正。

家庭不和的原因：缺乏 TRICK 的价值观

要我说，我们为孩子示范的最重要的生活技能就是与他人建立健康的人际关系。我们在生活中的幸福感是由我们人际关系的质量决定的。这一点是决定孩子成年后成功与否的关键因素，它可能比其他任何因素都重要。对于我们当中的许多人来说，我们最重要的关系就是与配偶或伴侣的关系。然而，现在并非所有人都有一位长期的伴侣，也不是人人都能被归入传统家庭的范畴。如果你的伴侣去世了，或者不论是出于个人选择还是由于迫不得已，你是一个单亲父亲或母亲，这个道理也同样适用于你。你的人际关系（你与朋友、家人、同事或孩子的其他照料者之间的关系）质量会深深地影响孩子在其生活中形成的人际关系。通过观察你，孩子学会了世界的运行规律，了解了人们是如何相处的，以及冲突是如何解决的。如果你和其他人关系不睦，彼此以尖酸刻薄的态度相待，那么孩子就会受到糟糕的影响。如果你与配偶、伴侣、同事和朋友关系和睦，你就会给予孩子过上幸福圆满生活的最好机会。

我必须承认，维持长期的伴侣关系并不容易。不会有人在 55 年的婚姻生活中一帆风顺。我和斯坦的婚姻生活依然有需要改进的地方，也就是说，我们每一天都要为经营我们的关系而努力。当我们在抚养女儿的时候，我们吵过架——关于宗教（斯坦是天主教徒，我是犹太教徒）、教养风格（斯坦天生比我更为严格，而我更倾向于合作），以及斯坦因工作而导致我们总是不能相聚的问题。然而，我们坚守对彼此的承诺，我们的目标也始终是一致的：为孩子提供一个充满爱的家庭。我们的家并不完美，但很温馨，而且我们为女儿们创造了不错的生活条件。我们的婚姻也不是完美的，但我们彼此相爱，忠诚于彼此。世上没有完美的婚姻。好莱坞的爱情故事只存在于电影里。这是一件年轻人必须理解的事情。我们要是认为"世上有一个最适合我们的人"或"爱情能解决一切问题"，那我们就是在自欺欺人。真实的生活不是那样的。

婚姻就是妥协。这听起来很简单，但却值得你不断地这样做。在婚姻中，伴侣双方都需要做出牺牲。婚姻是一段伙伴关系，而不是一场竞争。你不该计较得失：尽管我赢了那场关于洗碗机的辩论，但他在上个月花了更多的钱。有时你们当中的某个人会比另一个人付出更多，但也许第二年你们的处境就会逆转。如果你不断地计较得失，就会忘记你们的目标，即和睦相处，在温馨的家庭环境中抚养你们的孩子。

婚姻也是一种很棒的生活方式，能让你过上满足的生活。斯坦和我拥有超过 50 年的共同回忆：我们认识的人、一同旅行的经历、犯过的错误、有过的可笑念头。我们可以坐在一起，翻看超过 100 页的相册，这些照片记录了我们一路走来的生活。我们与相处了五年或十年的伴侣不一样——我们积累了那么多的生活经历与体验，而那都是我们携手共度的时光。我们记得那些早年的岁月，记得我们曾经骑着斯坦的维斯帕摩托车在伯克利四处游荡，也记得我们一起买的第一辆车（一辆大众甲壳虫汽车，那辆车太小了，以至于我因为滑雪把膝盖弄伤时，居然不能把腿塞进车里）。我们曾经开车环游欧洲，斯坦负责开车，我负责找路，而我无论如何也搞不清楚我们到底在哪儿。有时这是斯坦的错，因为他把车开到地图上没有的地方去了！还有我们和女儿们一起建立的家庭，我们看着她们长大成人，我们的家庭又增添了漂亮的外孙和外孙女。除了斯坦，我还能跟谁聊这些呢？还有谁能提醒我那些记不住的事情呢？没有别人了。我不愿想象如果我的生活中没有斯坦，那将会是什么样的感受。我们都会失去太多东西，我们生命的支柱会土崩瓦解。

不过，有太多的关系都会走向结束。我见过许多朋友和家人都有这样的经历，我肯定你也见过。根据我多年的经历，以及我观察到的所有关系（包括婚姻关系、朋友关系、亲子关系），我能告诉你的是，没有任何关系能在违背TRICK原则的情况下依然保持健康。你能在所有类型的关系中发现这些原则的缺失，尤其是在夫妻之间。当夫妻离婚时，原因并非总是人人心目中的"重磅炸弹"：不忠。有时离婚的确是由于不忠，但外遇的原因往往是TRICK价值观的缺失。还有许多原因会导致婚姻破裂，如共同目标上的分歧、不同的性需求、情感日渐淡薄，但这些原因都是由基本价值观的缺失所致。

缺乏信任

当你不再信任伴侣的时候，就是你们的关系开始破裂的时刻。伴侣给你嫉妒或怀疑的理由了吗？如果没有，请相信你们彼此都在为对方着想，相信你们对彼此许下的承诺。如果遇到了问题，那就解决问题。记住，破裂的信任关系是能够修复的。

缺乏尊重与爱

离婚的最大原因就是缺乏尊重，一旦你失去了尊重，就难以再寻回这种感情。尊重意味着你重视并钦佩他人。不论在什么时候，你都是伴侣最重要的支持者。你不该因为对方犯了一个错误，就立即对他另眼相看。如果遇到了问题，你应该先尝试理解问题的原委，并且始终愿意假定他是无辜的，而不是立刻指责对方。你不应该妄下定论，而应该给对方解释的机会。

缺乏独立与隐私

成年人都需要一些隐私，即便是已婚夫妇也是如此。人们对于婚姻有一个误解，那就是以为所有事都必须两人一起做。事实上，我们都需要一些自由与独立的空间。待在一起的时间太久会让人喘不过气来。我已经过了半个世纪的婚姻生活，我很早就意识到丈夫和我不一定要每件事都一起做。我们可以去和朋友吃饭而不带对方，甚至和朋友一起旅行而不带对方。许多人对此不置可否，但我觉得这是个好主意。当然，丈夫和我依然有很多共度的时光，但只要我们愿意，依然能独立地做自己想做的事。我们也会尊重彼此的隐私，但这不意味着我们会保守重大的秘密。这只是说明我们重视自主和自由的感觉。

缺乏合作与沟通

与育儿有关的人际关系需要很多的合作，尤其在涉及如何照顾孩子的时候。与他人同处一个屋檐下时，合作是最重要的事情，但有时人们会很生气，以至于不再与对方合作。他们会冷战，不再讨论和解决问题，拒绝沟通。对于夫妻来说，生着气上床睡觉是很糟糕的事情。这样不仅不能解决他们之间的分歧，还会让他们睡不好。有太多人明知故犯。如果这些负面经历太多，不能相互原谅，这就会使你们的关系走向破裂。在这种情况下，你们不再沟通，没有人想要道歉，也没有人愿意接受道歉。这也是友谊和亲子关系破裂的原因。不论人们的年龄大小，关系破裂的原因总是一样的。

缺乏善意，无法原谅对方

心怀善意是维持人际关系的好习惯。出于礼貌，我们常常微笑待人、帮人拿重物、帮人扶门。这很重要。然而，为什么我们经常忽略身边最亲近的人的基本需要呢？我猜这是因为我们有时很忙，但说真的，友善待人需要花费多少时间呢？你能原谅别人吗？如果你不会原谅他人，你就无法建立任何关系。原谅意味着谦逊，意味着不记仇，意味着你把关系和家人看得比鸡毛蒜皮的分歧更重要，甚至比更大的争端还重要。归根结底，你觉得什么更重要呢？

即使你和伴侣按照 TRICK 的原则相处，孩子也会为你们增添压力。有一项持续八年的纵向研究发现，对于为人父母的夫妻，其婚姻会出现"突然的恶化"，这种变化比无子女的夫妻更为显著，在研究期间，孩子对夫妻带来的影响一直存在。[17] 即便是最和睦的夫妻关系也会受到考验。不过，也有一些研究发现，有些干预项目或婚姻工作坊能够帮助父母应对抚养孩子的压力。换句话说，只要你愿意尝试，就能解决问题。

不过，似乎我们当中有许多人并不愿意努力：许多孩子的父母都离婚了。这种现象太普遍了。在我小的时候，离婚是非常少见的现象。然而，现在美国的离婚率大概是 50%。这让我不禁怀疑起来：我们真的重视自己的结婚誓词吗？人们在结婚时许下了承诺，却没有准备好面对孩子对婚姻的影响。到了生儿育女的时候，他们被打了个措手不及，然后得出了一个令人痛苦的结论：离婚是唯一的办法。那真的对伴侣关系有好处吗？更重要的是，这样真的对孩子好吗？

我见过离婚可能造成多么持久的痛苦。这种痛苦正在硅谷蔓延，这里的人经常一夜暴富，突然而来的财富对这个问题来说无异于火上浇油。所以，许多离婚家庭的孩子才会承受那么多痛苦。专家说，小孩子会受到离婚的负面影响，因为他们仍然非常依恋自己的父母；青少年已经处在了叛逆期，他们往往会觉得受到了背叛，这只会让他们与父母之间变得更加疏远。简·安德森（Jane Anderson）博士在一项2014年的研究中，分析了过去30年来她对家庭结构的研究，得出结论：在无虐待关系的情况下，当父母努力维持婚姻的时候，孩子的状况会更好。[18] 有数十项研究指出了离婚的负面影响，包括减少孩子与父母双方相处的时间，丧失经济上与情感上的安全感，社会性与心理发展受损，认知与学业能力发展受损，以及身体健康状况的恶化。有趣的是，还有一些研究发现，离婚对父母也会产生许多相同的影响。这应该引起我们的关注，不过也有一些其他的研究者认为，孩子会受到离婚的短期负面影响，而这些影响通常不会长期存在。他们认为，离婚行为本身并不会伤害孩子，而是由于孩子在离婚时和离婚后暴露在父母激烈的冲突中，才出现了各种不良后果。我不是个社会科学家，但我不太赞同这些研究者的观点。

我很少见到有孩子对父母离婚感到开心。事实上，我见过离婚会毁掉孩子在生活中的动力。我见过离婚能导致长期的抑郁。我见过有些高中生在听说父母要离婚时情绪崩溃。他们突然陷入了失去父亲或母亲的境地。许多离婚夫妻有共同抚养权，也就是孩子要在两个家庭间来回往返，他们不得不每隔几天或几周就搬到另一个家去。有些孩子不再关心学业，开始发展不健康的人际关系。他们渴望他人的支持，并寻找愿意关心他们的群体。他们渴望稳定的关系。我也见过离婚夫妻之间可怕的冲突。离婚好像能唤醒人们心中最糟糕、最恶毒的本能。这就好像我们在尽情宣泄自己的恶意，而对方（那个我们曾经爱过的人）在我们面前彻底崩溃了。

这就是我们为孩子做出的榜样：怀着怒火生活。生活中有太多的事情会让我们生气，每时每刻都有值得生气的事情。关键在于你如何从这些糟糕的情绪中恢复，以及你是否怀恨在心。这些情绪有时很轻微，有时很激烈。不管怎样，你想让孩子学到什么东西？离婚告诉孩子，生活中没有什么关系是永恒的，没有什么关系是值得信任的。这种信息对许多孩子来说是悲伤，也是很可怕的，对于年纪小的孩子尤其如此。离婚也告诉孩子，如果你不喜欢什么东西，就可以逃避，而不是尝试坚持并解决问题。在我们生活的社会里，一切都发生得太快了，信息能以光速传播，而主要的信息源只局限在140个字以内○，这一切都影响了我们忍受艰难困苦的意愿。我们失去了坚毅，这让我们难以面对长期关系中的挑战。

那么，我给出的建议是什么呢？尽可能地避免离婚（有虐待行为、顽固成瘾或暴力行为的情况除外）。我知道这种看法对于有些人来说是有争议的，但我是认真的。至少你曾经深爱你的伴侣，所以才会和对方结婚。也许你们依然能够礼貌对待彼此，并尝试解决问题。以礼相待并不意味着你要赞同伴侣说的或做的每件事，但让孩子看到"尽管你们有分歧，但依然能和睦相处，虽然关系出现了裂痕，但依然能修复"是很重要的。所有事（我的确是指所有事）都可以被原谅，即便是不忠也是如此。正如心理学家、畅销书作者埃丝特·佩瑞尔（Esther Perel）所说，离婚不应操之过急："匆忙的离婚让你失去犯错的余地，容不下人性的弱点，也不会给你们修复关系、面对逆境和破镜重圆的机会。"当下的不忠现象太多了，而不忠所带来的污名也太多了。背叛丈夫的女人是荡妇，原谅妻子的丈夫是懦夫。归根结底，离婚与否，是且仅是夫妻自己的选择。他们应当听从内心真实的想法和感受，而不应该被自己的朋友所左右。

请想想离婚的后果吧！如果你们有孩子，那就更要三思了。并非只有孩子会受到影响，整个家庭、整个社会网络（包括孙辈）都会受到影响。离婚会造成持续数代的影响，会改变你未来很多年的生活。你需要重新思考，并问问自己，这种信任的破裂、这种沟通的断绝，是否值得你付出一辈子疏远与不睦的代价，是否值得你用自己和孩子一生的幸福去交换。离婚之

○ 一些社交网站将发帖字数限制在140个字以内。——译者注

后，痛苦并不会消失。在很多情况下，痛苦反而会加剧。修复关系并原谅对方是更好的做法。这样一来，很多人就能免受很多痛苦。当然，我知道修复关系并非总是可行的。我女儿安妮就离过婚，很多人都知道这件事。当她跟我说她婚姻中有问题时，我鼓励她去设法解决问题。她和她的前夫都努力过了，但无法挽回这段婚姻。这时就该向前看了，应该关注如何确保孩子尽量少受影响。

夫妻离婚后，如何为孩子做良好示范

如果你已经离婚了，或者你和前任伴侣关系不好，现在开始合作也不算太晚。请向前任伴侣表明，自己只是想要改善孩子的生活，进而改善自己的生活。放下愤怒并展望积极的未来，会让你过得更好一点儿。这不意味着你们要重燃旧情，只代表你们能够和睦相处。你的前任伴侣想要的东西和你一样——幸福、健康、有成就的孩子。那是你们的共识，在这方面你们没有冲突。冲突往往来自如何达成这个目标。请为孩子示范你想让他们学会的合作与协商。这样每个人都会更开心，而你也能教会孩子面对成年生活所需的重要技能。如果你们之间已经无法再合作了，那么就善待自己，原谅自己，继续前行。这也是在为孩子做出重要的示范：继续生活，并乐观面对真正的低谷。

让孩子知道，人是可以改变的，而且改变是生活的一部分，这种改变有时是你无法预料到的。有些人的变化大到让人认不出来。他们想要一种不一样的人生。由于疾病、意外事故、经济问题，有太多事情可能发生变化。在多数情况下，这些改变都能与伴侣一同面对，即便不能，也总有合理的应对方式。你应该向孩子言传身教的第一个道理是：不论发生什么事，你们都能找到解决问题的好办法。我们所有人都面临着一个选择：抑郁还是乐观。我选择做一个乐观的行动者。你要采取必要的措施来让自己的感觉好起来，并且为未来做出规划。除此之外，再也没有什么好的选择了。我相信事情总会好转，人们也会变得更加友善，总体而言，人类的本质是善良的——似乎相信这一点，就能让这种信念成真。

从积极的角度来看，美国国家家庭与婚姻研究中心的数据表明，美国的离婚率在 2008～2015 年有了下降。最近，离婚率达到了 40 年来的最低点。越来越多的人意识到了解决婚姻问题对于孩子和自身长期幸福的好处。离婚率的下降可能受到了多种因素的影响，包括晚婚的趋势、婚前同居，以及为爱情而非为钱结婚的观念。此外，在交友网站找到伴侣的人的离婚率往往更低。也许这是因为他们找的是与自己有着相似兴趣和背景的人。

在教养与婚姻关系方面，我们要学的东西有很多。毫无疑问，有些东西很难，但每件事都是一个契机——一个改善自身生活的契机、一个为孩子做出更好表率的契机。只要我们愿意，我们所有人都能做出积极的改变。

善意
TRICK
KINDNESS

CHAPTER 8
——— 第 8 章

教孩子表达善意

女儿的善意

关心即善意,这是我的座右铭。在 2002 年秋天,我接到了母亲的医生打来的电话。医生告诉我,母亲住院了。那时,她已经 91 岁了,而且多年卧病在床,无法行走。后来,她患上了尿路感染,需要一直服用抗生素。我很担心,所以我乘飞机到棕榈沙漠镇(Palm Desert)的艾森豪威尔医院去看望她。我还记得她躺在病床上的样子多么瘦小,但她很高兴能见到我。妈妈的笑容一向是最美的。

似乎医院能为她做的事已经不多了。医生建议我把她转到有临终关怀服务的养老院。我当时还不知道"临终关怀"这个词是指对那些病入膏肓的患者进行的缓解痛苦的照料。我原本应该再多问几句。"他们会照料患者,"医生解释道,"不会做太激进的医疗干预。"这对于一个 90 多岁的老人来说,听上去是一个正确的选择。医生向我保证，养老院会好好照顾母亲。

把母亲安顿在养老院之后，我就回家了。几周之后，女儿安妮想去拜访她。安妮一向与我母亲的关系很亲近。在大学毕业后，她曾去过西伯利亚的克拉斯诺亚尔斯克，亲自参观了我母亲的故乡。另外两个女儿也与我母亲关系很好。怎么可能关系不好呢？母亲是我见过的最善良、最关心他人的人。

在家庭聚会时，我总是尽量带上母亲，但这并不容易。她患有多发性硬化症，因此不能旅行。病症主要影响了她的腿，让她行动不便。起初她拄拐杖，后来用上了助行架，最后她完全无法走路了。妈妈和我的弟弟李住在棕榈沙漠镇，安妮、苏珊和珍妮特每年至少会去看望她一次。她们会开着高尔夫球车去玩耍。她们知道外婆身体不好，所以尽可能多地陪伴她，不在她身边的时候，就给她写信、打电话。我尽力教导女儿要善待所有人，尤其是老人。我对她们特别强调，不论发生什么，每个人都是很重要的，而且我也以身作则，不仅是在嘴上说说。

当安妮到养老院时，她发现工作人员并未善待老人。她听到许多患者在哭泣和呻吟。医院里的患者往往不会哭喊。有些事情不对劲。她急忙找到了外婆，却发现外婆正是其中一个忍受痛苦的患者。安妮怎么也找不到护士。当她最终找到护士时，他们却对外婆的痛苦视而不见。似乎没有一个工作人员在乎这些老人。幸好大多数临终养老院并不是这样的，只是我们刚好遇上了糟糕的情况。

安妮决不能容忍这种情况：她不能容忍外婆受到这样的对待。她立即采取了行动。她打电话叫救护车，救护车在六分钟内就到了现场。她对急救人员说，她的外婆现在奄奄一息，急需转院到艾森豪威尔医院，她严重脱水，需要急救。养老院的护理人员目瞪口呆地看着这一切。他们看着我母亲躺在病床上被推出门去，一言不发。"很难相信你们管这叫护理，"安妮说，"你们根本没有照顾好患者。"然后，她就上了救护车，离开了养老院。

到了医院，医生给我母亲输液，补充水分，然后给她吃了一些东西。显然她已经有好几个小时没有喝水和进食了。难怪她已经连话都说不清了。让人欣慰的是，她逐渐恢复了一些体力，但是安妮凭借自己在旧金山综合医院急诊室的工作经验，判断出我母亲的病情还可以做更多的治疗。她要其他的医生来负责我母亲的治疗，于是另找了两个医生，把原来那个将她送到临终关怀养老院去的医生换掉了。新医生给母亲换了药，两天后她就有了显著的好转。她神志清醒，能够讲话了。

现在最重要的问题是，当母亲出院之后，我们该怎样照顾她。我们怎样防止相同的事情再次发生？我们住在旧金山湾区，很难在几百英里之外时时关注母亲的情况。母亲需要一个能监督养老院的家人。她已经无力为自己抗争了。

安妮一向很有创意，她想出了一个办法。我们可以把母亲接过来，但租用救护车的价格太高了。所以，她认为我们可以自己开车把她接来，可以在车里放上她的静脉滴注吊瓶和药品。听到这个消息，医院的工作人员大吃一惊。"你们要把患者转院到500英里之外的地方，还不用救护车？"他们说，"那太危险了。"

"是啊，但这比起把她留在不关心她的人身边好多了。"安妮说。她想出了解决问题的办法，为母亲准备好药物，然后租了面包车和担架。几天之后，我们在早上5点开车上了5号州际公路，把我母亲一路从棕榈沙漠镇接到了旧金山湾区，送入了洛斯阿尔托斯的一家养老院。我们一路上花了八个小时，而母亲一直状态很好。我提前打电话问养老院能否接收母亲，他们说虽然有人在排队等着入院，但是没问题。养老院的工作人员被我们的故事震惊了。

事实证明，母亲在洛斯阿尔托斯的养老院过得很好。他们会组织日常活动、理疗，有一定的社交时间，而且他们把患者照顾得很好。那一年的感恩节是我们一家人和她一起在养老院过的，那是一段美好的记忆。如果安妮没有把母亲接来，我们就不会有这段记忆了。母亲又活了两年，在93岁那年去世了。

安妮的善意、同情和坚持救了我母亲的性命。她用这种富有创意的方式拯救了自己的外婆，她专门从自己的工作中抽出了两周的时间来付诸行动。善良是安妮性格的一部分。她不仅仅是在嘴上谈论善良，或在心里想着善良，她还会把善良表现出来。她是个非常有爱心的孩子，总是照顾别人的感受，总是关心最弱小的猫咪、断腿的狗，或者没有朋友的孩子。在上幼儿园时，当老师问她最感恩谁时，她写道："我最感恩肯吉。"肯吉是她的朋友。她也是个充满爱心的母亲。

我始终带着同理心和善意看待这个世界。许多年之后，我意识到自己在无意间用行动、用我读过的书、用我推荐给她们看的电视剧，教给了女儿同理心、感恩和宽恕。也许这还与我的童年经历有关，我小时候听父母讲了许多他们在苏联遭受迫害、艰难幸存的故事，也许与我失去弟弟大卫的经历也有关系。不论原因为何，这些都是我生命的一部分：温情、关爱以及同理心时常伴随着我。

安妮把这些教诲牢记于心，苏珊和珍妮特也是如此。在大学毕业后，她们的工作都在以某种方式让这个世界变得更好。苏珊去了印度，珍妮特去了非洲。这是她们自己的决定，我没有给出任何建议。在上大学时，安妮在当地医院的急诊室里做义工，为患者遇到的问题震惊不已。这让她更愿意做义务工作了。患者病弱不堪，无法捍卫自己的权利，得不到正确的治疗。她后来在旧金山综合医院和斯坦福医院工作的时候，产生了成为医生的想法。后来，她觉得自己应该做一些别的事，而不是只做一个在诊疗室忙碌的医生，这样她才能对世界产生更大的影响。她最初想建立一种患者援助服务体系，捍卫每个患者的切身利益，因为他们往往病得太重，无法维护自己的权益。她在这方面看到了善意与关爱的严重缺失。这并不是说医生或护士不关心患者，更大的原因是他们工作负荷过重，没有时间关注患者。他们因善良而做了医疗工作，但他们令人疲惫的工作量不允许他们善良。这是现在的一个重大问题。

后来，她没有选择建立患者援助服务体系，她所做的事情已经不局限于此了。她做的事情可能对全世界的所有患者产生了更大的影响，她创办了一家公司，让人们能够掌管自己的DNA——我们身体的组成部分。理解自己的DNA是理解自身健康以及如何预防疾病的关键。作为23andMe公司的联合创始人，她本着"没有人比你更关心你自己"的信念，让数百万人掌握了自身的健康信息。她依然在为了每个人都得到最好的医疗而不懈奋斗。她尤其关心自己患有帕金森病的前任婆婆吉尼亚·布林（Genia Brin）。安妮的早期工作之一就是与迈克尔·J.福克斯基金会联手研究帕金森病，并寻找治疗方法。23andMe公司近期就帕金森病发表了一篇迄今为止涵盖文献最多的元分析论文。

我想问一个问题：现在的孩子在学习如何做善良的人吗？当他们每天读到美国移民和海关执法局突击检查的报道，当他们看到婴幼儿被迫与父母分离、移民在边境被扣留数日的消息时，国家为他们树立了什么榜样？我希望所有的父母都应该带着同理心对待移民，并且与孩子讨论这个问题。然而，有几项调查显示，许多父母并没有这样做。哈佛大学教育研究生院的研究者开展了一项名为"共同关爱"（Making Caring Common）的项目，该项目旨在帮助孩子变得更有爱心，更加关心社区。他们调查了10 000个孩子，发现80%的孩子都把成就与个人的幸福作为自己的首要目标，只有20%的孩子把"关心他人"放在首位。这项调查也表明，"对于'取得好成绩比做一名关心他人的社会成员更能让父母骄傲'这一说法，表示赞同的人是不赞同的三倍"。这种现象不容乐观。密歇根大学的另一项研究发现，自2000年后，美国大学生的同理心水平有了大幅下降。[19] 我的一名教师同事对自己在公立学校的学生做了一项非正式调查，他也发现了相似的结果。他在调查中对学生说，如果他们在班上感受到了TRICK（信任、尊重、独立、合作、善意）带来的感觉，就举起自己的手。他们先对信任进行调查，大多数孩子举手了——这是个好现象。对于尊重和独立，大约有一半孩子举手。2/3的孩子感受到了合作。然而，当被问到善意的时候，没有一个孩子举手。

我们都成了流行教养方式（直升机式育儿）的受害者，这种教养方式不重视善意。太多的家长关注如何成为赢家。我们的主要目标是让孩子成功，我们最害怕的就是，如果没有我们的帮助，他们就无法取得成功。我们相信，如果孩子不完美，他们的生活就会失败。失败对孩子来说很糟糕，但对于我们自身的焦虑和不安全感来说，那更是一场灾难。如果孩子失败了，我们也就失败了——我们决不能让这种事情发生。我们的教养目标再也容不下善意了。与我在墨西哥普埃布拉的对话中，"虎妈"蔡美儿甚至说她决不会费心去考虑善意或幸福。她只想让自己的女儿做第一名。

然而，由于过度关注个人的成功与完美，付出代价的人却是我们自己。我们会不可避免地抚养出自恋的孩子，他们必然会缺乏善意与同理心。我们并非有意这么做，但这就是当下的现实。他们没时间为他人着想：他们太过关注自己的表现。如果他们不能表现出色，就可能无法从你那里得到他们需要的爱与接纳。这么做善良吗？所以，他们竭尽全力地争取成功，虽然可能会取得完美的成绩，但这对于他们的独立性与自信心毫无帮助，更不要提对他人的善意了。最后，我们的孩子会变得自私自利，带着虚幻的权利感，生活在这个只看重个人成就的社会中。

拒绝直升机式育儿

善意与直升机式育儿方式和整体社会氛围格格不入。我想，这是因为人们对善意有着不好的看法。善意通常会被当作软弱。这种观点认为，只要你善待他人，你就会任人欺辱。在我做老师的几十年里，总是试图与学生合作，而不是像警察一样监控他们，我总是不断地听到这样的说法。我在帕洛阿托高中英语部门担任领导的时候，至少有一半的教职工都在质疑我对学生的态度。他们不满意我给学生的"惩罚"，也就是我尝试理解学生问题的原委，并给他们改正错误的机会。我的同事总是不断地跟我说："他们在欺负你。他们只会不断地破坏规矩。你知道你有什么问题吗？你太好欺负了。"他们不明白善意能带来善果。善意能让你的生活变得更好，并且能改善身边其他人的生活。我并不是在说，当有人向你求助的时候，你不需要分辨事实真相。当然，的确有些人会试图控制你，但当有人动机不纯的时候（他们过度热情，向你要很多钱，或者他们的承诺好得不像真的），你通常能感觉出来。世界上的确有坏人，但那不应该阻止我们努力把世界变得更好。我们只是需要谨慎行事。

一些学生的家长也与那些老师有着相同的态度。善意对于孩子上大学有什么帮助？我最近见到了斯坦福大学的校长马克·特希尔-拉维尼（Marc Tessier-Lavigne），他告诉我，他们在招生时，最看重的品质就是善意和对他人的关心。这些能力决定了孩子作为斯坦福大学的学生以及世界公民的成功。有些老师说，他们不想教那些下流残忍的学生。我们也许陷入了一个残酷而竞争过于激烈的体制，这个体制会奖赏那些家庭富裕、成绩优异的学生，但情况正在发生转变。许多老师放弃了标准化测试，把学生看作一个完整的人，思考学生的天赋能够如何造福社会。

善意在当今的商界也是非常重要的品质。谷歌开展了一项内部调查（叫作"氧气项目"），发现正是所谓的"软实力"而非 STEM 技能[一]，让一些员工脱颖而出成为高层管理者。事实上，在七种重要的管理技能中，有四种与善意直接相关：换位思考；认识到员工是有着不同价值观和观点的个体；辅导员工并提供有效的反馈；对职业发展进行有意义的讨论。当今许多公司都很注重善待员工和客户。Zappos 网站是其中的一个例子，全食超市是另一个例子。亚马逊公司的 CEO 杰夫·贝佐斯（Jeff Bezos）想让顾客有愉快的消费体验（不过他也坦然承认员工的工作环境压力很大——亚马逊公司不怎么强调对员工的善意）。他们尽了一切努力来善待顾客。我的女儿用亲身经历告诉了我，工作场合中的善意有多重要。和安妮一样，珍妮特也有一段为人们的健康和幸福奋斗的经历。她见到一些贫困的社区饱受慢性疾病之苦，想要为此做些事情。她的热心肠让她去真正接触了这些社区的居民，她为这些居民提供了关于母乳喂养、控制艾滋病、儿童肥胖症以及其他困难健康问题等方面的建议。

在苏珊的工作中，善意意味着照顾好自己的员工。她在谷歌做的一件重要的事，就是协助建立了日托中心。她想要最一流的日托服务，不仅是为了自己的孩子，也是为了尽可能地服务更多员工。她知道，如果孩子得到良好的照顾，父母就会更开心，工作表现也会更好。她也为员工争取到了更长的产假。她成功地为谷歌员工争取到了八周的全薪产假，这在当时是个大新闻。她在过去这些年里不断努力改善公司的政策，而谷歌现在能为全部员工提供带薪产假（女员工 18 周，男员工 12 周）。

谷歌很好地展示了一流的公司如何善待自己的员工。所有人都想在这样的地方工作，在那里，他们觉得管理者真正关心他们的健康和幸福，而且他们还能做自己喜欢的个人项目。谷歌把善待员工的理念真正落到实处，

[一] STEM 技能是指科学（science）、技术（technology）、工程（engineering）和数学（mathematics）方面的能力。——译者注

为员工提供免费的食物、打盹的地方、合作氛围浓厚的工作环境，这就是为什么它一直是全美员工归属感很强的公司。其慷慨大方的公司政策促使许多其他公司也做出了相应的改变，从而完全改变了何谓员工的理念。

善意带来的好处远远超过一封大学录取通知书和一份好工作。善待他人能让我们身边的人幸福起来，也让我们自己变得幸福。所有的善举都有一些为自己服务的成分：这些行为会给我们一种用钱买不到的平和与意义感。既然我们都要过完这一生，我们的人生道路都紧密地联系在一起，为什么不让每个人的旅程都变得更加愉快呢？

当今药物成瘾非常普遍，这需要我们付出更多的善意。现在对处方阿片类药物上瘾的人比以往更多，而越来越多的人死于服药过量，其人数之多，超过了艾滋病最流行时期的死亡人数。这是一场美国的悲剧。美国的当务之急是找到解决这个问题的办法。那么，这与善意又有什么关系呢？有许多研究表明，要应对和克服成瘾依赖，成瘾者最需要的就是善意和爱。他们需要自己关心的人给他们支持，而不仅仅是治疗师的支持。约翰·哈里（Johann Hari）在他的畅销书《失联》（*Lost Connections*）里讨论了焦虑和抑郁的真正诱因，这两种问题都能导致成瘾。他引述的危险因素包括与他人失去联结，与有意义的工作和价值观失去联结，与地位、尊重和希望失去联结。

尽管每个人都很重视治疗师的工作，以及治疗项目提供的服务，但还有另一种有效的解决方法，那就是家人和朋友的支持网络。可悲的是，许多人苦苦挣扎，也找不到任何支持，因为我们都认为治疗项目能完全解决他们的问题。但事实并非如此，正如我们从统计数据中所见：一些研究发现，在接受药物成瘾治疗的人群中，在一年内成瘾复发的人数比例高达85%。12步骤项目（一种成瘾者互助项目）在过去帮助了许多人，在未来还会帮助更多人，因为这些项目教你相信自己，但这些项目需要外界给予更多的支持。这么多人在明知滥用药物不好的情况下，还选择这样做，其中的一个原因就是他们想要减轻自己情绪上或身体上的痛苦。如果家人和朋友能帮助这些人缓解情绪上的痛苦，再加上专业的治疗，就会起到很大的作用。真正治愈成瘾的奇迹就是善意。

我曾见过一些青少年对药物成瘾的悲剧，这也是为什么我总在班上发表"反成瘾药物的演讲"——这个标题不是我起的。我传达的信息是，你身体里最重要的器官不是心脏，而是大脑。这就是为什么你在骑车的时候会戴上头盔，这也是为什么你不应该做任何伤害大脑的事情，例如服用成瘾药物。还有许多其他寻找刺激的方式，而那些方式不会给你造成终生的伤害。我也要确保他们明白，尽管他们的确觉得自己充满了力量，但他们也要记住自己的大脑要一直到二十五六岁时才会发育成熟。你可以试试蹦极、跳伞、赛车（要在正规赛道里），但千万不要想着去服药找刺激。

作为父母，我们不该对善意不屑一顾，仿佛那是某种听起来不错但毫不必要的能力。教养真正的核心是：把孩子带到这个世界上，并希望他们能让世界变得更美好。

善良是一种生活方式，不是你在某个时段（如圣诞节、感恩节或情人节）偶尔为之的事情。这是一种态度，应该从日常的礼节做起。礼节就是承认他人的存在。这是治疗我们自我中心文化的完美解药。

"早上好，你今天怎么样？"非常简单，但也十分有效。当我们去上学、上班，或者去别人家做客的时候，这应该是我们问候他人的日常用语。当伴侣、父母、亲戚或朋友进屋的时候，要跟他们打招呼。请确保孩子也要做到这一点。这听起来很简单，但很多家庭都没做到。请看着他人的眼睛。眼神交流很重要。还有，不要忘记微笑。关于家人，有一个很奇怪的现象：许多人在外面很有礼貌，但面对自己的家人时，这种礼貌就不见了。他们进屋的时候不打招呼。他们看着家人提着沉重的购物袋却不上前帮忙。

还有一些其他的简单日常行为也蕴含着善意，包括帮助他人装卸车上的东西，为抱孩子的母亲扶门，帮助老人安全地下公交车，在交通拥堵时允许他人插到你前面，用心倾听他人。甚至写一封表示感谢的邮件也是表达善意的重要行为。这些事虽然是小事，但能产生巨大的作用。

作为父母，我们可以通过这些日常的礼节，成为孩子的榜样，并引导孩子将其作为日常生活中的一部分。"谢谢"应该是家里的日常用语。我教导女儿要对我说谢谢，对彼此说谢谢，对每个帮助她们的人说谢谢，不论是当面道谢，还是在电话里道谢，或是写感谢信。每个孩子都应该认识到，即使年纪很小，他们也能说一些很有礼貌的话——对朋友、对父母、对生活中的其他成年人说。孩子可以从"嗨"开始，再接一句"你好吗"，然后开始积极地倾听。

如何教孩子学会感恩

感恩是善意的一部分。这要求你留意他人，考虑他们是怎样让你的生活变好的，并用实际行动表达自己的谢意。据我所见，当今许多孩子都不知道感恩为何物。也许这是因为我们太过关注如何让孩子感到快乐。我们一直在为他们做事，而他们却把这一切视作理所应当。青少年父母的一个主要问题是，他们后悔自己当初给了孩子太多东西，以至于把他们宠坏了。这是个很常见的问题。孩子对父母的任何付出都没有丝毫谢意，因为那全在他们的意料之中。他们永不满足。甚至在低收入家庭也存在这样的现象。

感恩能让每个人都开心：不论是发出者还是接受者，都是如此。许多研究发现，表达感恩与一般幸福感之间存在着关联。一项2018年的新研究发现，心存感恩能够提升个体的希望与幸福感。[20]《学校心理学杂志》(*Journal of School Psychology*)中的一项研究发现，感恩较多的青少年更加乐观，能体验到更高的生活满意度，患上抑郁症的风险更低。[21] 感恩也能让我们与朋友、父母、同事和商业伙伴的关系变得更好。如果你能对生活中的人表达感恩，大家就喜欢和你在一起。感恩是一种强有力的工具，它不仅能为世界制造善意，也能让你成为一个更好的人。

要教孩子感恩，你就需要以身作则，就像你教孩子礼节与礼貌一样。孩子在看着你呢！你是他们最好的老师。如果你为自己拥有的东西表达感恩，孩子也会效仿你。如果你总是在抱怨，那么孩子肯定也会如此。父母要教会孩子对他们在生日或假日收到的礼物表示感激。我不是说送礼物不好。对有的家庭来说，要在圣诞树下堆满礼物可能需要好运相助，因为他们在这一年里没钱买礼物。在有些家庭里，孩子们拆开一件又一件的礼物，却连谢谢都不说，也不理解父母买这些礼物所花费的时间和精力。我们需要告诉孩子，当有人给你送礼物的时候，你应该表达感谢（即使你不喜欢这个礼物，或者你已经有类似的东西，也要道谢）。

让孩子跟你谈谈他们对感恩的看法。他们有什么值得感恩的事情吗？绝大多数孩子都会对父母感恩。我的女儿很感谢她们的祖父母，她们经常给身在波兰的祖父写信表达感谢（可惜我们不能当面对他道谢，我们也不能给他打电话，因为他没有电话）。尽管信里多是琐事，但这是她们与祖父分享生活的方式。"我今天去公园和朋友杰茜卡玩了。我想你了。"她们也会给我的父母和斯坦的母亲写信。不管有没有互赠礼物，她们总是不断地写简短的信件。这是一种承认他人心意、感谢他人关爱的方式。写感谢信的习惯应当得到推广。

写感谢信本身就能帮助我们反思自己的生活。我的女儿们会写日记，尤其是在我们旅游的时候，而且她们学会了对自己经历的一切表达感恩。我非常建议孩子把自己的一天记录下来，在每天晚上睡觉之前写一写自己感恩的事情。这也是练习写作、思考何事值得感恩，以及记日记的好方法。多年以后再读这些文字会非常有趣，可能会让你捧腹大笑。

"我很感恩，因为我今天找到了一只瓢虫。"

"哥哥和我分享了他的冰激凌，我很开心。"

"我今天特别兴奋，因为我参加了一个生日聚会，聚会上有一间充气房子。"

这是一种强有力的仪式行为，而且研究证明，这种方法能够提高大脑内与感恩相关的神经活动。当孩子做了家务的时候，我也一定会对她们的行为表示认可。"今天你和妈妈一起打扫卫生了，干得很棒"，这是我经常说的一句话。"今天你的房间很整洁，干得好。"即使房间并非一尘不染，我也会这么说。如果我们每天都能为自己在生活中拥有的东西表达感恩，那就太好了。和大多数人一样，我并非总有时间感恩。生活太繁忙了，但我家每周五晚上会庆祝安息日，我们会在那时思考这周有什么值得感恩的。

在学校里，我会告诉学生，当他们为报纸采访他人时，应该反复核查所有引用是否准确，而且应该感谢每个受访人抽出时间来与他们谈话。我们也会专门感谢刊登广告的商家。有许多很棒的企业，包括小公司，多年来以刊登广告、捐赠食物或服务的方式为新闻课提供了支持。我也提醒学生感谢自己的父母帮助他们组织团体聚餐。每隔三周，学生们就会在一连三天的生产日里一起吃晚饭——一共有 60 个饥肠辘辘的学生。家长能为我们提供晚餐，实在是太好心了。你可以想象当时的混乱场面。即使学生们会在饭后自己打扫卫生，也会产生许多垃圾，所以我们一定要感谢我们的校园管理员，他们也是新闻课的重要成员。

在我女儿们小的时候，我们在圣诞节有一个传统，那就是在"幸运国家森林"（幸运超市里的圣诞树卖场）里买一棵"最可悲的树"。我们会买没人想要的、被别人挑剩下的树，然后我们会把它运回家，尽力把它打扮得漂漂亮亮的。女儿们很喜欢装扮圣诞树。最初我们的圣诞树饰品只是从装鸡蛋的盒子上剪下来的碎片,女儿们为碎片涂上各种颜色,贴上亮晶晶的纸片。不过,随着时间的推移,我们的圣诞树装扮也逐渐丰富了起来。在无意识中,我们不仅装扮了圣诞树,还培养了同理心——斯坦和我教会了女儿关心自己以外的事物,尝试理解他人(在这个例子里,是理解其他生命)的感受。她们也会照料和关心小动物,就像我们为圣诞树所做的一样。这些行为会自然而然地延伸到他人身上,不论是家人、朋友、急诊室里任意一位需要帮助的患者,还是贫民区里难以糊口的年轻母亲,女儿们都会对他们施以援手。

如何培养孩子的同理心:游戏和阅读

有许多简单而有趣的活动都能教孩子何谓同理心。在家里,父母可以鼓励孩子玩假扮游戏。你只需要给孩子一个故事的开头、一件衣服,或者一个玩具,他就会想象出自己的角色、世界和宇宙。这种游戏很自由,孩子也很喜欢。当孩子假装自己是另一个人时,他们就能知道换位思考的感觉。这样能让他们脱离自我中心,这是运用同理心的一个必要状态。儿童发展研究者多萝西·辛格(Dorothy Singer)和杰尔姆·辛格(Jerome Singer)说:"扮演不同的角色是一个让孩子学习社会技能的独特机会,孩子能从中学到沟通、问题解决与同理心等能力。"孩子们穿上奇怪的衣服,在家里跑来跑去,看似在做一些"疯疯癫癫"的事情,其实是在学习非常重要的技能。

经常给孩子读书,尤其是读一些与善意和同理心有关的书,也是一项有益的活动。我们需要记住故事的力量。研究表明,阅读小说并揣摩各个角色的感受能帮助孩子发展同理心。这里有一些我非常喜欢的童书,包括:《彩虹鱼》(*The Rainbow Fish*),这本书讲的是一条美丽的小鱼在学会分享之后终于发现了幸福的真谛;《天赐宝贝和阿小》(*Tikki Tikki Tembo*),这本书讲的是一个小男孩拯救自己兄弟的故事；谢尔·希尔弗斯坦（Shel Silverstein）的《爱心树》(The Giving Tree)，这是一本关于爱与无私的经典图书。孩子喜欢这些书，因为这些感受很熟悉，这些角色很好理解。就像在玩假扮游戏一样，他们能想象自己处于他人的位置上会有什么感受。斯坦和我每天晚上（几乎是每天晚上）都会给女儿们读书。我们给他们读完之后，会一起回顾这个故事。在有互联网之前，我们经常讨论自己读过的书。我这么做并非专门为了培养同理心，只是因为我想教孩子认识世界，了解其他的文化、旅途和历史，但这的确有一些附带的好处。

这是给家庭的另一项建议：养个宠物。饲养宠物是教孩子同情心和责任感的好方法。我家有好几只宠物：一只名叫"松露"的金毛寻回犬、两只猫，还有三只仓鼠。女儿们每天都必须带"松露"出门。她们带"松露"散步，给它喂食，和它玩，给它梳毛，还要拥抱它。女儿们还要照料猫咪和仓鼠。宠物是我们的家人，我们做什么都少不了它们。它们甚至还会收到圣诞礼物和生日礼物。正是因为如此，女儿们会不断地考虑他人，并确保每个人的感受都得到了照顾。

有一年夏天，我们决定让"松露"成为母亲。我们让它与奥克兰的一条漂亮的金毛寻回犬配对，然后它生下了八只可爱的小狗。我们都兴奋极了。女儿们不敢相信自己的好运，而她们也非常认真地担负起了照看小狗的新职责。她们每天都会照顾小狗，看着它们长大，我们把车从车库里移走了，让小狗享受整个车库的空间。女儿们负责给"松露"提供充足的食物和水，给小狗恰当的照料和足够的玩具。我们成了那片街区最受欢迎的一家。两个月后，女儿们帮助每只小狗都找到了新家，并且和新主人设法保持联系。她们想确保每只小狗都能过上幸福的生活。

孩子的同理心是天生的。如果我们能做出榜样，孩子就会效仿我们的行为。

在难以为善时，如何做个善良的人

多年以前，我曾经有个学生，名叫多米尼克。他来自帕洛阿托东部的一个贫困家庭，他莫名其妙地在一年级时就进入了我的高级英语课。他本不该来上这门课，他也没有报名。电脑的系统出了错。他的成绩低于年级平均水平，所以他应该去补习班。

多米尼克是个暴躁易怒的孩子。学校觉得他这样的孩子是无可救药的。他常在看似毫无理由的情况下表现得非常好斗，很不友善。我能看出来，他的行为只不过反映出了他的人生境遇。从刚见到他的时候起，我就非常担心他。

在新学期开始的两周之后，我发现了他选课的错误，而他已经和我建立了不错的关系。我问他想不想去初级的课程。"决不。"他说。

"既然这样，你需要补补课。"我说。多米尼克接受了挑战。他已经开始对自己另眼相看了，有了我在课上给他的信任和尊重，他觉得自己也许能在世界上立足。我对他一视同仁，因为他的确和其他人一样。他从没有得到过这样的对待。他过去把许多精力都耗在了用恶劣的态度反击他人上，而现在他把这些精力放在了弥补学业上。一点点善意就能促成这么大的改变，真的很难以置信。

多米尼克要补的课有很多。在一整年里，他每天都需要在放学后和我待在一起练习阅读和写作的技巧。之后，他想上我的新闻课。这个孩子曾经被学区看作低于平均水平的差生，现在他不仅关注如何达到年级平均水平，还要超越这个水平。这是个惊人的转变。

多米尼克的确上了我的新闻课。我从家里给他找了一台旧电脑，这样他就能完成课程的作业了，与此同时，他也交了不少新朋友。新闻课促进了学生之间的联系，他们了解彼此、关心彼此。他看起来很快乐，但并非一切都很顺利。要达到校报需要的写作水准是很难的，对他来说，面对同伴的评价更加困难。然而，每个人都承担着相同的压力，多米尼克也不会把这些困难看作针对他个人的事情，他会继续努力练习写作。

不过，这些压力曾经一度让他难以承受。他想表现得更好，但他觉得自己做不到。有一天，班上的一个孩子报告说他看到了一篇抄袭的文章。他是怎么知道的？因为他在网上读过一篇一模一样的文章。我后来发现，那篇文章是多米尼克"抄的"。

多米尼克羞愧不已，不断地道歉。"我时间不够，而且我也写不出来，"他告诉我，"我以为不会有人知道。"

我们讨论了独立完成任务的重要性，因为这篇文章，我也暂时不再让他为校报写作了。虽然我必须强调抄袭的严重性，但我不想让他难堪，也不想重新点燃他在刚来我班上时的怒火。我理解他这样做的原因，也能从他的角度来看这件事。而他需要一些善意和理解，才能在这条新的道路上坚持前行。他不需要别人对他发火，很明显他在人生中经历过太多这样的事情了。在教养和教育中，这是最重要的时刻：与其对孩子发火，不如和他好好讨论一下，并尝试理解他们对此的看法。你能做到这些吗？你能表现出一些同情心吗？即便在最极端的情况下，你能否表达出一些善意？我很高兴我的方法奏效了：多米尼克从此再也没犯过抄袭的错误。

在高中的最后一年里，多米尼克决定去上大学。他是他们家里第一个上大学的人。我帮他申请到了东海岸一所大学的奖学金，而他就去上学了。现在，他在纽约从事零售业工作。他不仅改变了自己的生活，还改变了全家人的生活和自我看法。

在多米尼克毕业的几年之后，我遇到了一个因为在校园里喝酒而差点被开除的学生。他和他的女朋友被发现在暗室里喝酒。他们是好孩子，为自己的行为羞愧不已。校园监督主管打算把他们带到校长办公室去，但我阻止了他，我说："让我来处理这件事吧。"如果他们去了校长办公室，至少会受到停课一周以上的处罚。停课不会给你补课的机会，这意味着你会一直在课程中落后，你所有的成绩都会受到影响。试想，这对孩子来说是多大的打击。

他们受到的是我一贯的"惩罚"：谈话、写检查，并且在放学后帮我的忙。他们也要帮助其他在写文章时需要协助的学生。我不会把他们的行为记在心里。当然，我不是个任人欺负的人，我的确有我的要求，只不过我要他们承担的后果不是停课。我原谅了他们在暗室里的胡作非为，并给他们改正错误的机会。

在对孩子表达善意的时候，其中很重要的一点是：要记住孩子只是在接受训练的成年人。他们在学习，而他们一定会犯错。这样你就能原谅他们了。老师和父母要知道，违反规矩和犯错并不一定是对我们的攻击。有时那只是青少年典型的错误判断。诚然，这些错误可能会很伤人，也很让人沮丧，但是心怀怨恨、反应过度或给予严厉的惩罚只能让你们一直保持痛苦和愤怒的状态。相反，试着表现出一些善意和宽恕吧！想想你在这个年纪做过什么。这并不表明你很软弱，也不表明你没有原则。这只说明了你立场坚定，但心胸宽广，能够原谅他人。

当孩子遭遇霸凌时

当你看到一个孩子攻击另一个孩子时，你该怎么办？这种攻击的表现形式太多了。我有一个女学生因为胖而受人欺负。她经常穿着老旧的服装（T恤和破烂的牛仔裤）来上学。青少年在讥讽别人的外表时，往往非常残酷无情。他们在 Facebook 上嘲笑她。这位女学生为此哭泣不止，非常伤心。我想联系网站删掉那个帖子，但那太难了。（这是六年前。）虽然我向 Facebook 申请删除那些评论，但他们没有回应。所以，我给 Facebook 的熟人（以前的学生）打电话，跟他讲了这个问题。那个帖子终于被删掉了，然后我们再处理霸凌的问题。不是每个人都认识 Facebook 内部的人，我很幸运。现在 Facebook 和其他社交媒体平台都在大力减少网络霸凌。网络霸凌严重影响了孩子的心理健康。

没有人想看到自己的孩子恃强凌弱。当发现自己的孩子是施暴者的时候，大多数家长都会大吃一惊，但这种事情在不断地发生。美国国家教育统计中心和美国司法统计局的调查显示，在 6～12 年级的学生中，遭受过霸凌的学生占总人数的 28%。真实情况的比例可能更高，因为许多霸凌都没有被上报，而且霸凌必然会延伸到数字领域。网络霸凌研究中心在 2016 年的一项研究发现，在 12～17 岁的人当中，有 34% 的人曾遭遇过网络霸凌。研究者指出，霸凌有许多原因，包括亲子关系紧张、低自尊、不一致的管教方式，以及缺乏支持的同伴团体。有时施暴者也遭受过霸凌。有时孩子只是在模仿父母的做法。网络霸凌正在愈演愈烈。这是因为我们在网上发表评论时通常是匿名的。我们可以残酷地对待他人，却不必承担后果。由于在网上很容易忽视他人，所以我们不再礼貌待人。在很多时候，同情心和同理心已经荡然无存了。孩子们还会玩一些充满暴力的游戏。这会对他们有什么影响？孩子们真的需要计算自己"杀"了多少人吗？有些研究声称，电子游戏对孩子没有负面影响，但我对这些研究表示质疑。任何形式的暴力都会让孩子变得冷酷。暴力传达的信息与善意截然相反，也必定会让霸凌现象变得更糟。

在我当老师的这几十年里，我还学到了另一件事：人们往往很晚才会懂得幽默。青少年通常不理解什么是有趣的，什么是残酷的。我们的校报过去会做愚人节特刊，但几年之后，我发现高中生往往很难把握正确的尺度。他们觉得取笑某人口吃是可以接受的。我告诉他们这不可接受。我们难以一直监控校报的尺度，所以我们不再坚持这项愚人节传统了。随着时间的推移，学生们会理解这一点，但青少年对幽默的错误理解，可能会导致很残酷的霸凌。

霸凌的核心是善意的缺失，这种缺失暴露了人类的某些可怕本性。我们似乎会很自然地针对那些与众不同的人。有些遭受霸凌的孩子缺乏技能——不论是学业技能，还是社会技能。如果孩子在某方面显得笨拙，他们尤其容易遭受霸凌。如果他们外表看上去有些滑稽，说了不该说的话，或者在与同伴交往时有困难，其他孩子就会取笑他们。我想起了"幸灾乐祸"这个词，它的意思是把快乐建立在别人的痛苦之上。这很可悲，但这是人类本性的一部分。

表现出众也可能会惹上麻烦。我有个学生赢得了全州的物理竞赛奖项，但她不肯告诉其他学生，因为她担心别人会嘲笑她，或嫉妒她。嫉妒就是关键，研究者已经证明，嫉妒往往是幸灾乐祸的原因。你对他人的成功心怀嫉妒，然后你就会等到他们失败时落井下石。父母和学校都应该教育孩子认识这些人类的内在倾向。我们可能无法改变自己的本性，但对本性有着清醒的认识，能够大大改变我们对待彼此的方式。

当然，即使所有的孩子都对此有着正确的认识，霸凌依然会发生。当霸凌发生时，我会尽全力制止这种现象。如果我在教室里发现了任何负面的行为，我就会先发表一场演讲——我始终是一个爱讲故事的老师。基本上，我每次都会讲一个遭受霸凌的孩子的故事，谈一谈霸凌是如何影响他一生的。我每次讲话都会有些创新，根据情况做一些调整，说一些学生们需要听的话。高中的孩子不会考虑自己行为对其他人的长远影响，但只要我开始谈论这个问题，他们就会停下来倾听。最重要的是，孩子们每天都会看到我为他们示范何谓接纳与包容。我不在乎你来自哪里，不论是亚洲、非洲，还是帕洛阿托东部。你是我课堂上的一员，你的观点很重要。孩子们只会在一种情况下看到我的强制性要求，那就是我会捍卫每个人参与各项活动、不受排斥的权利。

在演讲的时候，我会很小心地不单独提及霸凌受害者。那个孩子不需要承担更多的压力了。我经常会在课后找他谈话。我会说："我们谈谈今天在班上发生的事情吧。我能帮你做点什么吗？"这样的学生通常会说："我不知道。"然后我会说："我们来谈谈吧。我以前见过这种事，我能帮你。"这通常会有效果。

我也会找施暴者谈话，不过，同样是在课后。施暴者也需要善意的对待。他们之所以做出这样的行为，通常是因为他们也曾遭受过霸凌，或者他们喜欢看见其他人受苦。他们这些行为都是从别人那里学来的。这些孩子需要有人能理解他们的苦衷，以及他们为什么要这样做。他们也需要知道霸凌对人的伤害有多大，能造成多么持久的心理伤害。他们真的想毁掉另一个孩子的生活吗？

如果孩子遭到了霸凌，你应该介入。孩子的年龄太小，身心太过脆弱，无法独自应对恶毒的霸凌。你需要尽力寻求各个方面的力量。尽管这真的非常艰难，而且也没有简单的解决之道，但我可以给你提供一些建议。你可以跟学校的行政人员和老师谈话。所有学校都会积极地处理霸凌问题，可即便如此，霸凌依然可能会发生。有时学校不会给你积极的回应，所以你要继续尝试。你需要借此学会变成"讨厌鬼"，有时你会学到，只有发出足够大的声音，糟糕的问题才会得到重视。一定要跟孩子谈谈霸凌发生的原因，以及它对人的影响，并且告诉孩子，有时其他孩子会很刻薄，他们不知道自己的行为会有什么后果。孩子需要知道自己并不是孤身一人，许多人也遭受过霸凌，这样他才有反抗霸凌的勇气。有时，与施暴者的父母谈话可能会有所帮助，只要他们愿意介入，情况就可能好转。你也能跟孩子的朋友，以及他们的父母谈一谈，这样能强化孩子的支持系统。最重要的是，要让孩子知道他能向你寻求指引。

比遭受霸凌更糟糕的是什么？遭受排斥。有一项研究调查了10 000名澳大利亚学生，该研究发现，社会排斥和青少年的心理痛苦与低幸福感有着很强的关联。[22] 我的学生一直都在承受排斥的痛苦。奥利弗·韦斯伯格是我在20世纪90年代的一个学生，他是个好孩子，但他在高一刚入学的时候，觉得自己很难得到同伴的接纳。他是从其他高中转来的，在高一那年，他写了一篇回忆录，回顾了这一年的经历以及自己遭受的排斥。那篇回忆录的标题是《一无是处的痛苦》。他写到身为班上的新生有多艰难，以及其他孩子故意当着他的面邀请某人去自己家玩，却不邀请他。或者，其他孩子会大声谈论周末和朋友玩得有多开心，并确保让奥利弗听见。时隔这么多年，我依然记得很清楚，因为那篇发自肺腑的文章不仅道出了奥利弗的亲身经历，也透露着所有孩子都会有的体验。遭受排斥是最糟糕的感觉。这也是为什么革除教籍是大多数宗教里最严厉的惩罚，以及为什么隔离是监狱里最糟糕的惩罚。遗弃是孩子最大的恐惧。排斥会产生被遗弃的感觉。

看到遭受排斥的孩子，我就会想起我们多么需要善意和归属感。为了预防排斥，我采取的一项主要措施就是在新学年开始的时候做班级建设活动。我想要每个孩子都参与其中，形成一个大家庭。我今年开始带学生做了另一项练习，就是让高一的学生思考自己想与谁组成小组，并且在卡片上写下三个组员的名字。我会翻看每一张卡片，寻找没有出现在卡片上的名字，然后特意让这些学生组成一个小组，这样人人都能找到归属感。不论学生的民族背景、智力水平或相貌如何，我都会经常谈论包容的话题。我会说，多样化的友谊才会让生活变得更有趣，而且我会让他们知道，他们不想为他人制造痛苦，更不想成为结束他人生命的罪魁祸首。

今年春天，我收到了一封学生写的感谢信，信中写道："你不仅是一名教师，你还关心我们这些人。"的确如此，我非常关心他们。我关心他们吃的东西，关心他们的情感健康，关心他们对未来的计划。学生把我当作朋友。我知道许多老师都认为做学生的朋友是不合适的。学校依然建议老师与学生保持距离，尤其是在当今这个时代，老师害怕与学生过度亲近。

我很感激有的学校在重新审视这种理念。善意是与世界的联结，不只与单个人的幸福有关，还与每个人的幸福都息息相关。当其他人都在苦难中挣扎时，我们也很难安居乐业。我做的事情很简单：我尽可能地善待每个学生，希望他们将这份善意传递给整个世界。这么做的好处是，这种善意最终会回到我身上。那个意外来到我班上的学生多米尼克，不仅赢得了在班上上课的资格，还成了优秀的学生。他的故事不断地提醒我记住善意的重要性。在他毕业后，他的母亲每年都会给我送花。她从没有忘记我的课程如何改变了多米尼克的人生。许多老师都有这样的故事。正是这些记忆让我们坚持工作在教育的第一线。世上没有什么事情能比用善意帮助学生取得成功更令人感到满足——你改变了一个人的一生。

CHAPTER 9
第9章

教孩子关心世界

我是如何为社会做贡献的

1970年,珍妮特出生后,我们搬到了斯坦福大学校园里的新家。有一天,我去帕洛阿托图书馆借书。馆员告诉我,图书馆只向帕洛阿托居民开放。斯坦福大学不隶属于帕洛阿托市,它只是圣克拉拉县的一个独立区域。他们建议我去圣克拉拉县图书馆,就在几英里之外。我很震惊,因为斯坦福大学家属区的很多孩子会去帕洛阿托的公立学校上学,而图书馆的这项规定对他们来说太不公平了。他们不能像帕洛阿托居民一样平等地使用重要的设施。我很生气,并决定采取行动。我该做些什么来改变这一项规定呢?我带着两个孩子,到帕洛阿托市议会和斯坦福校园会议上陈述我的观点。我觉得带着孩子能让参会者真正倾听我说的话。事实证明,这不是一件很困难的事,因为我很幸运,每个人都同意我的看法。我觉得他们在我出现以前就在担心这个问题了，我发现有些改变比我们想象中的更容易做到。在这件事上，我需要做的只是发现问题，并且与相关的负责人员沟通。现在，所有在帕洛阿托上学的学生，不论他们住在哪里，都能进出帕洛阿托图书馆，那里有很棒的藏书。

当女儿们长大一些后，我又说服了斯坦福大学建造了一所社区公园。我们的社区叫"法国人山"，一共有160家住户。我们需要有个地方能让孩子们一起玩耍，让各家各户相互认识。这不就是公园的用处吗？我们为什么没有呢？我觉得可能是学校忘了吧。于是，我开始四处游说、写信、发表演讲、与各种人见面，最后弄到了一份许多父母联名签署的请愿书。斯坦福大学教职工住房委员会、土地与建筑发展委员会最终同意修建公园——前提是由我来设计公园。啊，我太激动了！这是最有趣的部分。我还记得当时翻看了许多邮购的游乐设施产品目录，力图设计出最好的公园。最终，埃丝特·沃西基公园修建得非常成功。那里的攀爬设备就像漂亮的城堡：孩子可以从底部的洞爬进去，在通道里还可以从侧面的窗口向外看。我们安装了高质量的秋千和木马，还靠着山坡建了一座滑梯，那是最受孩子欢迎的地方。

1975年，由于斯坦福大学新建了教职工家属区，导致保姆紧缺，于是我发起了一项"互助带娃"活动来解决这个问题。我们每个月都有家长轮流值班，在你需要保姆的时候，只需要打个电话，就能安排另一个家长到你家来照顾孩子，而你在方便的时候再帮他们照顾孩子就好。这个互助活动营造了一种极佳的集体感，并且让许多父母都能给自己留出一些自由的时间。我很骄傲地说，这项活动已经持续十多年了。几年之后，在1980年的时候，我监督斯坦福校园娱乐协会为他们的游泳池做了修缮。我组织了人们为游泳池翻新，移走了一些娱乐设施，为游泳馆做了装修。

我总是不断寻找可以改善的地方、需要帮助的人。我觉得"为社区做贡献，让社区更美好"是我的职责。我至今仍然这么认为。如果每个人都袖手旁观、光说不练，那么什么都做不好。我始终是个行动者。我的女儿深受影响，并非因为我常常对她们说教，告诉她们服务社区有多重要，也不仅仅因为我为她们做出了表率——我之所以能影响她们，是因为我真正地关心社区。我努力通过行为告诉她们能做什么。要过上幸福的生活，这种态度非常重要，但我当时还不理解这对于孩子的幸福会产生多大的影响。有许多有趣的研究已经证明了这一点。一项发表于《美国医学会杂志》(*Journal of the American Medical Association*) 的研究表明，为小孩子做志愿服务的青少年，既能减少自己的负面情绪，也能减少罹患心血管疾病的风险。[23] 一项2016年的印度研究发现，与不做义工的青少年相比，做义工的青少年做出违法行为的概率更低，他们在24～34岁期间，受逮捕或被定罪的人数也更少。[24] 在那些强调社交与情绪技能的班级里，不善社交的学生在标准化测验中的成绩能超越本州平均水平。[25] 我们也知道，反之亦然。如果一个人不能建立良好的人际关系，或为更广大的社区服务，那么他的身心健康会受到影响。研究者已经证明，比起肥胖症来说，孤独具有更大的公共卫生风险。有一项研究发现，与他人联结更强的人有50%的概率活得更久。[26] 看样子，归属感是人命关天的问题。

然而，在教养儿女的时候，我们当中有多少人想到了这一点？有多少人会为了一个公共的目标挺身而出，用自己的行为告诉孩子如何为我们的社区奋斗？有多少孩子有信心和力量去迎接我们这个时代最大的挑战，找到为社会做贡献的方法？我们真的在教孩子如何服务他人吗？还是说我们在教他们如何故步自封、与世隔绝？

当孩子过于关注自我时

可悲的是，我发现越来越多的孩子只关注自己。他们只关注自己想去哪所大学，想去哪里度假，想买什么东西。有时我觉得好像我们在为一个自恋的国度和世界教育学生,我认为,说直升机式育儿在这其中发挥了巨大的作用,一点儿也不为过。孩子长大之后,觉得自己仿佛是这个宇宙的中心。父母为他们遮风挡雨,推着他们去参加各种竞争激烈的活动,这些活动告诉他们,做第一名才是最重要的,而我们让他们相信,如果他们不够完美,如果他们不能始终取得理想的成绩,他们的人生就会失败。难怪孩子会比以往都更加关注自己,也更加焦虑。

他们在成年后,不仅缺乏坚毅与独立的精神,而且没有准备好为世界做出贡献。相反,他们关注金钱,因为他们认为金钱能让他们得到幸福与满足。这就是美国的理念:富裕起来,然后无所事事。去沙滩晒太阳吧!去吃一顿奢华的晚餐吧!去拉斯维加斯吧!然而,这些追求会让人变成自恋者和对刺激上瘾的人。在硅谷,这样的人似乎有很多,这些人只为自己操心,对他人漠不关心。他们不看重社区的利益,也不为社会的公益奋斗,他们不追求有意义、有目标的生活。最后,他们往往与世隔绝、郁郁寡欢。我见过许多不幸福的百万富翁,甚至还见过一些不幸福的亿万富翁。

他们当中的许多人最初可能就是这些没有方向的孩子。我的朋友肯·泰勒(Ken Taylor)曾经是斯坦福大学哲学系主任,我在跟他聊天的时候,他不禁陷入了思考:在"如何过好一生"这个问题上,学生们困惑不已。泰勒告诉我,他能从学生对专业的选择上,看出他们最重视的东西。根据泰勒的调查,在斯坦福大学所有选定专业的学生中,有37%的人(1000多个学生)选择了计算机科学。为什么呢?"因为如果你在斯坦福大学获得计算机科学学位,"他说,"你就能在22岁进入硅谷,得到每年10万美元的起薪,并且相信年薪10万美元只是个微不足道的开始。"对于有的学生来说,计算机科学是个正确的选择,因为那的确是他们所热爱的东西,但泰勒说,有些学生需要把CS107(计算机科学入门课程)学上三遍才能通过考试。因为那不是他们热爱的东西,或者他们的天赋和技能更适合其他的领域。泰勒说,他作为教授的一项主要职责,尤其是在教大一新生的时候，就是颠覆他们的一些固有观念，把学生从父母的影响下释放出来，因为许多父母给孩子灌输了一种信念，即幸福的生活"只与你获得的东西与地位有关"。

难怪孩子会感到困惑，因为父母和老师也很困惑。成人的世界需要认识到这一点。不然，你觉得为什么美国的阿片类药物成瘾、抑郁和自杀这么流行？我们似乎不知道如何过好一生，不知道如何照顾自己和他人。我们似乎全无头绪，只在盲目地追求金钱和事业，不看重风险，不在乎目的。如果我们真的有什么目标，那就是让自己感到快乐，而我深知：你在帮助他人的时候是最快乐的，也是对社会最有益的。

比尔·戴蒙（Bill Damon）是斯坦福大学青少年中心的主任，也是《人生观培养》（*The Path to Purpose*）的作者，他对青少年的发展问题有许多思考。戴蒙的专长是教孩子最重要的生活技能。对于青少年的发展，他指出："尤其是在当下这个极度关注个人表现与地位的时代，青少年发展的最大隐患是以自我为中心。为了心理的健康发展，每个青少年都需要时常提醒自己'不要太过自我'，并且以最佳的方式践行这句话——找到人生目标，为自己之外的世界做贡献。"不能只考虑自己，还要考虑他人和世界——这才是问题的关键。有多少孩子能做到这一点？生命的意义不是崭新的奔驰车或科德角的度假山庄，而在于联结、关系、贡献和服务，那才是孩子应该对幸福生活抱有的认识。

问题的关键在于：生命的意义超越了你的个人成就，也不仅限于你从帮助和服务他人中获取的意义，更不在于你过得有多幸福。当我们在谈论服务社区、推动社会的运动，以及努力做出改变的时候，我们其实是在谈论如何改善我们的整个文化与社会。归根结底，这不就是我们生儿育女的目的吗？这难道不是为了推动文明的进步吗？这难道不是为了让我们变得更高尚、更慈悲，让人与人之间的联系更紧密吗？这难道不是为了让我们所有人团结一心，应对严峻的考验（例如，遏制全球变暖、分享清洁的水源、援助难民、对抗疾病与核战争）吗？如果我们不能携手合作，我们就会失败，甚至会灭绝。这个问题就是这么严重。让孩子认识到这一点，就是这么重要。你可能会想，这些是教养范畴内的事吗？绝对是。这一切的起点就是家庭。然后，你的家庭与别人的家庭联结在一起，形成一个更大的社群，最终整个世界都联系在了一起。在全人类所面临的问题中，有许多问题是我们无法预测的。要解决这些问题，孩子是至关重要的。所以，为了我们所有人，我们要尽可能地帮孩子做好准备。

全家一起做公益

对我个人来说，我之所以如此热心社会活动，是因为我小时候的经历。我曾目睹弟弟的死亡，也曾看着另一个弟弟李饱受阅读障碍之苦。在那个年代，阅读障碍被看作智力障碍，我觉得自己有责任保护弱者。我们一家都是弱者，既无知又无力。我们不知道如何保护自己。我不想让其他家庭也遇上同样的事情。在我幼年的家庭里，遭受迫害的历史留下了深深的阴影。我父母逃离了战乱的苏联与乌克兰，勉强躲过了迫害。他们各自的家族都失去了很多亲人。我去参观奥斯威辛集中营遗址的时候，发现有十多个名叫埃丝特·霍克曼（我婚前的姓名）的女人命丧于此。出于某些原因，我得以幸免于难，但我知道，我也可能成为那些女孩中的一员，死于非命。

我家里也有不少社会活动家。我父亲就是塞拉俱乐部⊖的早期成员，我舅舅曾经是犹太联合募捐协会的会长，我的爷爷和外公曾经都是犹太教拉比、社区领袖。我的表亲本齐翁·拉斯金（Benzion Laskin）拉比最近因为他在纽约恰曼组织⊜的工作而受到褒奖。我母亲家族里的一位表亲在俄勒

⊖ 塞拉俱乐部（Sierra Club）是美国历史悠久的环保组织。——译者注
⊜ 恰曼组织（Chamah organization）是一个提供教育与人道援助的国际犹太非营利性组织。——译者注

冈州的波特兰市开了一家在非常规工作时间开门的诊所；我母亲家族里的另一位表亲塔德·陶布（Tad Taube），是一位慈善家，他为斯坦福大学、加州大学伯克利分校，以及华沙的波兰犹太人历史博物馆捐赠了数百万美元。我还有个亲戚曾经担任过阿根廷驻联合国大使。我们都信奉犹太教理念中的"tikkun olam"，它的意思就是"修复世界"。我们来到世界上的目的，就是尽我们所能地让世界变得更美好。对于我来说，这就意味着运用新闻与政治学，为伯克利的言论自由运动添砖加瓦。研究政治结构、为公平正义写作，就是我做贡献的方式。至于斯坦家，他的父亲弗朗齐歇克·沃西基（Franciszek Wojcicki）是第二次世界大战后现代波兰政府的建立者之一；他的母亲雅尼娜曾是美国国会图书馆斯拉夫分馆的馆长；斯坦本人则花了一辈子时间努力理解宇宙形成的奥秘，并试图解释给我们所有人听。

可能你家也有相似的故事，也有着天然的服务精神。也许你完全能够理解我在上大学时的心情，那时我坚信自己能够改变世界。可是，如果你不理解呢？如果父母从小就告诉你要关注个人的成功，而你并不知道该如何改变呢？不必担心，我有个好消息要告诉你：这并不难。你最需要的东西就是正确的态度——对自我和对孩子的态度。你可以从小事做起。去社区里做一个小时义工吧！去参加市议会吧！去研究一个影响社区的问题吧！至少，你还可以投票。在投票的时候，你还能顺便教孩子参与民主政治的重要性。只要你有奉献的精神，就会发现到处都是服务的机会。需要解决的问题随处可见，需要支持和保护的人群到处都是。服务其实是一种处世之道，对于孩子来说，尽早树立这种观念，能让他们受益匪浅。

我所说的"尽早"的确很早。最近我参加了外孙女艾娃的幼儿园"升学典礼"。在她的幼儿园里，老师给各年龄段的孩子都取了一个鸟的名字。

艾娃即将从"麻雀"变成"知更鸟"。典礼开始时,"小麻雀们"相互祝贺,为大家在一起度过了美好的一年而庆祝。25个孩子轮流为彼此加油打气,老师在一旁没有任何干涉。有个小女孩走到艾娃面前说:"我爱你,艾娃,而且我为你感到很骄傲。"我简直不敢相信!然后,轮到"知更鸟们"正式欢迎新同学了。当时的场面让人感到十分激动、备受鼓舞。最后,艾娃走过了"知更鸟们"排列成的象征性的通道,她们与艾娃击掌,为她加油。我能看出来,那四位敬业而充满爱心的老师(两男两女),与孩子有着非常亲密的关系。他们建立了凝聚力极强的集体,让每个孩子都有归属感。想象一下这种归属感能打下什么样的基础吧!即便是在年幼的孩子身上,归属感也能种下十分美好的种子。每个幼儿园的小朋友都应该有这样美好的体验,在那个时刻,他们会感到自己真正属于某个团体。他们会得到同伴的支持,他们都在为了一个共同的远大目标而努力:学习和成长。你不想做一只"麻雀"或"知更鸟"吗?我敢肯定,你也想的。也许你的孩子能如愿以偿。有一群很有爱心的企业家,他们在筹办一系列幼教中心,名叫"WeCare",我正在与他们进行合作。他们的目标是建立政府认证的家庭服务中心,帮助父母找到合适的幼教服务。这个项目能创办更多高质量的幼儿园,更好地帮助父母,并为需要工作的人提供机会。

随着孩子逐渐长大,父母应该帮助他们寻找服务社区的机会。你只需要四处留心即可。有什么需要解决的问题吗?孩子能怎样参与其中?他们可以照顾老人、参与环保工作、在流动厨房帮忙,我的孙辈就在做这些事。还有一件很重要的事情可做:鼓励孩子成为另一个孩子的良师益友。对大多数学生来说,直到高中毕业时,他们都未曾有过受人保护和指导的经历。大家可能觉得这不可能,但你可以问问自己社区里的青少年,问问他们在学校里有没有这样的楷模,有没有人相信他们,并处处照看着他们。如果有,那他们就很幸运,因为大多数孩子都没有。每个人都能为他人付出有价值的东西。我相信,仅凭这一点就可以改变世界。

需要澄清的是，我所说的"社区服务"不是指某种惩罚措施。我不喜欢那个称呼，也不喜欢将其作为一种惩罚，因为其中有一种负面的暗示。强制性社区服务带来的好处微乎其微。这样也许能让孩子了解他人的生活，但他们也会有抵触情绪，因为他们知道自己遭受了惩罚。我所说的社区服务，是指孩子帮助他人而乐在其中，并把这件事当作一项极有意义的、与朋友一起参与的活动。我推荐父母每周为孩子安排一项帮助他人的活动。让他们选择自己的目标，让他们和朋友、同学一起去做这件事。我们想让他们理解，奉献既有趣，又有意义。

我还要告诫你：不要试图利用社区服务来美化孩子申请大学的履历。没错，这样的确能让申请书变得好看，可是，如果孩子只是为了得到大学的青睐而做义工，学校往往能看出来。这是大学招生开始采用面试的原因之一，因为这样很容易觉察孩子是否真正怀有热情。你能看出学生是否真的关心社区，还是只关心能否被大学录取。当我们把义工作为美化简历的材料时，会给孩子传递一种错误的信息。这样就是在告诉他们，我们所做的一切都是为了谋求个人的利益，这正是我们必须反对的思想。

如果你仔细观察四周，可能就会在最意想不到的地方学到社会责任感。以夏令营为例，诚然，孩子可以去网球训练营锻炼自己的球技，但如果这些训练营能传递重要的价值观（例如关爱与服务他人），那不是更好吗？在传递社会责任感方面，做得最好的团体就是塔万加营地，该营地是我近年来才知道的，它位于约塞米蒂国家公园附近。塔万加营地建立于1923年，历史非常悠久，而且他们能存在这么长的时间，自有其道理。该营地经营得非常成功，因为他们的首要目标是让孩子拥有积极的自我意象。为了做到这一点，塔万加营地开展了艺术和手工、游泳、徒步旅行、足球等活动，与此同时，也强调集体责任，比如让孩子在吃饭时为大家上菜，并在饭后打扫卫生。然后，他们会对孩子进行更深刻的教育。他们还告诉孩子如何"与大自然和谐相处"。孩子们在营地过夜，探索美丽的营区，通过这些活动学到保护环境有多么重要。他们在这里学会了如何成为公益事业的倡导者,对世界产生了新的尊重,而回到往日的生活之后,他们会带着全新的动力去保护和建设自己的生活环境。这就是塔万加营地的目标。不是为了个人的利益而锻炼某种技能,而是拓展孩子的视野,并教会他们何谓热心的世界公民。

全家人还可以尝试这种活动:在节日里安排一些帮助他人的活动。任何为他人着想的活动都可以。你们可以请邻居到家里吃饭,给没有礼物的孩子送礼,花些时间去收容所做义工,或给他们捐钱,也可以去支持帮助穷人的基金会。如果你们外出露营,就可以邀请附近同在野营的人来喝杯饮料,或一起享用烧烤大餐。我打算在来年和全家人一起多做一些这类事情。我们会通过基金会来给公益组织捐款,我们也经常给当地的慈善机构捐赠衣物、家具和玩具,但我们能做的事还有很多。我们拥有的东西依然很多,而许多人比我们更需要这些物资。并非所有的家庭都如此富裕,但如果你家衣食无忧,为什么不把献爱心作为节日庆祝的重要活动呢?与其纠结于自己送出或收到了多少礼物,不如关心他人的福祉,对我们来说,这是很有意义的一课。

每个老师都想支持学生,为学生赋能,帮助他们把世界建设得更加美好,但大多数教育工作者都被迫按照过时的课程要求来为学生上课。我们不应该只让孩子死记硬背,相反,我们的整个社区应该为孩子传授一门更有意义的课程,帮助他们理解自己"为什么"要学习这些内容,以及如何用自己所学的知识造福世界。我很早就意识到,跟学生直接讨论这些东西,让他们理解高中课程的实际意义是很重要的。帕洛阿托高中就是这样做的,能够成为这所学校的一员,我感到非常自豪。我知道还有数百所其他的学校也是这样做的。我们需要支持所有学校、所有老师向孩子解释这种"为什么",并让学生有机会参与现实世界中的事务。这样做的关键就在于服务他人。我一有机会就向学生强调这一点,而我在这方面,就是一个活生生的例子。我赚的钱已经足够退休之后用了,但我还在上课和演讲。为什么呢?因为与他人建立关系、帮助他人对我来说非常重要,这些对所有人来说都应该是重要的。最重要的不是成为第一名,不是赚钱,而是做出贡献。我不是说孩子不应该以生活舒适为目标。那当然也很重要,但当物质财富超过一定程度时,真正的奖赏来自服务,来自关系,来自知道自己做了某件造福他人的事。

多年以前,我做了一个主题为"个人的力量"的演讲,因为许多学生似乎在人生开始之前就已经感到十分挫败了。他们觉得一个人的力量太微弱了,不可能产生什么影响,所以为什么要费这个力气呢?我告诉他们,事实恰恰相反,任何人都能影响世界。我能举出的最有力的例证,就是瓦里安·弗莱(Varian Fry)的故事。

在 20 世纪 90 年代,作为犹太人大屠杀的幸存者、斯坦福大学的物理学教授,沃尔特·迈尔霍夫(Walter Meyerhof)请我帮他推广一本书,并根据那本书一起创作一部电影,来分享弗莱那难以置信的故事。在第二次世界大战刚刚打响的时候,弗莱是哈佛大学的一位哲学研究生。他听说有数百名犹太人躲在法国南部,而法国政府不肯为他们发放出境签证。要帮助这些犹太人,似乎是一个不可能完成的任务,而弗莱却在 1940 年前往马赛,打算为 100 多名犹太人伪造签证,骗过维希政府⊖的检查。在这个计划成功后,他继续为营救犹太人而努力。最终,他在法国待了两年,一共救出了 2000~4000 名犹太人。沃尔特·迈尔霍夫和他著名的父亲奥托·迈尔霍夫(Otto Meyerhof)就是其中的两人,奥托·迈尔霍夫在 1922 年获得了诺贝尔生理学或医学奖。在弗莱拯救的其他人中,还有思想家汉娜·阿伦特(Hannah Arendt)、画家马克·夏加尔(Marc Chagall)、诗人安德烈·布勒东(André Breton)、艺术家马塞尔·杜尚(Marcel Duchamp)。弗莱是一

⊖ 第二次世界大战期间,德国在攻入法国并迫使法国投降后,扶持法国政府要员组建了维希政府,该政府的实际首都在法国南部小城维希。——译者注

个完全投身于事业中的人。他原本是一个学生,可在转眼之间就成了一名孤胆英雄。他所做的事情堪称奇迹,应该有更多的学生了解他的故事。

我曾参与编写过一套弗莱事迹的资料,我也曾与沃尔特·迈尔霍夫一起走遍了美国,在许多研讨会上讲了弗莱的故事,以及他在 1968 年出版的《任务:救援》(*Assignment: Rescue*)。我们还参与了同名电影的制作工作,这部电影的旁白是由梅丽尔·斯特里普(Meryl Streep)念的。我曾在十年的时间里担任瓦里安·弗莱基金会的教育部门主管,负责该电影的放映工作,在那十年里,看过这部电影的学生超过 50 000 人。我很难用语言形容这个不可思议的故事对帕洛阿托高中和全美的孩子产生了多大的影响。每年观看这部电影的学生都会把它传递的信息牢记于心。他们在看完电影之后,坚信自己在需要的时刻可以立即采取行动,而不必等待别人的允许。

如何培养孩子的奉献精神

每个孩子都需要怀有奉献精神,就像瓦里安·弗莱那样。家庭和学校都应该更好地支持孩子找到支撑他们的信念、值得奋斗的事业。我的同事马克·普林斯基(Marc Prensky)写过一本书,名叫《教育让世界更美好》(*Education to Better Their World*)。他在书中呼吁我们允许学生"用自己的双眼发现自己世界里的问题,既包括身边的问题,也包括世界上的问题。这样一来,充分利用每个孩子的优势和热情,发现并实施真实问题的解决方案就成了学校的教育重点"。让真实世界的问题走入课堂、走入家庭,是非常重要的。普林斯基继续写道:"这样做的短期好处是,世界很快就会变得更好;从长远来看,这样做的影响更加深远——我们培养出了一批优秀的成年公民,我们的教育为他们赋予了力量,他们能为现实世界的问题寻找真正的解决之道。"这才是教育真正的方向。孩子其实非常能干,为什么不让他们面对最困难、最复杂的问题呢?

基兰·塞西（Kiran Sethi）在印度艾哈迈达巴德创立了河滨学校（Riverside School），并担任学校的董事。2019年11月，她在梵蒂冈举办了世界上最大的儿童集会。来自100多个国家的成百上千名中学生在那里齐聚一堂，一同为联合国的17个可持续发展目标寻找解决之道，这17个目标大致是：

- 无贫穷
- 零饥饿
- 良好的健康与福祉
- 优质教育
- 性别平等
- 清洁饮水和卫生设施
- 经济适用的清洁能源
- 体面工作和经济增长
- 产业、创新和基础设施
- 减少不平等
- 可持续的城市和社区
- 负责任消费和生产
- 气候行动
- 保护海洋生态
- 保护陆地生态
- 和平、正义与强大的机构
- 促进目标实现的伙伴关系

联合国计划在2030年实现这些目标，而塞西认为孩子将在其中发挥重要的作用。我同意她的观点。这些议题应该成为所有课程的一部分，成为餐桌上讨论的话题。我们中学生该怎样解决世界的贫困和饥饿问题？我不知道，但我迫不及待地想要找到答案。

在孩子走向职场时，请帮助他们看到自己的工作与公益之间的联系，不要只关注利润率，也不要只看着自己的钱包。请提醒他们，最好的商业创意源于为世界解决问题的愿望。X奖基金会和奇点大学的彼得·戴曼迪斯（Peter Diamandis）说："世界上最大的问题，就是世界上最大的商业机会……你想做亿万富翁吗？就去找个你能解决的十亿人的问题。"这是很好的建议。

选择正确的工作模式能做出极大的贡献。马克·贝尼奥夫（Marc Benioff）是Salesforce公司的创始人、董事长和CEO，他的事迹很好地体现了商业如何为世界造福。他因提出"1-1-1"慈善模式而闻名，该模式要求公司捐出其资产、产品以及员工工作时长的1%来回报社会。他提出，商界要进行一种广泛的转变，需要更多的奉献意识："当我进入南加州大学的时候，所有人关心的都是如何让股东的权益最大化。然而，我们现在的时代让全世界的人都成了利益相关者。我们不能再只关注股东了。你的员工、客户、伙伴、社区以及附近的流浪汉、公立学校都成了利益相关者。我们这样的公司无法在一个没有出路的经济现状或环境中取得成功，也无法在无效的教育系统的影响下走向辉煌。我们必须为所有这些东西负起责任。"他坚信公司对社区负有责任，能够为世界做出重要的贡献。"Salesforce公司是旧金山最大的科技公司，"他说，"我们能为这座城市注入一股能量。我们的所有员工都能深入公立学校、担任义工，他们能把这座城市建设得更好。他们能改善旧金山的现状，改善世界的现状。我们需要做的就是允许他们行动起来。"我们想让孩子成为像贝尼奥夫一样的领袖，这样的领袖具有长远的眼光，知道自己的公司能如何推动文明的进步，让我们所有人的生活变得更好。你也许觉得企业家很少会这么想，但我已经看到越来越多的CEO开始朝这个方向努力了，而我希望所有的孩子在未来也会加入这个行列。

如何看待不公

如果孩子能考虑到身边的世界，愿意为世界做贡献，那么一切皆有可能。他们会找到自己的目标，并为这个目标而奋斗。我见过无数个这样的故事，每个故事都是那么鼓舞人心。青少年上新闻课的一个好处，就是他们能够得到发声的机会，以及聆听他们发言的人群，他们会因此备受鼓舞，愿意参与民主政治，愿意融入这个世界。我告诉他们，新闻是一种寓意深刻的告诫，是一种为民众提供信息的方式，有了新闻，他们就能过上更好的生活。我的学生不仅仅是消费者：他们在我的课堂上变成了具有奉献意识和责任感的参与者。他们肩负起了揭露真相、保护弱者的职责。在过去的几十年里，我发现他们完全能够认真地对待自己的责任。

以我的一名学生克莱尔·刘（Clair Liu）为例。她说，她"被给予了足够的空间和主动性，去质疑身边环境中根深蒂固的体制与习惯，进一步审视高中校园里的问题，如阶层分化以及不同种族间的紧张关系，并且去挑战像着装要求这样的理念，探究收入不均与旧金山湾区住房危机等问题"。在帕洛阿托高中对面的收容中心做过义工之后，克莱尔对贫困社区产生了兴趣。她发现"当地社区与硅谷之间存在着一种有趣的矛盾，这提醒我们，在一个看似舒适而完美的社区里存在着怎样的问题"。

在校报的一篇文章中，克莱尔写到了比尤纳维斯塔的活动住房区，以及那里的长期居民，其中有许多人是贫困的少数民族。他们正在被迁离当地，因为那片土地即将被开发成为科技工作者的高档公寓。她请了一个会讲西班牙语的朋友充当翻译，采访了许多比尤纳维斯塔的居民，并记录下他们的故事。当地的居民告诉她，他们不得不搬到很远的地方，每天要花很长的时间上下班，因为他们负担不起附近的房租，而孩子们只能被迫离开自己的学校和朋友。有一个居民在考虑搬回自己的卡车里住。克莱尔也采访了一名当地的社会活动家，这位社会活动家谈到硅谷的经济适用房有许多问题。克莱尔非常关心这个问题，为此继续寻找答案，思考自己能帮上什么忙。在文章的结尾，克莱尔提出了一个关于硅谷悖论的问题。在我们的社区里，从不缺少创新与宽容，而我们却从没有将这些精神用于为那些最需要帮助的人解决问题。现在，克莱尔在康奈尔大学攻读"劝导技术与政治影响"专业（这个专业是她自己创造的），而她也在继续调查、发问，为寻求公平正义而努力。我迫不及待地想看她能为世界做出什么贡献。

我从前的另一个学生本·休利特（Ben Hewlett），在1996年揭露了我们校董会的一个大秘密，他写的文章登上了校报头版。然而这一切的开端，是休利特需要为校报寻找文章创意。当时我刚从办公室里取了信件，就在走廊里遇上了休利特，他问我："沃西，我在这期的校报里该写些什么东西？"我给他了一份近期校董会开会的时间表，我觉得那里面可能有些猫腻。

第二天，休利特告诉我，在晚上10:30开会前，校董会开了几个小时的非公开会议，然后在正式会议上花了三分钟的时间，通过了几项为行政员工加薪的决议。"这难道不奇怪吗？"他对我说，"如果不是他们提前私下商量好了，怎么能在几分钟之内就通过三项重要的决议？"

我也认为这很奇怪。在预算吃紧的这一年里，连校长都要亲自讲课，而助理学监却被提拔为副学监，并得到了9000美元的提薪。"副学监"是个新设的职位，还没有多少人听说过。这一切都非常可疑。

休利特比较害羞，不确定自己是否应该"调查学区内最有权势的人在怎样花钱"，但我认为他应该追查下去，他一定要查明其中的真相。休利特回忆道："沃西毫不犹豫地说，很好，这是个很好的角度——他们是人民公仆，如果他们做了错事，他们就需要为此负责。"

我一生致力于揭露不公的现象，而我也知道这种经历可能会彻底改变校报社里的每个成员。可以说，我当时非常兴奋。詹姆斯·弗兰科是我在那一年的学生，他依然清晰地记得我当时的兴奋之情："沃西当时催促着休利特和其他学生赶紧把那篇文章刊登出来，你们真应该看看那时她眼中既喜悦又狡黠的神情……本·休利特写的不是那种被老师草草扫上一眼就扔进抽屉的文章，那篇文章吸引了外界大众的目光。"

看到休利特走出了自己的舒适区，我感到非常高兴。休利特说："曝光那种违背公众信任的行为后，我沉浸在随之而来的兴奋、担忧和愤慨中，那种体验对我而言是很难得的。我采访了一些人，检查并复印了所有文本材料，和其他学生一起在深夜编辑文稿。在整个过程中，沃西一直在那里陪着我，她不会离我太远，让我无法向她求助，但她也不会离我太近，让我觉得自己必须向她求助。"这个过程并不轻松。休利特和他的同学去参加校董会会议时，有个校董会成员对他说："你们为什么要来参加这种无聊的会议？难道你们不应该回去做作业、和朋友玩吗？"这种羞辱只会让休利特更加勇敢。

休利特和同学们发现，所有的行政人员都有信用卡，而且有不明支出。事实上，有些行政人员还有梅西百货、罗德与泰勒百货的账单。是关于教育支出的账单吗？不太可能。学生们继续调查，写出了一篇关于学区教育经费超支以及行政失职的文章。那篇文章发表于1996年5月底，引起了不小的轰动。从那以后，每个人（包括学生、家长和老师）都紧盯着校董会的一举一动。学监在6月辞职了。到了8月，学校的商务经理辞职了。后来，副学监的9000美元提薪被取消了，行政人员的信用卡也被注销了，再也没有重新办理。

"影响自己的社区会带来一种很好的感觉，"休利特说，"我是个很注重隐私的人，所以我不喜欢别人给我太多关注，但自己的工作得到别人的认可,《钟楼报》也得到了别人的认可,我很高兴。"作为一个老师,我为本·休利特感到骄傲,也为所有与他一同做调查的学生感到骄傲。他们为社区做出了重要的贡献,也告诉了我们所有人,青少年比我们想象中的更能干,他们能够揭露不公,能够为了与我们每个人息息相关的事业而奋斗。从那以后,社区里每个读者都对《钟楼报》心怀敬意。

永不退休,回馈社会

克莱尔和休利特这样的学生,在走入社会之后,就会留下自己的印迹。与此同时,他们也永远都是父母的孩子。不要忘记,你终生都是孩子的榜样。你的生活方式、你的所作所为都非常重要,即便在退休之后也是如此。我不喜欢退休的一点是:我们大多数人在退休后,就会远离有意义的生活,远离目标和社区。退休通常意味着你能做任何你想做的事。你可以睡懒觉,想吃什么就吃什么(甚至有些放纵自己),在前廊闲坐。许多人就是这么做的。他们偶尔出门旅游,整日看电视。一段时间之后,这种生活会变得既无聊又缺乏满足感,退休的人往往会变得孤独而抑郁。这一点儿都不奇怪。

我的建议是,永远都不要退休。相反,从本职工作退休后,改做义工或年轻人的导师如何?你可以关注如何回馈社会、融入世界。你始终需要具有行动目标,为社会做贡献,而且这对你已经成年的孩子来说,也是十分重要的一课。一些英国的老年人就在养鸡上找到了这种目标。没错,养鸡!通过一个名为"母鸡计划"(HenPower)的项目,一家慈善机构发现,照顾小鸡这种简单的行为会减轻老年人的孤独感,并提高他们的整体幸福感。我觉得这很有道理,因为那是我们所有人都需要的东西:个人的掌控感、目标感、自己关心的事物。这不就是我们想要教给成年孩子的东西吗?另外,他们在大多数情况下会有自己的孩子。

教养从来不只关乎于把孩子养大,其重点关注孩子未来会成为什么样的成年人、什么样的公民，以及他们会做出什么样的改变、倡导什么样的理念。这就是我们为什么要在很早的时候向他们传递 TRICK 的理念，并且尽可能地经常在我们的生活中践行这些理念。通往成功的道路就是由这些简单的价值观铺就的，它们能产生惊人的效果。小孩子需要有人相信他们，尊重他们的真实模样。如果没有这样的人，他们在长大以后就无法形成在这个瞬息万变的世界中取得成功的独立性。在接受教育的时候，所有的学生也需要这些价值观。就目前的情况来看，大多数尊重孩子的学校都是私立学校。在那样的学校里，孩子不是囚犯，而是处在一个学习的环境中。而其他的孩子呢？他们就太不幸了。我们不应该花钱才能买到尊重，我们能做得更好。学生要在家中学会 TRICK 的价值观，老师也要在学校倡导这些价值观，而我们都需要在工作中践行这些价值观。我不是说所有学校都应该把 TRICK 作为行为的准绳，而是说所有的学校都应该有与 TRICK 类似的原则。我们依然需要常规的课程来教学生基础知识，但在这些课程中，孩子需要感到被尊重、被赋能，能够研究他们关心的课题，能够学习如何解决社区和社会中的问题。一旦他们有了这样的体验，就不会再争吵和打闹。他们会变得更加自信，投身于重要的事业。

我已经看到商界正在做出改变，逐渐接纳这些价值观，我知道更多的人和组织会效仿这种做法。说到把员工看作需要关爱的、活生生的人，谷歌是首批这样做的公司之一。现在的企业对待顾客的态度也更好了。亚马逊公司的退货政策就很简单易行，充分显示了对顾客的尊重。Zappos 网站也是这样赢得市场份额的：与顾客建立信任关系，兑现自己的承诺。我希望所有企业都记住这一点。这就是未来。

我们当今的时代有许多问题，这些问题都需要得到根本的解决，而且我们未来还要面对更多的问题。我们不要以为困扰其他国家的问题不会影响我们。那是个天大的错误。我们不能对某项不人道的政策视而不见，或对远方的战事漠不关心，好像那是与我们毫不相关的事情一样。我们所有人的命运都是息息相关的，我们所面对的最大的挑战会深刻地影响我们每个人。气候变化迫在眉睫。看看那些干旱与大火，几乎每年都会出现。叙利亚在十几年前就面临着许多危机，其中一项就是严重的干旱，那场旱灾迫使数百万人流离失所，寻找食物与水源。尽管叙利亚看似远在千里之外，但发生在那个国家的事情也会发生在我们身上。难民、疾病、空气与水污染也与我们无关吗？我们不能让数百万没有国籍的人在世界上流浪，这会让所有人的生活都痛苦不堪。

我们不能逃避这些问题，也不能仅凭自己的力量来解决这些问题。我们需要一同做出明智的规划，思考我们地球人该如何分工协作，寻找解决之道。我们必须团结一致。这需要我们在所有的人际交往中践行 TRICK 的价值观。要是政客不接纳这些价值观，我们的社区就必须组织起来，让他们听到我们的声音；我们必须做出表率，用这些价值观来约束自己。我们要迈步向前，而不是倒行逆施。我们必须与不公做斗争，为公平正义而奋斗，而不能诉诸暴力。

归根结底，我们的圆满人生在于让自己、彼此、社会和地球都变得更好。教养的起点也许很小，但能产生深远的影响。我们的未来是彼此相关的，我们对待孩子的态度，就是他们以后对待世界的方式。

CONCLUSION
结　语————

　　我在纽约冬日的午后见到了著名时装设计师、Alice+Olivia 服装公司创始人斯泰茜·本德·艾斯纳。我们打算谈谈她的生活和工作，以及培训千禧一代员工的感觉如何。对于年轻员工的现状，以及父母的教养与学校的教育是否帮助他们为成年生活做好了准备，我始终感到非常好奇。

　　斯泰茜走进了餐厅，身着青绿色的大衣，显得光彩照人。她七岁的女儿斯卡莉特跟在她身边，斯卡莉特也穿着非常时髦的童装。我自忖道，看来这次会面和以往有些不同。我想，我们会在斯卡莉特身上花很长的时间。

　　我们落座后，斯卡莉特掏出了画板和画笔，脸上带着笑意，自顾自地画了起来。我立刻觉得这个小姑娘真不简单。斯泰茜开始谈论新一代员工，以及他们当中有多少人缺乏坚毅与力量。"很难找到有创意的员工，"她说，"他们最怕的事情就是犯错。如果你害怕犯错，就很难有什么创意。"我们都认为，归根结底，导致这种问题的原因是教养——我最喜欢的话题。我们讨论了如何信任孩子，如何给他们更多的自主权与责任，至少要让他们对自己的生活有一定的掌控感，以及这些技能对于他们在学校和生活中取得成功有多么重要。我给她讲了我让两个外孙女独自去塔吉特商场购物的经历，以及我女儿当时有多生气。斯泰茜虽然很喜欢我的想法，但也承认，似乎人们现在越来越难以给予孩子自由，哪怕只是一点小小的自由。我们在下午的谈话大约持续了一个半小时,斯卡莉特一句话都没有说。在谈话结束的时候,她已经画了好几幅漂亮的作品。她画了一些彩色的迷宫设计图,还有些画看上去像蛋卷冰激凌。她的专注力让我感到很惊讶,我也对她表示了赞扬。

最近,斯泰茜又联系了我。她说,她非常感谢我的建议,但更重要的是,斯卡莉特也很喜欢我的建议。我以为斯卡莉特没有关注我们的谈话,但很明显她在一旁听得很认真。原来她把我说的每句话都听进去了。现在,只要她和另外两个姐妹想要独自做某件事,她们就会说:"埃丝特会答应的。"即使在纽约这样的城市里,她们也会自己过马路,到附近的餐厅去买意大利冰激凌。她们在短短的几个月里就变得独立多了,她们变得更有力量、更加自信、更有能力,而斯泰茜将这一切都看在眼里。

斯泰茜一家很好地说明了小小的变化能产生巨大的效果。我们的谈话能产生这样的作用,我感到非常高兴,而且说实话,我并不感到意外。我从没见过任何一个孩子不喜欢我说的话,谁不想要更多的尊重和自由,谁会不喜欢我的做法呢?因为这种做法是符合孩子天性的:这是在与孩子合作,而不是在与他们作对。所有的孩子都想得到认可和尊重。他们想帮助他人,做有用的人。他们天生既乐观又理想主义——这是孩子身上最可贵的品质。所以,为什么不培养他们身上的这类品质呢?为什么不为他们赋能,鼓励他们变得更有同情心呢?这样不仅能让他们小时候的生活更快乐,也能让他们在成年后更加幸福,还能让他们身边每个人的生活都变得更好。任何符合 TRICK 原则的做法,其方向都是正确的。你可以从任何时候开始,不论何时对孩子说"我相信你"都不算太晚。不论何时你选择退后,让世界教给孩子他们需要学习的东西,都不算太晚。

我之所以知道这些,是因为我有亲身经历,而且我每次都能看到尊重和自由给孩子带来巨大的变化。在我写下这些话的时候,新学年就要开始了。这是我第 36 年看着一批新的高二、高三学生进入我的新闻课教室。他们就像许多高中生一样,担心能否跟上课程进度,会得到什么分数,以及能否交到朋友。学生们听说过关于新闻课的各种传闻,他们听说该课程的老师(现在有 6 名老师)有些与众不同,但他们依然不知道在课堂中会发生什么。在第一天上课的时候,他们会发现讲授高级新闻课的人也是学生,他们会大吃一惊。

同事和我会在班里发表许多讲话,在我们第一次面对学生时,我们就会告诉他们,这门课是与众不同的,学习的目的是给他们赋能,让他们有机会学习一生中最重要的技能:TRICK。在刚开始的时候,对学生来说,这些价值观只是一些词语,到上高中的时候,学生已经学会很多东西了。学生会看到这些词语真正成为现实,并意识到自己会成为掌控学习过程的人。就像 7 岁的斯卡莉特一样,他们会为新生的力量感到兴奋,为自己"掌控学习与生活、自由选择探究方向"而感到兴奋。

在接下来的日子里,同事和我会看着他们从胆怯的学生转变成能为自己发声、能主动采取行动的年轻人。在初级新闻课结课后,他们能自主选择为他们喜欢的刊物写文章。我们现在已经有了 10 种刊物,甚至还要创办更多的出版物。同事保罗·肯德尔在 2018 年秋天开设了一门新课,叫"新闻创业课"。在那门课里,学生可以提出自己对于出版物的想法,而且他们可以申请经费,就像与创业孵化器打交道一样。不论学生选择哪种刊物,他们都能写出影响社区的文章。我们的《钟楼报》在帕洛阿托是很有分量的,而学生在其中学到的很重要的内容就是"如何让自己的声音被人听到"。帕洛阿托高中的其他学生刊物也是如此:《翠绿》《C》(*C Magazine*)、《新闻之声》(*Voice*)、《聚焦》(*In Focus*)、《集市》(*Agora*)和《证据》(*Proof*)。为这些刊物写作的学生有望成为影响世界的作家和思想家。

在这个过程中，学生们会形成一个集体，在他们高中毕业后，这个集体依然会存在，他们能从这个集体中得到支持。我从前的一位编辑说："我们就像一个大家庭一样。"在每个学年的最后一个生产周里，我们都会举办一个聚会来送别毕业班的学生，庆祝大家在一起取得的成绩。我们祝福那些毕业的学生，并说好要经常联系。大多数人都会保持联系。

我的教育方式在帕洛阿托高中是有效的，在全世界的所有学校和家庭也是有效的。墨西哥的蒙特雷市有一所名叫"综合培训中心"（CCAI）的学校，这所学校是由维森特·费拉拉基金会资助的，而该校的工作是由马尔科·费拉拉（维森特·费拉拉的曾孙）指导的。我第一次见到马尔科是五年前的事了，当时我在墨西哥普埃布拉市的创意城市节做演讲。他喜欢我讲的为学生赋能的内容，邀请我担任他们学校的教学顾问。我很高兴地同意了。CCAI 所在的地点原本是一座名叫"圣布尔纳韦"的垃圾场，学校里的学生都是成年人，他们在小时候出于各种原因而没有受到良好的教育，因而缺乏就业的技能。学校主要根据 TRICK 的价值观，以及我在《教育登月：登陆混合教学》（*Moonshots in Education: Launching Blended Learning in the Classroom*）中表达的观点，为学生传授实际工作中有用的技能。仅在蒙特雷市，就有超过 50 万人生活在极度贫困的环境中，CCAI 的目标是帮助这些人脱贫，进而改善整个国家的人民生活。到 2019 年，这所学校已经开办 11 年了，共有 14 000 名毕业生，现有超过 10 000 名学生。学校向所有学生保证，在毕业后他们都能找到一份工作，而整个学习时长在六个月到三年不等。然而，学校给予他们的不仅仅是一份工作，更是一种生活方式。学校关注的是一个人的全部：自尊、营养、财务、体育等。他们明白尊重自己、信任自己和善意是重要的生活技能。他们的座右铭是"授人以鱼，不如授人以渔"。CCAI 培养出了许多年龄各异的成功人士，不论前方有什么困难，他们都在努力改善大家的生活。这个世界需要有更多的人心怀这样的目标。

克莉丝汀·奥斯特比（Kristin Ostby）是危地马拉的公益组织"男孩女孩希望工程"（Boys Hope Girls Hope）的董事长和CEO，她是我从前的学生。克莉丝汀帮助过许多生存于极端恶劣环境中的孩子。即便如此，如果人们给予他们符合TRICK原则的环境，他们也能取得成功。克莉丝汀说："生长于贫困家庭的孩子，不得不培养坚毅的品质，坚强地面对困难。如果有一群人愿意关心他们、教给他们重要的生活技能、帮助他们成为终身学习者，他们也能成为当今社会需要的人才——充满动力和创意、坚持不懈、富有团队精神的领导者。他们身上有一些现在娇生惯养的孩子所需要学习的品质。""男孩女孩希望工程"在危地马拉开展了一些教育和住房援助项目，正在改变一个又一个孩子的人生。

现在美国有大约4300所为贫困儿童服务的"男孩女孩之家"（Boys & Girls Club）。即便在帕洛阿托，也有些家庭负担不起当地的房租，不得不住在国王大道上的房车里。在美国的每座城市，不论那里是富裕还是贫困，都有许多服务他人的机会。传奇棒球运动员阿莱克斯·罗德里格兹（Alex Rodriguez）就曾得到过"男孩女孩之家"的帮助，而他正在以实际行动回馈"男孩女孩之家"。我们都能找到为社会做贡献的方式。我们所有人都应该支持孩子的健康成长，不论他们是在社区、学校以及"男孩女孩之家"这样的公益组织里，还是在CCAI这样的培训机构里，他们都需要我们的帮助，生活中的每个孩子都需要我们的关心。每个人都需要得到他人的信任，每个人真实的自我都需要得到他人的尊重。每个人都需要自由，都需要知道如何与他人团结协作。每个人都需要他人善意的对待，唯有如此，他们才能将善意回馈世界。

养育成功孩子的真正要义是：塑造优秀的下一代人，教给他们必要的技能，让所有人的生活变得更好。在20世纪90年代，当史蒂夫·乔布斯把大女儿莉萨送进我的课堂时，他想让女儿学到的就是这些。他甚至事先对我进行了面试——很高兴我过关了！他有一句很著名的话："正是那些疯狂到以为自己能改变世界的人，最终真正地改变了这个世界。"也许他觉得我"够疯狂"，顺便说一句，我的女儿们也觉得我"够疯狂"。虽然我的确觉得自己"够疯狂"，但我还需要更多的"疯子"加入我的队伍，运用TRICK的价值观为孩子赋能，帮助他们改变世界。只有对漏洞百出、磨灭创意与梦想的教育体制来说，TRICK才"疯狂"！尽管父母总想把最好的东西给孩子，但正是看似"慈爱"与"充满支持"的教养方式在扼杀孩子学习与成长的内在能力。我们是那些信任孩子、尊重孩子的"疯子"，是让他们学会独立、合作和善良的"疯子"，我们将用这种方式来改变世界。未来需要这样的孩子，未来需要我们这样做。

本书是教育文化改革的一部分，其目的是帮助身居一线的教育工作者：父母。父母和老师总是在询问如何才能帮助孩子取得成功。答案就是：重拾我们所有人心中的TRICK与爱，然后把它教给孩子。我希望你们能向其他所有能影响孩子心灵的人分享这本书，包括其他父母、祖父母、教育工作者、心理治疗师等。

成功始于孩子与我们自己的改变。只要我们相信自己的"疯狂"足以改变世界，我们就会如愿以偿！

ACKNOWLEDGEMENTS
致　谢

　　写作本书是我的无心之举。我原本没想过写书,但有太多人问我是怎样养育女儿的,他们想知道我用了什么技巧和窍门。虽然我考虑要写书,但迟迟没有付诸行动。直到有一天,我在读书会上遇到了我那优秀的著作经纪人道格·艾布拉姆斯(Doug Abrams),他是 Idea Architects 公司的创始人。多亏了他的设想与指导,本书才能顺利出版。我想要感谢许多人,他们在这一路上给了我许多帮助。我首先要感谢道格·艾布拉姆斯,感谢他帮我把本书带给读者。如果没有他智慧的指引,我肯定写不出来。除道格以外,我还要感谢我的编辑助理艾米·施洛恩斯(Amy Schleunes),她帮我整理思绪,确保我写出的文字逻辑清晰。此外,我还要感谢作家凯瑟琳·瓦斯(Katherine Vaz),她凭借自己丰富的经验,从第三方的视角来审视我的文稿,给了我许多宝贵的建议与指导,她为本书的写作做出了重大贡献。我的编辑布鲁斯·尼科尔斯(Bruce Nichols)从我下笔的第一天起就完全理解本书的理念,他是我在这趟旅途中很棒的合作者。

　　在私人关系层面,我想感谢我的丈夫斯坦。当我一连几天,甚至好几个月都窝在家里,靠在懒人沙发里,手捧电脑写作本书时,他给了我许多宽容与支持。尽管他满腹狐疑("我妻子怎么了"),但他还是承担起了购物和做饭的家务,大方地接纳了我深居简出的新式生活风格。同样地,我也要感谢我的女儿苏珊、珍妮特和安妮,感谢我的女婿丹尼斯。我还要感谢我的外孙和外孙女,他们虽然抱怨我不参加家庭聚会("外婆去哪儿了"),但听我解释过自己在做什么之后,他们也对我表示支持。"可你花的时间也太长了,外婆。"他们感叹道。对小孩子来说,时间总是流逝得很慢。我的女儿们就没那么宽容了,她们不断地提醒我错过了多少家庭活动。尽管如此,她们在知道实情之后,依然给了我极大的鼓励与支持。

如果没有数百名从前的《钟楼报》学生与我分享他们的故事与回忆,我就不可能写出本书。他们的故事最早能追溯到1984年,那时我刚刚开始做老师。由于出版商的字数限制,我没法采用大多数故事,但我对每一位同学的分享都心存感激。我想特别感谢《钟楼报》的主编们,多年来他们帮助我塑造新闻课的框架,也给了我许多优化课程的建议,正是他们的创意促使这门课成为今天的模样。每个学生都对我很重要,而且他们都知道自己在我心中的地位。我要感谢我的学生:卡琳娜·亚历克桑尼亚(Karina Alexanyan)、莉萨·布伦南-乔布斯(Lisa Brennan-Jobs)、亚伦·科恩(Aaron Cohen)、本·克罗森(Ben Crosson)、加迪·爱普斯坦、詹姆斯·弗兰科、本·休利特、玛娅·肯德尔(Maya Kandell)、福里斯特·基(Forest Key)、克里斯·刘易斯、珍妮弗·林登、克莱尔·刘、艾丹·马埃塞-基耶斯洛夫斯基(Aidan Maese-Czeropski)、比拉勒·马哈茂德(Bilal Mahmood)、安德鲁·米勒(Andrew Miller)、克莉丝汀·奥斯特比、劳伦·鲁思、托莫·施瓦茨(Tomer Schwartz)、乔纳·斯坦哈特(Jonah Steinhart)、萨米·瓦斯克斯(Sammy Vasquez)、迈克尔·王、奥利弗·韦斯伯格、安德鲁·王(Andrew Wong)、布莱恩·王(Brian Wong),以及肖凯佳(Kaija Xiao)……鉴于篇幅有限,在此我只罗列了一些学生的名字,如有疏漏,希望学生们能谅解我。

书中有很大的篇幅都在讲我开设的新闻课和我在帕洛阿托高中创立的教育方法。这种方法是我从1998年开始尝试的,经过了多年的发展。新闻课的发展壮大与同事保罗·肯德尔的合作与奉献是分不开的，如果没有他，我就没法把新闻课做到今天这个地步。他在 2000 年接管了新闻杂志《翠绿》，在 2002 年接管了我们的电子出版物《新闻之声》，并且在我为满足数百名新闻课学生的兴趣而继续创办新的刊物时大力支持我。关于如何用新闻来为 21 世纪的学生赋能，他为我提供了许多有趣的想法，也与我进行了许多有意义的讨论。新闻课现在一共拥有 8 种杂志以及多个电台广播。对于每个为下列刊物、网站、栏目和产品贡献心力的人，我都感激不尽：《钟楼报》（https://www.thecampanile.org）、《翠绿》（https://verdemagazine.com）、《C》（https://issuu.com/c_magazine）、《维京》（*Viking*，https://vikingsportsmag.com）、《聚焦》（https://www.infocusnews.tv）、《新闻之声》（https://palyvoice.com）、《证据》（https://issuu.com/proofpaly）、《草莓树》（*Madrono*，https://palymadrono.com）、KPLY 电台（https://www.palyradio.com）、《集市》（https://issuu.com/palyagora）、《真理科学》（*Veritas Science*）和《真理旅行》（*Veritas Travel*）（后两份刊物暂时没有网站）。我还要感谢另外五位新闻课的老师，他们一直以来都非常支持我：罗德·萨特思韦特（Rod Satterthwaite）、布莱恩·威尔逊（Brian Wilson）、保罗·赫普里奇（Paul Hoeprich）、布雷特·格里菲思（Brett Griffith）、马戈·威克索姆（Margo Wixsom）。能拥有一批这样出色的同事，我真的非常幸运。

我还想感谢所有在百忙之中抽出时间来接受采访的人，我和其中的一些人经常在私下里交流。很多人都在我构建本书的理念时给了我莫大的帮助。尽管我想把他们所有人都写下来，但我可能会有所遗漏。若真如此，请原谅我的无心之失。他们是：

卡琳娜·亚历克桑尼亚，斯坦福大学产学研合作机构 MediaX 成员

斯泰茜·本德·艾斯纳，Alice+Olivia 服装公司 CEO

马克·贝尼奥夫，Salesforce 公司 CEO

加里·博尔斯（Gary Bolles），eParachute 网站共同创始人

黛娜·博伊德（Danah Boyd），Data & Society 公司董事长

安德烈娅·切凯里尼（Andrea Ceccherini），青春永恒天文台组织（L'osservatorio Permanente Giovani）CEO

弗里德姆·切特尼（Freedom Cheteni），InventXR 有限公司 CEO

乌尔里克·克里斯滕森（Ulrik Christensen），Area9 公司 CEO

谢尔比·科菲（Shelby Coffey），新闻博物馆副馆长

杰茜卡·科尔文（Jessica Colvin），托尔森联合高中学区福祉项目（TUHSD Wellness）负责人

比尔·戴蒙（Bill Damon），斯坦福大学教育学教授

琳达·达林-哈蒙德（Linda Darling-Hammond），斯坦福大学教育学退休荣誉教授

卡罗尔·德韦克，斯坦福大学心理学教授

查尔斯·法德尔（Charles Fadel），哈佛大学教育学教授

马尔科·费拉拉，维森特·费拉拉基金会董事长

克里斯廷·弗罗德拉（Cristin Frodella），谷歌教育市场部经理

埃伦·加林斯基（Ellen Galinsky），贝佐斯家族基金会首席科学官

胡拉姆·贾米勒（Khurram Jamil），Area9 公司战略计划总裁

海迪·克莱因莫斯（Heidi Klein），Charrette 有限公司合伙人

朱莉·利思科特－海姆斯，作家、斯坦福大学招生办公室前主任

埃德·麦迪逊（Ed Madison），俄勒冈大学通信学教授

芭芭拉·麦科马克（Barbara McCormack），新闻博物馆教育副总裁

马克斯·麦吉（Max McGee），帕洛阿托联合学校前任学监

米尔布雷·麦克劳克林（Milbrey McLaughlin），斯坦福大学教育学退休荣誉教授

梅耶·马斯克，埃隆·马斯克之母，超模、营养学家

珍妮斯塔·诺兰，儿科医生

大卫·努德福什（David Nordfors），i4j 峰会联合创始人

埃丝特·佩雷尔（Esther Perel），作家、心理治疗师

马克·普林斯基，全球未来教育基金会董事长

托德·罗斯（Todd Rose），哈佛大学教育学教授

丹·拉塞尔，谷歌搜索质量与用户满意度部门经理

谢里尔·桑德伯格（Sheryl Sandberg），Facebook 公司首席运营官

布鲁尔·萨克斯贝里（Bror Saxberg），"扎克伯格－陈计划"有限公司学习科学副总裁

迈克尔·希恩（Michael Shearn），Compound Money 公司有限合伙人

杰米·西蒙，塔万加营地执行董事

彼得·斯坦（Peter Stein），Reunion 组织 CEO

吉姆·施蒂格勒（Jim Stigler），加州大学洛杉矶分校心理学教授

琳达·斯通，作家、演说家、顾问

肯·泰勒，斯坦福大学哲学教授

杰伊·托瓦尔德森（Jay Thorwaldson），《帕洛阿托周报》（*Palo Alto Weekly*）前任编辑

托尼·瓦格纳（Tony Wagner），哈佛大学教育学教授

安·韦布（Ann Webb），Compound Money 公司有限合伙人

韦罗妮卡·韦布（Veronica Webb），超模、演说家、演员

莉娜·威廉森（Lina Williamson），布列根和妇女医院创业创新部主任

钟德华，Leangap 组织联合创始人与 CEO

我还想向帕洛阿托高中的前任校长金·迪奥里奥和我以前的学生卡琳娜·亚历克桑尼亚致以特别的谢意，我与他们深入讨论了我对于教育创新、学生的学业投入与成功方面的想法。他们参与了我新创立的非营利性组织全球教育登月组织（Global Moonshots in Education），我成立这个组织的目的是在世界范围内推广 TRICK 的价值观。

在过去的一年半里，写作本书是非常忙碌的一段经历。我对所有支持我的人心怀感激，感谢你们支持我将 TRICK 的价值观传递给世界上的每个人（尤其是父母、家庭与老师）。

NOTES
注 释

1 "Mental Health Information: Statistics: Any Anxiety Disorder," National Institute of Mental Health website, last updated November 2017 (https://www.nimh.nih.gov/health/statistics/prevalence/any-anxiety-disorder-among-children.shtml, accessed October 22, 2018); "Major Depression," National Institute of Mental Health website, last updated November 2017 (https://www.nimh.nih.gov/health/statistics/major-depression.shtml, accessed October 22, 2018); Claudia S. Lopes et al., "ERICA: Prevalence of Common Mental Disorders in Brazilian Adolescents," *Revista de Saúde Pública* 50, no. 1 (2016): 14s (https://www.ncbi.nlm.nih.gov/pmc/articles/PMC4767030, accessed October 22, 2018); Sibnath Deb et al., "Academic Stress, Parental Pressure, Anxiety and Mental Health Among Indian High School Students," *International Journal of Psychology and Behavioral Science* 5, no. 1 (2015): 26–34 (http://article.sapub.org/10.5923.j.ijpbs.20150501.04.html, accessed October 22, 2018); "Mental Disorders Among Children and Adolescents in Norway," Norwegian Institute of Public Health website, last updated October 14, 2016 (https://www.fhi.no/en/op/hin/groups/mental-health-children-adolescents, accessed October 22, 2018).

2 L. Alan Sroufe et al., "Conceptualizing the Role of Early Experience: Lessons from the Minnesota Longitudinal Study," *Developmental Review* 30, no. 1 (2010): 36–51 (https://www.ncbi.nlm.nih.gov/pmc/articles/PMC2857405, accessed October 22, 2018).

3 J. A. Simpson et al., "Attachment and the Experience and Expression of Emotions in Romantic Relationships: A Developmental Perspective," *Journal of Personality and Social Psychology* 92, no. 2 (2007): 355–67

(https://www.ncbi.nlm.nih.gov/pubmed/17279854, accessed October 22, 2018).

4. Isaac Chotiner, "Is the World Actually Getting . . . Better?" *Slate*, February 20, 2018 (https://slate.com/news-and-politics/2018/02/steven-pinker-argues-the-world-is-a-safer-healthier-place-in-his-new-book-enlightenment-now.html, accessed October 22, 2018).

5. Ian M. Paul et al., "Mother-Infant Room-Sharing and Sleep Outcomes in the INSIGHT Study," *Pediatrics* 140, no. 1 (2017): e20170122 (http://pediatrics.aappublications.org/content/early/2017/06/01/peds.2017-0122, accessed October 22, 2018).

6. Jean M. Twenge et al., "Increases in Depressive Symptoms, Suicide-Related Outcomes, and Suicide Rates Among U.S. Adolescents After 2010 and Links to Increased New Media Screen Time," *Clinical Psychological Science* 6, no. 1 (2017): 3–17 (http://journals.sagepub.com/doi/abs/10.1177/2167702617723376?journalCode=cpxa, accessed October 22, 2018).

7. Ryan J. Dwyer et al., "Smartphone Use Undermines Enjoyment of Face-to-Face Social Interactions," *Journal of Experimental Social Psychology* 78 (2018): 233–39 (https://www.sciencedirect.com/science/article/pii/S0022103117301737#!, accessed October 22, 2018).

8. Lingxin Hao and Han Soo Woo, "Distinct Trajectories in the Transition to Adulthood: Are Children of Immigrants Advantaged?" *Child Development* 83, no. 5 (2012): 1623–39 (https://www.ncbi.nlm.nih.gov/pmc/articles/PMC4479264, accessed October 22, 2018).

9. Walter Mischel et al., "Delay of Gratification in Children," *Science* 244, no. 4907 (1989): 933–38 (https://www.ncbi.nlm.nih.gov/pubmed/2658056, accessed October 22, 2018); Dr. Tanya R. Schlam et al., "Preschoolers' Delay of Gratification Predicts Their Body Mass 30 Years Later," *Journal of Pediatrics* 162, no. 1 (2013): 90–93 (https://www.ncbi.nlm.nih.gov/pmc/articles/PMC3504645, accessed October 22, 2018); Ozlem Ayduk et al., "Regulating the Interpersonal Self: Strategic Self-Regulation for Coping with Rejection Sensitivity," *Journal of Personality and Social Psychology* 79, no. 5 (2000): 776–92 (http://psycnet.apa.org/doiLanding?doi=10.1037%2F0022-3514.79.5.776, accessed October 22, 2018).

10. Diana Baumrind, "Current Patterns of Parental Authority," *Developmental Psychology* 4, no. 1 (1971): 1–103 (http://psycnet.apa.org/doiLanding?doi=10.1037%2Fh0030372, accessed October 22, 2018).

11　Diana Baumrind, "The Influence of Parenting Style on Adolescent Competence and Substance Use," *Journal of Early Adolescence* 11, no. 1 (1991): 56–95 (http://journals.sagepub.com/doi/abs/10.1177/0272431691111004, accessed October 22, 2018).

12　Robert Hepach et al., "The Fulfillment of Others' Needs Elevates Children's Body Posture," *Developmental Psychology* 53, no. 1 (2017): 100–113 (http://psycnet.apa.org/record/2016-61509-005, accessed October 22, 2018).

13　Michael Tomasello and Katharina Hamann, "Collaboration in Young Children," *Quarterly Journal of Experimental Psychology* 65, no. 1 (2011): 1–12 (https://www.ncbi.nlm.nih.gov/pubmed/22171893, accessed October 22, 2018).

14　Marcy Burstein and Golda S. Ginsburg, "The Effect of Parental Modeling of Anxious Behaviors and Cognitions in School-Aged Children: An Experimental Pilot Study," *Behavior Research and Therapy* 48, no. 6 (2010): 506–15 (https://www.ncbi.nlm.nih.gov/pmc/articles/PMC2871979, accessed October 22, 2018).

15　Sarah Myruski et al., "Digital Disruption? Maternal Mobile Device Use Is Related to Infant Social-Emotional Functioning," *Developmental Science* 21, no. 4 (2018): e12610 (https://www.ncbi.nlm.nih.gov/pubmed/28944600, accessed October 22, 2018).

16　"Kids Competing with Mobile Phones for Parents' Attention," AVG Technologies website, last updated June 24, 2015 (https://now.avg.com/digital-diaries-kids-competing-with-mobile-phones-for-parents-attention, accessed October 22, 2018).

17　Brian D. Doss, "The Effect of the Transition to Parenthood on Relationship Quality: An Eight-Year Prospective Study," *Journal of Personality and Social Psychology* 96, no. 3 (2009): 601–19 (https://www.ncbi.nlm.nih.gov/pmc/articles/PMC2702669, accessed October 22, 2018).

18　Jane Anderson, "The Impact of Family Structure on the Health of Children: Effects of Divorce," *Linacre Quarterly* 81, no. 4 (2014): 378–87 (https://www.ncbi.nlm.nih.gov/pmc/articles/PMC4240051, accessed October 22, 2018).

19　Sara H. Konrath et al., "Changes in Dispositional Empathy in American College Students Over Time: A Meta-Analysis," *Personality and Social Psychology Review* 15, no. 2 (2010): 180–98 (http://journals.sagepub.com/doi/abs/10.1177/1088868310377395, accessed October 22, 2018).

20 Charlotte vanOyen Witvliet et al., "Gratitude Predicts Hope and Happiness: A Two-Study Assessment of Traits and States," *Journal of Positive Psychology*, January 15, 2018 (https://www.tandfonline.com/doi/abs/10.1080/17439760.2018.1424924?journalCode=rpos20, accessed October 22, 2018).

21 Jeffrey J. Froh et al., "Counting Blessings in Early Adolescents: An Experimental Study of Gratitude and Subjective Well-Being," *Journal of School Psychology* 46, no. 2 (2008): 213–33 (https://www.ncbi.nlm.nih.gov/pubmed/19083358, accessed October 22, 2018).

22 Hannah J. Thomas et al., "Association of Different Forms of Bullying Victimisation with Adolescents' Psychological Distress and Reduced Emotional Wellbeing," *Australian & New Zealand Journal of Psychiatry* 50, no. 4 (2015): 371–79 (http://journals.sagepub.com/doi/10.1177/0004867415600076, accessed October 22, 2018).

23 Hannah M. C. Schreier et al., "Effect of Volunteering on Risk Factors for Cardiovascular Disease in Adolescents," *JAMA Pediatrics* 167, no. 4 (2013): 327–32 (https://jamanetwork.com/journals/jamapediatrics/fullarticle/1655500, accessed October 22, 2018).

24 Shabbar I. Ranapurwala et al., "Volunteering in Adolescence and Youth Adulthood Crime Involvement: A Longitudinal Analysis From the Add Health Study," *Injury Epidemiology* 3, no. 26 (2016). (https://www.ncbi.nlm.nih.gov/pmc/articles/PMC5116440, accessed October 22, 2018).

25 "Setting School Culture with Social and Emotional Learning Routines," KQED News website, last updated January 16, 2018 (http://ww2.kqed.org/mindshift/2018/01/16/setting-school-culture-with-social-and-emotional-learning-routines, accessed October 22, 2018).

26 Julianne Holt-Lunstad et al., "Social Relationships and Mortality Risk: A Meta-Analytic Review," *PLoS Medicine* 7, no. 7 (2010): e1000316 (http://journals.plos.org/plosmedicine/article?id=10.1371/journal.pmed.1000316, accessed October 22, 2018).

科学教养

硅谷超级家长课
教出硅谷三女杰的 TRICK 教养法
978-7-111-66562-5

自驱型成长
如何科学有效地培养孩子的自律
978-7-111-63688-5

父母的语言
3000 万词汇塑造更强大的学习型大脑
978-7-111-57154-4

有条理的孩子更成功
如何让孩子学会整理物品、管理时间和制订计划
978-7-111-65707-1

聪明却混乱的孩子
利用"执行技能训练"提升孩子学习力和专注力
978-7-111-66339-3

欢迎来到青春期
9~18 岁孩子正向教养指南
978-7-111-68159-5

学会自我接纳
帮孩子超越自卑,走向自信
978-7-111-65908-2

叛逆不是孩子的错
不打、不骂、不动气的温暖教养术（原书第 2 版）
978-7-111-57562-7

养育有安全感的孩子
978-7-111-65801-6

超越原生家庭

超越原生家庭（原书第4版）

作者：（美）罗纳德·理查森 ISBN：978-7-111-58733-0

一切都是童年的错吗？
全面深入解析原生家庭的心理学经典，全美热销几十万册，已更新至第4版！

不成熟的父母

作者：（美）琳赛·吉布森 ISBN：978-7-111-56382-2

有些父母是生理上的父母，心理上的孩子。
如何理解不成熟的父母有何负面影响，以及你该如何从中解脱出来。

这不是你的错：海灵格家庭创伤疗愈之道

作者：（美）马克·沃林恩 ISBN：978-7-111-53282-8

海灵格知名弟子，家庭代际创伤领域的先驱马克·沃林恩力作。
海灵格家庭创伤疗愈之道，自我疗愈指南。荣获2016年美国"鹦鹉螺图书奖"！

母爱的羁绊

作者：（美）麦克布莱德 ISBN：978-7-111-513100

爱来自父母，令人悲哀的是，伤害也往往来自父母，
而这爱与伤害，总会被孩子继承下来。

拥抱你的内在小孩：亲密关系疗愈之道

作者：（美）罗西·马奇–史密斯 ISBN：978-7-111-42225-9

如果你有内在的平和，那么无论发生什么，你都会安然。